古典文獻研究輯刊

十六編

潘美月・杜潔祥 主編

第 18 冊

康雍乾三朝刻書機構研究

曹紅軍 著

國家圖書館出版品預行編目資料

康雍乾三朝刻書機構研究／曹紅軍　著 — 初版 — 新北市：花
木蘭文化出版社，2013〔民 102〕
目 2+170 面；19×26 公分
（古典文獻研究輯刊 十六編：第 18 冊）
ISBN：978-986-322-169-2（精裝）
1.刻書目錄　 2.清代
011.08　　　　　　　　　　　　　　　　　102002357

ISBN-978-986-322-169-2

古典文獻研究輯刊
十六編　第十八冊　　　　　　　　ISBN：978-986-322-169-2

康雍乾三朝刻書機構研究

作　　　者　曹紅軍
主　　　編　潘美月　杜潔祥
總 編 輯　杜潔祥
企劃出版　北京大學文化資源研究中心
出　　　版　花木蘭文化出版社
發 行 所　花木蘭文化出版社
發 行 人　高小娟
聯絡地址　235 新北市中和區中安街七二號十三樓
　　　　　　電話：02-2923-1455／傳真：02-2923-1452
網　　　址　http://www.huamulan.tw 信箱 sut81518@gmail.com
印　　　刷　普羅文化出版廣告事業
初　　　版　2013 年 3 月
定　　　價　十六編 30 冊（精裝）新台幣 50,000 元

康雍乾三朝刻書機構研究

曹紅軍　著

作者簡介

　　曹紅軍，男，1967 年 2 月生，江蘇如皋人。文學博士，現為南京師範大學文學院研究員、江蘇省古籍保護專家委員會委員、江蘇省圖書（群文）文博專業高級資格評審委員會委員。

　　歷任南京圖書館古籍編目組組長，南京圖書館學術委員會副主任。2002 年受聘為安徽大學徽學研究中心兼職研究員；2003 年受聘為南京師範大學文學院客座教授；2007 年 5 月受聘為國家林業局《中華大典‧林業典》學術顧問；2011 年 5 月受聘為南京大學歷史系兼職教授。

　　主要研究方向集中在古籍版本目錄學、中國古代編輯出版史、印刷史研究、地方誌研究、藏書史研究及古籍鑒定等方面。歷年來先後參與撰寫並已獲出版的著作有《江蘇藝文志‧無錫卷》（1997 年江蘇人民出版社）、《江蘇藝文志‧淮陰卷》（1997 年江蘇人民出版社）、《古本戲曲劇目提要》（1997 年文化藝術出版社）、《江蘇省通志稿‧度支志》（2002 年 1 月江蘇古籍出版社出版）、《江蘇舊方志提要》（1993 年江蘇古籍出版社）等十餘部。發表論文二十餘篇。

提　　要

　　在清代中央機構出版活動中，康、雍、乾三朝是刻書數量最多、出版成就最大的一個時期。以武英殿修書處為主體的中央刻書機構，全面繼承並發展了我國古代的刻印裝潢技術和活字印刷技術，在為統治階級鞏固統治服務的同時，也因此創造了我國古代官刻史上的一座豐碑。

　　其中，曹寅等人承刻欽頒《全唐詩》、《佩文韻府》二書是清初出版史上比較重要的刻書活動。二書的刊刻地均在揚州，校刻《全唐詩》成立的機構名『揚州詩局』，刊刻《佩文韻府》成立的機構名『揚州書局』，雖一字之差，實為兩次組局。

　　『臣工刊書進呈內府』現象是康、雍、乾時期出現在統治集團上層的一種特殊的文化現象，臣工們對刻書事業的積極參與，使得以『軟字精寫精刻』為標誌的『康版書』風格廣泛流傳，成為這個時代獨特的文化標誌。

　　發端於宋代的活字印刷技術在康、雍、乾時期第一次為中央機構出版活動所採用，並因此創造了歷史上最大的銅活字印刷工程和最大的木活字印刷工程。《古今圖書集成》和《武英殿聚珍版叢書》在出版過程中的特殊際遇和獨特工藝，賦予了其各自不同的版本特徵，二書也因此成為我國古代出版史上的經典之作。

　　康、雍、乾三朝的中央機構刻印書，全面反映了清盛世時期的文化政策和統治方略，是中國圖書史上一份極為厚重的珍貴資產，它對本時代的文化發展產生了巨大的影響，對今天的學術研究也仍具有重要的參考價值。

目 次

前　言

　　古籍版本學研究是古文獻整理研究領域的重要課題之一。中國傳統的古籍版本學，無論是舊時代的藏書樓，還是新時代的圖書館，都是著眼於實物，一種一種地考證，一種一種地著錄，最後聯綴成篇，即完成使命。如果能進一步把存世古籍中有一定代表性的典籍放回到產生它的歷史環境中去，從政治、經濟、文化、軍事等方面分析其撰寫、編輯、出版的原因，考察它的出版流通對當時乃至其後的社會文化風氣產生的作用和影響，則庶幾可以勾勒出某時代文化發展的大致脈絡。在此基礎上，再回到典籍本身來從事版本類別鑒定、版本風格歸納、圖籍目錄編製等工作，就有了更可靠的基礎，結論自然也就更為精到。版本學這一學科由此也許就會更加拓寬自己的視野，深化自己的研究層次，古文獻學基礎理論建設隨之也會顯得更為豐富和完備。

　　正是基於這樣的初衷，本書選擇了以清康熙、雍正、乾隆三朝的中央機構刻印書作為研究對象，希望通過對這一歷史階段中央機構出版活動的分析，考察清中央機構刻書在當時歷史背景下的政治意圖；通過對具體刻書機構和代表性品種刻印過程的研究，糾正現行主要版本學著作和目錄書中的錯誤記載；通過對刻書內容和刻書風格的歸納，總結清康、雍、乾三朝的文化政策與統治方略，探求清中央機構刻書活動對有清一代刻書風氣和學術風氣的影響。

　　清代是中國封建文化發展到一個新高峰又急劇轉入衰落的時期，康、雍、乾三朝代表了整個清代文化的最高峰。康、雍、乾三帝都是中國歷史上有作為的皇帝，清中央機構刻書活動在皇帝的直接授意下進行，所印書大多經過皇帝的審定和撰序。這些書從內容到形式無不滲透著統治者的思想意識和藝

術情趣，在一定程度上反映了其政治需要和文化導向。清朝近 300 年間，以武英殿爲中心的中央機構刻書總量已過千種，康、雍、乾三朝刊刻的總數計有 500 餘種，佔有清一代中央機構刊書總數的一半以上。僅乾隆一代，刻書約 350 餘種，居清代諸帝之首。許多聞名於世的鴻篇巨製大多出自這三朝，如人類歷史上最大的銅活字印刷工程——《古今圖書集成》的刊印、最大的木活字印刷工程——《武英殿聚珍版叢書》的刊印都在這一時期。選取這一時段的出版物作爲研究對象，對於整個清中央機構刻書活動研究來說最具有典型意義。

關於以武英殿爲主體的清代中央機構刻書活動研究約始於清中葉以後，金埴《不下帶編》、于敏中等《國朝宮史》、慶桂等《國朝宮史續編》、紀昀《四庫全書總目提要》、嵇璜等《皇朝文獻通考》以及昭槤的《嘯亭雜錄》、章鈺《清史稿藝文志》等都有著錄和評介。然而更深入、更全面的研究則是在清亡以後，民國著名藏書家陶湘先生傾四十年的精力致力於收藏殿版書中的精品，並潛心研究，著有《清代殿板書始末記》，認爲「殿板書其寫刻之工致、紙張之遴選、印刷之色澤、裝訂之大雅，莫不盡善盡美。」〔註 1〕陶湘還編有《清代殿板書目》、《故宮殿本書庫現存目》等目錄書，至今仍爲學者所用。

五、六十年代期間，趙萬里、張秀民、蔣復璁、胡道靜等人都有專文論述了清中央機構刻書的相關問題，其中以張秀民先生的貢獻最大，其《中國印刷史》、《張秀民印刷史論文集》二書中都以重要篇幅論述了清中央機構刻書活動。

八十年代以來，從事於以武英殿爲主體的清代中央機構刻書活動研究的人日益增多，研究成果在廣度和深度兩方面都有體現。

從廣度上講，主要表現爲目錄書的編撰工作。自陶湘《清代殿板書目》問世以後，一直有人在致力於殿版書目的增補工作。李致忠先生在《歷代刻書考述》一書中，附有他自己收集的《清代內府刻書一覽表》，計有單刻 633 種，54026 卷。故宮博物院和遼寧省圖書館是全國收藏內府書最多的兩家單位，他們聯合編撰了《清代內府刻書目錄解題》一書，該書是目前收錄清中央機構刻書最全的著作，計有經、史、子、集、叢各類書 1129 種。據筆者與遼寧省圖書館同行瞭解，實際數量還不止此，他們近年又發現了一批清中央

〔註 1〕陶湘，《清代殿板書始末記》，《武進陶氏書目叢刊》，民國二十二年（1933）鉛印本，第 4 頁。

機構所刻書，正計劃出補編。

　　從深度上講，主要體現在局部問題的研究方面。近年來，不少學者對武英殿修書處、揚州詩局等具體問題進行了較爲深入的研究。謝國楨先生在《從清武英殿談到揚州詩局刻書》一文中（《故宮博物院院刊》1981 年 1 期）探討了「康版」書風格和曹寅刻書問題；潘天禎先生《揚州詩局雜考》一文（《圖書館學通訊》1983 年 1 期）對曹寅在揚州奉旨刊刻《全唐詩》的活動進行了微觀而細緻的辨析；金良年先生《清代武英殿刻書述略》一文（《文史》第 31 輯）從經營手法、技術手法等角度對武英殿修書處這一機構流變進行了梳理；……翁連溪、朱賽虹、楊玉良、王鍾翰、李海生、李明傑、竇秀豔、周蓉、韓文寧等人都在清中央機構刻書的具體問題研究方面取得了一定的成績，這些研究成果都是我們可以借鑒的重要資源。李致忠先生在《歷代刻書考述》中，黃愛平先生在《〈四庫全書〉纂修研究》中，以及臺灣學者吳哲夫、昌彼得等人在各自的著述中，均以重要篇幅探討了清內府刻書、《武英殿聚珍版叢書》等相關問題，體現了當今這一領域所達到的高度。

　　迄今爲止，對於清中央機構刻書活動，從機構沿革到品種辨析，從版刻風格到刻書影響的全面考察尙進行得不夠，這一類的專著尙未出現。本書正是針對這一闕略所作的一種嘗試和努力。

　　全書共分爲七章。

　　第一章緒論部分，系統縷述了自印刷術發明以來歷代中央政府的刻書活動，對本文的研究對象進行了範圍界定和意義揭示。

　　第二章爲機構研究，重點考述了清代中央官刻書的主要承擔者——武英殿修書處的機構沿革、機構組成、刻印流程、書籍裝潢及流通發行等方面的情況。對其他相關的中央刻書機構亦作了簡要介紹。

　　第三章詳細辨析了曹寅等人在揚州承刻欽頒書籍的活動，認爲校刻《全唐詩》成立的機構名「揚州詩局」，刊刻《佩文韻府》成立的機構名「揚州書局」，二者雖一字之差，實爲兩次組局。並對相關著作中對揚州詩局的評述提出了商榷意見。

　　第四章對康、雍、乾三朝在統治集團上層領域出現的「臣工刊書進呈內府現象」進行了梳理和研究，闡明了這一特殊文化現象出現的緣由和過程，並對「康版書」風格形成原因進行了較爲客觀的分析，澄清了相關著述中的模糊認識。

　　第五章專論清代中央機構之銅活字印書活動，重點考察了《古今圖書集成》一書的印刷過程。認爲今本《古今圖書集成》是陳夢雷所主持印刷者與蔣廷錫所主持印刷者的復合體，其中陳夢雷所印佔了絕大部分，蔣廷錫對部分文字進行了校改，其校改方式是對原印樣挖補鈐蓋。《古今圖書集成》的特殊際遇，賦予了它不同於它書的版本特徵。造成這種狀況的原因跟雍正皇帝對《古今圖書集成》的保全之心有著很大關係。現行主要版本學著作中的通行觀點多是不全面或不正確的。

　　第六章專論清代中央機構之木活字印書活動。詳細考述了《武英殿聚珍版叢書》的排印源流，評價了金簡《武英殿聚珍版程序》的貢獻，歸納了《武英殿聚珍版叢書》的版本特徵，總結了「內聚珍」、「外聚珍」在版本鑒別上的主要差別，並對相關目錄書的記載進行了糾偏訂誤。

　　第七章從中央機構刻書這一視角，總結了清「康乾盛世」時期的文化政策與統治方略，評價了康、雍、乾三朝中央機構刻書活動所取得的成就，並簡要分析了其對有清一代學術活動所產生的影響。

　　本書在研究和撰寫過程中，注意充分利用已公佈的宮廷奏摺和清宮檔案資料，認眞學習和借鑒前人的經驗，綜合運用版本學、目錄學和文化史等方面的知識，力爭做到宏觀把握與微觀研究相結合，文獻考辨與理論探討相結合，注意在史學理論的指導下，得出合理、科學的結論。

　　本書稿的價值大致體現在以下諸方面：一、對於清代出版史研究來說，本文解決了一些具體問題，如對於「揚州詩局」、「揚州書局」刻書活動的辨析，對於「臣工刊書進呈內府現象」的歸納，對於「康版書」風格形成原因的分析，對於《古今圖書集成》刷印過程的研究，對於「內聚珍」、「外聚珍」的鑒別等方面，本文均在前人研究的基礎上得出了一些新的結論。有助於澄清學界在這些問題上的模糊認識。二、對於清史研究和文化史研究來說，本文全面考察了康、雍、乾三朝的中央機構刻書活動，並從刻書這一視角歸納了清代盛世文化政策和統治方略，對相關學科的研究將起到間接或直接的推動作用，對思考盛世時期的文化發展亦具備一定的借鑒意義。三、對於古籍版本學自身發展來說，本文所採用的結合相關歷史背景的群書分類研究方法，較之於傳統的個體實物考證，是一個改變，有助於深化版本學、目錄學的研究層次，推動古文獻基礎學科的進一步發展。

　　由於清宮檔案尚沒有完全公佈，筆者學力所限和時間諸因素，本文的部

分結論尚有待存世實物和相關材料的驗證。筆者相信，伴隨著新材料的不斷發現和新理論的指導、新方法的運用，21 世紀的古籍版本學研究和古籍整理研究工作必將能達到一個新的高度。

第一章 緒 論

　　在中國古代出版史中，歷朝歷代的中央機構所刻書處於一個獨特的位置。伴隨著印刷術的發明、應用和推廣，在我國古代逐漸形成了家刻、坊刻、官刻三大刻書系統。在這三大刻書系統中，家刻從個人興趣出發，帶有一定的「求名」、「積德」性質；坊刻視社會需求而抉擇刻書品種，「逐利」爲其主要目的；官刻則著眼於鞏固統治、發展社會、教化臣民，「輔政」是其主要功用。從其對社會文化發展的影響來看，官刻書所起的重要作用是家刻與坊刻所無法比擬的。歷代中央機構所刻書是官刻書系統中最爲重要的組成部分，處於整個官刻書系統的最頂端。它們的產生往往跟最高統治者的統治方針息息相關，是統治者很重要的一個輔政手段，在一定程度上充當著統治者的喉舌和興論工具，規範、引導並制約著本時代社會文化的發展方向，使得本時代的大多數知識份子得以在統治者認可的範疇內窮其心智，推陳出新，創造本時代的學術文化輝煌。對中央機構刻書活動進行深入系統的研究，對於認識、瞭解我國古代社會的發展歷程，把握時代社會文化發展的脈絡，考察鞏固政權與社會文化發展的相互作用與影響，均具有十分重要的意義。

第一節　歷代中央機構刻書活動概述

　　印刷術的發明是中華民族推動人類文明進程的劃時代貢獻。它的起源，應該是一個逐步發展，經過很多人長期試驗後，並不斷改進、完善的過程。錢存訓先生在《中國紙和印刷文化史》中認爲：「在印刷術發明以前，中國複印文字的技術已很久遠，如以印章印在泥土和紙上，以縷花版在紡織物和紙

上取得重複的文字和圖案，和在石碑上拓取碑文等。這些方法都是雕版印刷術發明的先導。」〔註1〕最初的雕版印刷術應該出現在民間，是勞動人民在長期社會實踐中智慧的結晶。佛教徒和印刷術的發明有著很大的關係，因為宗教作品需要大量的複本加以傳播。這從現存最早的印刷品多數為佛經就可得到驗證。在雕版印刷術發明初期一個相當長的時間裏，人們對它的優點並沒有充分認識，這門先進技術僅限於印佛經、曆書和一些小部頭的雜書，大量的圖書製作還是採用傳統的傳抄方式。只有當這項發明由民間傳入官府，尤其是國家最高權力部門——中央機構採用這項技術大量從事圖書製作活動之後，印刷術對保存和傳播人類文化的作用才得到充分顯現。由此衍生出來的刊刻、裝幀、買賣、鑒別、校勘、目錄、收藏、保護等一系列活動，也因此得到長足的發展。中國歷代中央機構刻書活動實踐向我們展示的正是這樣一個歷程。

一、唐代中央機構刻書活動

唐代是我國雕版印刷的初創時期。在現散存於世界各地的唐代印刷品實物中，最具有代表性的有以下數種。

1. 武則天長安四年（704）至唐玄宗天寶十年（751）之間刻印的《無垢淨光大陀羅尼經咒》。該卷於1966年在南朝鮮慶州佛國寺釋迦塔內發現，文中有武后當朝時所創造使用的若干新字。應是在中國刻成後，傳入朝鮮。

2. 武則天時代（684～705）刻印的《妙法蓮花經》。該卷內容為分別功德品第十七。吐魯蕃出土，現藏日本東京書道博物館。經中有武則天時所造新字，日人長澤規矩也斷為武則天時印刷品〔註2〕。

3. 唐至德二年（757）以後成都卞家雕印的《陀羅尼經咒》。該書1944年於成都市唐墓中出土。首行鐫「唐成都府成都縣龍池坊……近卞家印賣咒本」。現存中國歷史博物館。

4. 唐至德二載（757）以後雕印的漢文《陀羅尼經咒》。20世紀70年代陝西唐墓出土，現藏陝西省博物館。

〔註1〕錢存訓，《中國紙和印刷文化史》，桂林：廣西師範大學出版社，2000年版，第3頁。

〔註2〕長澤規矩也，《和漢書の印刷とその歷史》，東京：吉川弘文館，1992年版，第5～6頁。

5. 唐咸通九年（868）王玠雕印的《金剛般若波羅密經》。卷末有「咸通九年四月十五日王玠爲口口二親敬造普施」一行。敦煌發現，現藏大英圖書館。

6. 唐乾符四年（877）雕印具注曆。原出敦煌，現藏大英博物館。

7. 唐中和二年（882）成都樊賞家雕印具注曆。敦煌發現。首行鐫「劍南西川成都府樊賞家曆」；第二行鐫「中和二年具注曆日凡三百六十四日太歲壬寅」。現藏大英圖書館。

8. 唐上都東市刁家雕印曆書。原出敦煌，首鐫「上都東市大刁家太郎」。現藏大英圖書館。

9. 唐雕印《二十四孝押座文》。敦煌發現，現藏大英圖書館。

10. 唐雕印《陀羅尼經》。原出敦煌，現藏法國巴黎國家圖書館。

另國家圖書館藏《敦煌遺書》中，「有」字9號《金剛般若波羅密經》寫本殘卷卷末有「西川過家眞印本」七字，表明西川過家在唐代雕印過《金剛般若波羅密經》。所有這些在現存實物的不同部位出現的「成都府成都縣龍池坊……近卞家」、「王玠」、「劍南西川成都府樊賞家」、「上都東市大刁家」、「西川過家」等字樣向我們傳遞了這樣一種信息：在印刷術發明初期，這項技術主要在民間流傳，從事印刷業的主體是民間人士，政府對這項發明的重要性還遠沒有認識到，至少在現存早期印刷品實物中，沒有一件有確切證據表明它是由政府組織雕印的。

那麼，當時的政府是否已經注意到這項發明，並在某些局部領域有所嘗試呢？從相關文獻記載來看，這種可能性是存在的。唐文宗太和九年（835）十二月四川東川節度使馮宿上了一道《禁版印時憲書奏》，文曰：「準敕禁斷印曆日版。劍南、兩川及淮南道，皆以版印曆日鬻於市，每歲司天台未奏頒下新曆，其印曆已滿天下，有乖敬授之道。」〔註3〕奏上，不久得到批准，太和九年（835）十二月「丁丑，敕諸道府不得私置曆日版。」〔註4〕這段史料向我們揭示了唐太和間四川民間大批雕版私印曆書出售的事實。時憲書在古代農業社會裏跟人民的生活密切相關，有助於掌握農時，發展生產。但在科技不發達的古代，如果任由民間私自推算，往往算錯，徒增紛亂。《唐語林》

〔註3〕董誥等，《全唐文》，清光緒二十七年（1901）廣雅書局刻本，卷624，第9頁。
〔註4〕劉昫等，《舊唐書》，北京：中華書局，1975年版，第563頁（本紀第17，文宗下）。

卷七中就有因曆書節候不同，互相爭執而打官司的記載〔註5〕。所以在古代社會裏，時憲書的發行權一直是中央機構獨攬，直至明清也是一直由欽天監獨家印製。馮宿上此奏的理由，不是針對雕版印刷這種形式，而是因爲民間私下版印，有乖敬授之道這種現象。顯然在馮宿看來，如果由司天台獨家版印頒發，就是符合「敬授之道」的了。時憲書內容不多，需求的複本量極大，每年都需要更新，民間又有現成的雕版印刷的例子，這種情況下，再一份一份地抄寫頒發，顯然於理不合。所以唐太和年以後，司天台頒發的曆書很可能就是雕版印刷的了。如果這個分析成立，那麼，唐司天台當是我國古代最早從事刻書活動的中央機構之一。

二、五代的中央機構刻書活動

　　五代是我國歷史上一個動蕩分裂的時代。53 年時間裏，北方梁、唐、晉、漢、周五代更迭；南方吳、吳越、前蜀、楚、閩、南漢、荊南（南平）、後蜀、南唐，和北方的北漢十國並存。這種混亂分裂、各據一方的局面，在我國歷史上是少見而特殊的現象。這個動亂時期，對於我國印刷事業發展史來說，卻是一個具有劃時代意義的發展階段。正是在這個階段，萌發於唐代的雕版印刷技術由民間正式登堂入室，爲政府所採納。政府指定專門的中央機構——國子監出面雕印了儒家經典，我國歷史上第一次出現了儒家經典書籍的雕印本。從此，書籍製作方式由主要靠手寫開始轉入了雕版印刷階段。

　　後唐長興三年（932）國子監正式受命雕印「西京石經」。據宋王溥《五代會要》卷八經籍載：

> 後唐長興三年二月，中書門下奏請依石經文字刻九經印板，敕令國子監集博士儒徒，將西京石經本，各以所業本經句度，抄寫注出，仔細看讀。然後顧召能雕字匠人，各部隨帙刻印板，廣頒天下。如諸色人要寫經書，並需依所頒敕本，不得更使雜本交錯。其年四月，敕差太子賓客馬縞、太常丞陳觀、太常博士段顒、路航、尚書屯田員外郎田敏充詳勘官，兼委國子監於諸色選人中，召能書人端楷寫出，旋付匠人雕刻，每日五紙。〔註6〕

從這段記載中可看出，後唐明宗李亶對國子監承刻經書的任務指示得非常詳

〔註 5〕 王讜，《唐語林》，上海：上海古籍出版社，1978 年版，第 256 頁。
〔註 6〕 王溥，《五代會要》，北京：中華書局，1998 年版，第 96 頁。

細，不僅對使用什麼底本、由什麼機關組織人力執行作了明確的要求，還進一步指派專家學者如馬縞、陳觀、段顒、路航、田敏等充當詳勘官；不僅責成國子監選拔擅長書法的人以端楷寫出樣本，上板雕印，甚至還給刻字工人規定了每日雕印五紙的定額。一個割據一方的封建皇帝，對雕印經書一事關心得如此具體，足見這件事在其心目中的重要性。

敕令中所講的「西京石經」，指的是由唐鄭覃撰寫而刻之於京城長安的「開成石經」，又稱「唐石經」。刻石立於長安務本坊國子監太學，今在西安碑林。原刻《周易》、《尚書》、《毛詩》、《周禮》、《儀禮》、《禮記》、《春秋左氏傳》、《公羊傳》、《穀梁傳》、《孝經》、《論語》、《爾雅》十二種。另附《五經文字》、《九經字樣》，凡 227 石。石經是國家給文人學子立定的讀經寫經的範本，代表了官方對儒家經典的理解。後唐中書門下當時奏請的是雕印九經，實際上主持工作的馮道刊刻了全部石經，其種數與《唐石經》正同。整個刊書工程起始於後唐長興三年（932），至後周廣順三年（953）雕成，前後歷時達 22 年。

值得稱道的是，在這次儒家經典的首次雕印過程中，先後經歷了四朝，這項文化工程並沒有因為政權更迭而中止，在馮道、田敏等人堅持不懈的努力下，終成其事。在戰火紛飛的年代裏，後唐、後晉、後漢、後周的國子監能夠按照既定計劃，代代相傳，共同完成了一項文化事業，堪稱中國印刷史上的一件奇迹。

後周顯德二年（955），國子監又刻印了《經典釋文》。

五代國子監的刻書活動對後代產生了深遠的影響，在此後相當長的歷史時期內，國子監都是歷代中央官刻的主要機構之一。

三、宋代的中央機構刻書活動

宋代是我國印刷事業發展的黃金時代，發源於唐代的印刷術經過最初階段由簡單到複雜的變化，至宋代已成為完善而成熟的技術。南北兩宋刻書之多、雕鏤之廣、規模之大、版印之精、流通之寬，都是前所未有的。這其間除了跟宋代社會政治、經濟、文化發展的需要等因素有關外，也跟雕版印刷自身發展的條件日趨成熟有著莫大的關係。唐代的四川、兩浙等地民間的刻書事業給宋代刻書業的興盛奠定了良好的社會基礎；五代雖然政權更迭頻繁，但刻書事業由於得到統治者的重視而獲得了進一步的發展。所有這些，不但構成了宋代刻書事業大發展的前奏，而且從雕刻工人的培養、印刷力量

的積蓄、技術造詣的提高等方面，為宋代刻書事業的興盛和精熟做了充分的準備。因而，進入宋朝以後，當國家獲得統一，社會環境獲得安定，經濟獲得發展，文化要求和水平獲得進一步提高的時候，雕版印刷事業便蓬勃發展起來。在宋代從事刻書活動的中央機構中，國子監有著舉足輕重的地位，無論是刻書數量，還是刻書質量，都是其他機構所無法比擬的。國子監是中國封建社會的教育管理機關、最高學府，同時也是出版管理機構和國家級出版社。所以國子監所刻之書，強烈反映著統治階級的統治思想。

淳化五年（994）判國子監李志上言：「國子監舊有印書錢物所，名為近俗，乞改為國子監書庫官。」〔註7〕說明宋國子監設立有專門的刻書機構，先是叫「印書錢物所」，後因名稱近俗，應李志之請，改稱書庫官，專掌雕印經、史群書。

宋代國子監刻書的書版數量僅在最初的幾十年間就呈幾何級數地往上增長。據《宋史·邢昺傳》載：

> （景德二年）是夏，上幸國子監閱書庫，問昺經版幾何？昺曰：「國初不及四千，今十餘萬，經傳正義皆具。臣少從師業儒時，經具有疏者百無一二，蓋力不能傳寫。今板本大備，士庶家皆有之，斯乃儒者逢辰之幸也。」〔註8〕

宋建國於建隆元年（960年），到景德二年（1005年），僅僅40多年，書版數量竟增加了30多倍，不可謂不多矣。王國維在《五代兩宋監本考》中著錄北宋監本69種、南宋監本也有近70種〔註9〕，二者相加，共計140種左右。這並不是國子監刻書的總數。據清畢沅《續資治通鑒》、徐松《宋會要輯稿》等書記載，尚有《述六藝箴》、《承華要略》、《授時要錄》、《祥符降聖記》、《唐六典》、《御製文集》、《陰陽地理書》、《風角集占》、《孟子》、《道德經》、《金匱要略》、《政和聖濟經》等一大批圖書沒有包括進去。

從邢昺的言語可看出，國子監刻書的主要內容仍然是儒家經典，這反映了宋代統治者治國的官方哲學還是儒家思想。宋代國子監不僅重刻了馮道所修纂的「十二經」，以及關於此「十二經」的新釋文，還增刊了《孟子》一經。今日人們所習稱的「十三經」，至此種數齊備。儒家經典不僅是宋代統治者的

〔註7〕 脫脫等，《宋史》，北京：中華書局，1977年版，第3916頁（職官五）。

〔註8〕 脫脫等，《宋史》，北京：中華書局，1977年版，第12798頁（儒林一）。

〔註9〕 王國維，《海寧王靜安先生遺書》，民國二十九年（1940）商務印書館石印本，第33冊，卷中（北宋）、卷下（南宋）。

主要治國方略，還與科舉制度相配合，成爲士子們通過科舉考試來報效國家的必讀課程。

在宋代國子監刻書中，史書和醫書是儒家經典之外兩個最爲集中的種類。

「十七史」的刊刻始於淳化五年（994 年），完工於熙寧五年（1072 年）。其校勘、核對、鐫刻及刷印共費時 78 年，爲歷朝首次在朝廷主持下彙成一部印行的正史。對後世影響深遠。

宋代皇帝非常重視醫學，多次詔令搜求名方，校刊醫書。頒發醫書次數之多，爲中國歷史上所僅見。許多著名醫書，如《黃帝內經素問》、《難經》、《千金翼方》、《金匱要略》、《傷寒論》、《太平惠民和濟局方》等都由國子監承刻，這從一側面說明最高統治者的個人愛好和情趣對中央機構刻書的影響。

宋代國子監刻書的歷程隨著國運的興衰曾兩度起落。金人破宋，汴京失守時，國子監所貯書版被劫掠一空。南渡以後，國子監又重新校刻經史群書。宋李心傳在《建炎以來朝野雜記》甲集卷四中記載：「監本書籍，紹興末年所刊也。國家艱難以來，固未暇及。（紹興）九年九月，張彥實待制爲尚書郎，始請下諸道州學，取舊監本書籍，鏤板頒行。從之。然取諸事多有殘缺，故胄監刊六經，無《禮記》；正史無《漢書》。二十一年五月，輔臣復以爲言，上謂秦益公曰：『監中其他闕書，亦令次第鏤板，雖重有費，蓋不惜也。』由是經籍復全。」〔註10〕說明南宋年間雖偏處一隅，仍然補刻了全部監本書籍，足見宋朝統治者對刻書事業始終如一的重視。

宋代中央機構中，除國子監掌刻經史群書外，崇政院、德壽殿、左司廊、太史局、秘書監、禮制局等部門都刻過書。中央這種以國子監爲主體，各殿、院、監、司、局爲輔翼的刻書風氣，對全國影響很大。加上科舉仕途的刺激，社會經濟的相對發展，全國各地方政府機關、書院書肆、私宅家塾競相刻書，把雕版印書事業推向了前所未有的歷史高峰。

四、遼、西夏、金代的中央機構刻書活動

在我國歷史上，與北宋、南宋同時存在，先後峙立的還有由契丹、党項、女眞三個游牧民族建立的政權，分別是遼、西夏和金。這些民族的文化水平比較落後，在征服漢族區域並進行統治以後，吸收了漢族的文化並使用印刷術。在雕版印書、活字印書等方面，彼此相互影響，互相借鑒，共同推動了

〔註10〕新文豐出版公司編輯部，《叢書集成新編》，臺灣：新文豐出版公司，1985 年影印本，第 29 冊，第 35～36 頁。

我國古代出版事業的發展。

契丹族建立的遼國（907～1125），創造了以漢字體系為基礎的契丹文字，作為表達本族語言的書寫形式，共約 3000 字。漢族的經籍、史書及醫藥著作有許多被譯為契丹文字並付諸刊印。由於遼國在圖書刻印和圖書流通方面採取了嚴厲的限制措施，在一定程度上影響了圖書的傳播。沈括《夢溪筆談》卷十五載：「契丹書禁甚嚴，傳入中國者，法皆死。」〔註11〕這使得遼國書籍的流傳面變得非常窄小。金人去遼未遠，已有史籍寥寥之歎。元好問在《故金漆水郡侯耶律公墓誌銘》中曾說：「今人語遼事，至不知起滅凡幾主。」〔註12〕如果遼國史籍大量存在，是不至到這種地步的。時至今日，可供研究遼代刻書的資料就更少了。1974 年在山西應縣佛宮寺木塔發現了60 餘件遼刻大藏、單經和佛畫，這是目前唯一已知的存世遼刻實物。其中遼刻《釋摩訶衍論通贊疏卷第十》和《釋摩訶衍論通贊疏科卷下》有題記云：「燕京弘法寺奉宣校勘雕印流通……印經院判官朝散郎守太子中舍驍騎尉賜緋魚袋臣韓資睦提點」〔註13〕。說明在遼代中央機構中有印經院這樣的刻書機構。

從文獻記載來看，遼代中央機構曾多次頒賜圖書。清李有棠《遼史紀事本末·西北部族屬國叛服》卷六載：開泰元年（1012）「秋八月丙申，鐵驪、納蘇等送烏舍百餘部至賓州，賜絲絹。納蘇乞賜佛像、儒書。詔賜《護國仁王佛像》一、《易》、《詩》、《書》、《春秋》、《禮記》各一部。」同卷又引證《續通考》曰：「遼一代內府書籍，重熙末始建祕書監收掌之。清寧元年十二月，詔設學，頒五經傳疏。八年十月，禁民間私刊印文字。十一月，詔求乾文閣所闕經籍，命儒臣校讎。咸雍十年十月，詔有司頒行《史記》、《漢書》。」〔註14〕這些記載清楚地表明遼政府曾命儒臣校讎刊刻儒家經典的史實。統治者多次頒賜經籍，顯示其中央機構刻書已具備相當規模。

西夏（1031～1227）是地處西北的党項人建立的政權，定都在今寧夏境內。它以漢文和契丹文為藍本，創造了西夏文，並用來翻譯印刷漢文書籍。

〔註11〕 沈括撰、胡道靜校注，《夢溪筆談校證》，上海：上海出版公司，1956 年版，第 513 頁。

〔註12〕 蘇天爵，《元文類》，清光緒十五年（1889）江蘇書局刻本，卷 51，第 1 頁。

〔註13〕 曹之，《中國古籍版本學》，武漢大學出版社，1992 年版，第 221 頁。

〔註14〕 續修四庫全書編委會，《續修四庫全書》，上海：上海古籍出版社，1995 年影印本，第 388 冊，第 67 頁。

西夏人特別尊崇佛教，曾多次向宋朝和西藏請贖漢文和藏文藏經，並譯成西夏文印行。由於文獻不足徵，西夏中央機構從事刻印書事業的具體機構和實際情況已經無法知曉，但從少量存世的西夏文佛經的零星記載中，我們還是可以約略管窺到西夏政府從事刻書活動的一些面貌。國家圖書館所藏西夏文佛經中，有一件爲《現在賢劫千佛名經》，其卷首有一幅雕版刊印的譯經圖。這幅圖描繪了西夏譯經的盛況。圖中刻畫僧俗人物凡 25 身，西夏文款識 12 條 63 字。其中有皇太后、皇帝親臨譯經現場的場面，顯示了西夏王朝對佛教的崇信和對佛經翻譯事業的重視〔註 15〕。國家圖書館所藏另一件西夏所刻佛經《金光明最勝王經契序品第一》中有題曰：「白下大夏國仁尊聖德珠口皇帝詔故重口。」俄藏西夏文獻《大方廣佛華嚴普賢行願品》刊有尾題，稱：「大夏乾祐二十年歲次己酉三月十五日正宮皇后羅氏謹施。」另一件俄藏西夏刊佛經《佛說轉女身經》亦刊有尾題，稱：「天慶乙卯二年九月二十日皇太后羅氏發願謹施。」〔註 16〕所有這些都表明，西夏王朝刊印佛經的舉動是其最高統治者意志的體現，理應屬於其中央政權刻書事業的一部分。存世的部分西夏所刊佛畫構圖複雜，安排有序，線條流暢，顯示西夏雕印技術已達到相當高的水準。西夏人用自己的聰明才智，不但創造了自己的一段歷史，也爲中國的刻印書事業增添了光彩。

　　金朝（1114～1234）是女眞族建立的封建王朝。它先後擊敗了契丹和北宋的軍隊，在攻陷宋朝都城開封後統治了中國的北方。宋朝開封府原國子監的印書和雕版都被擄掠北去。金人在官制、禮儀、都城、宮室等方面都極力模仿漢族制度，尤其是其中的文化、教育機構幾乎與漢制無異。所以金朝的中央刻書機構與宋朝一樣是以國子監爲主體，其正經、正史的標準範本，皆由國子監讎校刊雕。

　　《金史·選舉志一》論及國子監刻書稱：「凡養士之地曰國子監。……凡經，《易》則用王弼、韓康伯注，《書》用孔安國注，《詩》用毛萇注、鄭玄箋，《春秋左氏傳》用杜預注，《禮記》用孔穎達疏，《周禮》用鄭玄注、賈公彥疏，《論語》用何晏集注、邢昺疏，《孟子》用趙岐注、孫奭疏，《孝經》用唐玄宗注，《史記》用裴駰注，《前漢書》用顏師古注，《後漢書》用李賢注，《三

〔註 15〕史金波，《〈西夏譯經圖〉解》，見白濱，《西夏史論文集》，西寧：寧夏人民出版社，1984 年版，第 335～350 頁。
〔註 16〕李致忠，《歷代刻書考述》，成都：巴蜀書社，1990 年版，第 138～139 頁。

國志》用裴松之注；及唐太宗《晉書》、沈約《宋書》、蕭子顯《齊書》、姚思廉《梁書》、《陳書》、魏收《後魏書》、李百藥《北齊書》、令狐德棻《周書》、魏徵《隋書》、新舊《唐書》、新舊《五代史》，《老子》用唐玄宗注疏，《荀子》用楊倞注，《揚子》用李軌、宋咸、柳宗元、吳祕注。皆自國子監印之，授諸學校。」〔註17〕表明金代國子監圍繞教育的需要，刊印了大量的經、史、子部書籍。

金代國子監有一批專門的刻字工人，其個人待遇因職位的高低而有所不同。據《金史・百官四》記載：「國子監雕字匠人，作頭六貫石，副作頭四貫石，春秋衣絹各二匹……初習學匠錢六百，米六斗，春秋絹各一匹，布各一匹；民匠日支錢一百八十文。」〔註18〕對基層人員的薪俸都有如此明確的定制，足見金代國子監的刻書事業已經發展得相當規範和成熟。

金代中央除國子監專司刻書之外，秘書監、史館等中央機構也刻過一些書籍，可惜沒有流傳下來，否則中國文化的寶庫將會更加燦爛輝煌。

五、元代的中央機構刻書活動

元朝（1260～1368）是蒙古部族靠金戈鐵馬先後吞併金朝、南宋而建立起來的封建王朝。隨著政權在全國的逐步確立，蒙古統治者也逐漸認識到：奪取政權靠武功，穩固政權要靠文治。先後採取了尊經學儒、興學立教、科貢並舉、舉賢招隱、保護工匠等一系列文治措施，用來鞏固他們用強弓硬弩打下的江山。其中的保護工匠這一政策的施行，對刻書事業產生了積極的影響，它使得宋代的刻書工匠得以在戰亂中幸存下來，並為新王朝刻書事業的繼往開來、承先啟後準備了必要的技術力量和基礎。所以元代的刻書事業，除繼承宋刻遺風和精湛技藝外，還在某些方面有所前進和發展。

元朝中央刻書機構有秘書監的興文署、藝文監的廣成局、太史院的印曆局、太醫院的廣惠局和醫學提舉司。其中興文署最為著名。

元代中央主要的刻書機構興文署屬於秘書監管理，與五代、宋、金等朝皆由國子監主掌刻書有所區別。據元王士點《秘書監志》卷七載，興文署「秩從六品。署令一人，以翰林修撰兼之；署丞一員，從七品，以翰林應奉兼之。掌經籍版及江南河田錢穀。」至元十一年（1274）興文署有「雕字匠花名計

〔註17〕脫脫等，《金史》，北京：中華書局，1975年版，第1131～1132頁。
〔註18〕脫脫等，《金史》，北京：中華書局，1975年版，第1352頁。

四十名；作頭一名，匠三十九名；印匠一十六名。」〔註 19〕說明其刻書能力與刻書規模已相當可觀。

至元二十七年（1290）興文署本《資治通鑑》王磐序云：「（朝廷）於京師創立興文署，置署令、丞並校理四員，咸給祿廩，召集良工剗刻諸經、子、史版本，頒佈天下，以《資治通鑑》爲起端之首。」這段文字說明了元興文署刻書內容包含經、子、史三類圖書，但不包括文集。其刻書活動以《資治通鑑》爲起端的舉措，反映了元統治者急於借鑒漢人治亂興衰的歷史經驗的心態。資政是元中央機構刻印書的主要目的。

元代皇帝曾多次賜書給臣下。《元史·世祖本紀》載，至元二十八年（1291）五月，中書右丞何榮祖「以公規、治民、禦盜、理財等十事輯爲一書，名曰《至元新格》，命刻板頒行，使百司遵守。」〔註 20〕《元史·仁宗本紀》載，大德十一年（1307），「時有進《大學衍義》者，命詹事王約等節而譯之，帝曰：『治天下，此一書足矣。』因命與《圖象孝經》、《列女傳》並刊行，賜臣下。」〔註 21〕天曆二年（1329）二月，明宗「頒行《農桑輯要》及《栽桑圖說》。」〔註 22〕這些書當都是由興文署組織刻印的。

元代的中央刻書機構，除興文署之外，還有藝文監的廣成局、太醫院的廣惠局、太史院的印曆局等。藝文監是主管編譯工作的機構，因此廣成局所刻圖書以翻譯作品爲多。如至順元年（1330）廣成局刻有《雅克特穆爾世家》〔註 23〕。太醫院所刻自然是醫書，如《聖濟總錄》、《危氏世醫得效方》、《傷寒論》等。太史院是掌管天文曆法的機構，下設印曆局專印曆書。在古代農業社會裏，曆書與安排農事活動密切相關，爲了不誤農時，曆書的出版要求做到及時準確。據《元史·刑法志》載，元代規定「諸告獲私造曆日者，賞銀一百兩，如無太史院曆日印信，便同私曆造者，以違制論。」〔註 24〕可見元代的曆書印造是由太史院及其下設印曆局所壟斷的。惜其印造的數量和風格，今天已很難稽考了。

〔註 19〕 王土點，《秘書監志》，見姬佛陀，《廣倉學宭叢書》甲類，民國五年（1916）上海倉聖明智大學鉛印本，卷 7，第 16 頁。

〔註 20〕 宋濂等，《元史》，北京：中華書局，1976 年版，第 348 頁。

〔註 21〕 宋濂等，《元史》，北京：中華書局，1976 年版，第 536 頁。

〔註 22〕 畢沅，《續資治通鑑》，北京：中華書局，1957 年版，卷 205，第 5574 頁。

〔註 23〕 畢沅，《續資治通鑑》，北京：中華書局，1957 年版，卷 206，第 5601 頁。

〔註 24〕 宋濂等，《元史》，北京：中華書局，1976 年版，第 2668 頁。

六、明代的中央機構刻書活動

明代的刻書事業，在我國出版事業史和印刷技術發展史上，可稱爲極盛時代。明代刻書的機構之多、刻書的地區之廣、刻書的數量之大，以及刻書家之普遍，都遠超前代。在明代的中央機構中，許多部門都出於各種不同的用途刻印過各種書籍，其中以司禮監和國子監最爲突出。

司禮監刻書

司禮監是明代內府最有名的刻書機構。明代宮廷設有規模龐大的太監機構，號稱「二十四衙」（十二監、四司、八局），司禮監爲十二監之首。司禮監在明初並沒什麼權力，朝廷嚴禁太監識字，洪武十七年（1384）還鑄造鐵牌，懸諸宮門，明令「內臣不得干預政事，犯者斬。」〔註 25〕然而明成祖上臺後，一反前規，逐漸開始重用太監。至宣德四年（1429），特設內書堂，命大學士陳山專授小內使書，則洪武時不許太監識字讀書之制由此而廢。至武宗時劉瑾、熹宗時魏忠賢，則太阿倒握，威福下移，大權獨擅。由此可見明司禮監專權是一個逐漸形成的過程。

明司禮監下設三個經廠，分司儒學經籍、佛經及道經的印刷工作。經廠的規模隨著司禮監權力的不斷擴大而擴大。洪武年間內府有刊字匠 150 名，每二年一班；表背匠 312 名，印刷匠 58 名，一年一班。累計達 500 多名專業工人專事刻書，規模已相當可觀。至嘉靖十年（1531），專事刻書者則有：箋紙匠 62 名，表背匠 293 名，折配匠 189 名，裁曆匠 80 名，刷印匠 134 名，黑墨匠 77 名，筆匠 48 名，畫匠 76 名，刊字匠 315 名，總計 1274 名〔註 26〕。在 450 多年前的明司禮監經廠，居然擁有一千多名印刷工人，而且分工相當精細，堪稱是世界出版印刷事業史上的壯舉。

司禮監刻書直接聽命於皇帝，在內容上以下述四方面內容爲主體。一、傳統儒家經典。如《周易大全》、《書傳大全》、《詩傳大全》、《春秋大全》、《禮記大全》、《四書大全》等書。二、誥、訓、律、戒、鑒等方面的書。如《御製大誥》、《大明律》、《歷代臣鑒》、《皇明祖訓》、《帝鑒圖說》等書。三、史書，尤其是明代的史書刻印較多。如《大明會典》、《大明一統志》、《大明官制》、《洪武禮制》等書。四、小學類著作。如《洪武正韻》、《廣韻》、《玉篇》、

〔註 25〕 張廷玉等，《明史》，北京：中華書局，1974 年版，第 1826 頁（職官三）。

〔註 26〕 李東陽等，《大明會典》，揚州：江蘇廣陵古籍刻印社，1989 年影印明刻本，第 2572 頁（卷 189）。

《古字便覽》等書。雖然這四類圖書的內容各不相同，但其目的都是一樣的，都是為了明王朝統治者鞏固統治服務的。正德四年（1509）明武宗在《御製大明會典序》中說：「特敕司禮監命工刻梓，俾內而諸司，外而群服，考古者有所依據，建事者有所師法，由是綱舉目張，政成化洽，保斯世於無彊。豈曰小補之哉？」〔註27〕一句「保斯世於無彊」明確無誤地道出了明司禮監刻書的真實目的。

關於明司禮監刻書的數量，明季太監劉若愚在《酌中志》一書中有過統計，計有 161 種，版片 105833 面。此外，還有佛經一藏、道經一藏、番經一藏、大五大部經、小五大部經、五般經等〔註28〕。明周弘祖《古今書刻》則著錄有司禮監經廠所刻書83 種〔註29〕。曹之先生在《中國古籍版本學》一書中將「二目相加，去其重複，得 177 種」〔註30〕。李致忠先生認為這些還不是司禮監刻書的總數，原因是「萬曆以後，國勢衰微，內板亦被火燒盜賣。劉若愚所統計者僅是其中的十分之六七。」〔註31〕所以明司禮監刻書的實際數目還要遠遠大於這些數字。

國子監刻書

在明代中央機構刻書活動中，司禮監刻書異軍突起，盛極一時。但它並沒有能掩蓋住傳統刻書機構——國子監的光芒。國子監刻書仍然在明代中央機構刻書事業中佔有著舉足輕重的位置。

明代國子監有南監、北監之分。南監即南京國子監，又稱南雍；北監即北京國子監，又稱北雍。

早在明朝定鼎以前，朱元璋就在元朝集慶路儒學舊址設立了國子學，令品官子弟及民間俊秀通文義者並充學生，還詔擇各府、州、縣學諸生入國子學。洪武十五年（1382）五月己未，新建太學成，改為國子監。這就是所謂的南京國子監。南監搜羅了大量的宋元版片，如宋刻「眉山七史」版片、元

〔註27〕 李東陽等，《大明會典》，揚州：江蘇廣陵古籍刻印社，1989 年影印明刻本，第 5 頁（卷首序）。
〔註28〕 劉若愚，《酌中志》，北京：北京古籍出版社，1994 年版，第 158～162 頁（卷18，內府經書紀略）。
〔註29〕 周弘祖，《古今書刻》，見俞文林、林國華，《叢書集成續編》，上海：上海書店，1994 年版，第 71 冊，第 634 頁。
〔註30〕 曹之，《中國古籍版本學》，武漢：武漢大學出版社，1992 年版，第 252 頁。
〔註31〕 李致忠，《歷代刻書考述》，成都：巴蜀書社，1990 年版，第 228 頁。

代西湖書院和集慶路儒學版本等都是其監藏。這些前人留下的版片，為南監從事刻書事業提供了便利條件，節省了大量的人力、物力、財力，大大縮短了出書周期。所以南京國子監以修補舊版、重印圖籍而名聲遠播。著名的南監本「二十一史」就是多據舊版修補重印而成。

南京國子監在利用舊版重印的同時，也新刻了不少書。如《通鑒》、《通鑒紀事本末》、《通鑒綱目》、《南唐書》等。萬曆時，南京國子監還刊印了《子彙》二十四種。據嘉靖時黃佐《南雍志》記載，南京國子監前後刻書多達 200 餘種〔註32〕，周弘祖《古今書刻》則著錄達 271 種〔註33〕。柳詒徵在談到南監刻書時指出，「南監諸史悉出師生之手，不獨寫樣校樣循行數墨，且躬親剞劂之役。」〔註34〕說明南監的許多監生都直接參與了校刻工作。現存南監本史書上留有不少參與刻書的監生的名字。這是南監刻書眾多的原因之一，同時也使南監的刻書質量有了一個基本的保證。

永樂間，隨著北京新都的營建，明政府又在北京設立了國子監，這就是明代的北監。北監刻書不如南監多，質量也不如南監好。據清《欽定國子監志》所附《明太學志》載書籍版片目錄統計，北監刻書約 137 種，其中經部39、史部59、子部37、集部12〔註35〕。周弘祖《古今書刻》僅著錄北監刻書41 種〔註36〕，缺失頗多，但有些品種為《欽定國子監志》所未載，顯然《欽定國子監志》所錄也不是北監刻書的全部。

北京國子監最重要的刻書，當屬萬曆十四年至二十一年（1586～1593）所刻之《十三經注疏》，以及萬曆二十四年至三十四年（1596～1606）據南監本所刊之《二十一史》。遺憾的是這些書校勘極粗，訛謬極多，甚至整段整段地脫落，因而受到後世學者的尖銳批評。顧炎武在《日知錄》卷十八中直接斥之為「是則秦火之所未亡，而亡於監刻矣！」〔註37〕這樣的結果，與國子

〔註32〕黃佐，《南雍志》，見首都圖書館，《太學文獻大成》，北京：學苑出版社，1996年影印明刻本，第 4 冊（卷 17、18）。

〔註33〕周弘祖，《古今書刻》，見俞文林、林國華，《叢書集成續編》，上海書店，1994年版，第 71 冊，第 635～637 頁。

〔註34〕柳詒徵，《南監史談》，《江蘇省立國學圖書館年刊》，3 期（1921 年），第 1～12 頁。

〔註35〕文慶、李宗昉等，《欽定國子監志》，北京：北京古籍出版社，2000 年版，第1154～1156 頁。

〔註36〕周弘祖，《古今書刻》，見俞文林、林國華，《叢書集成續編》，上海書店，1994年版，第 71 冊，第 635 頁。

〔註37〕永瑢等，《四庫全書》，臺灣：臺灣商務印書館，1982 年影印文淵閣本，第 858

監當初刻書的初衷可算是南轅北轍了。

　　明代從事於刻書活動的中央機構，除司禮監、國子監執其牛耳外，他如秘書監、欽天監、太醫院、大理寺、會同館、史局、禮部、兵部、工部、都察院等部門都有相關的刻書活動。李致忠先生就各種書目著錄及有關史料記載，編有《明代中央機關刻書表》，計得 622 種〔註38〕。實際肯定不止此數。明代中央的這種刻書風氣，對各分封藩府、各省地方政府、各地書坊、私宅產生了極大的影響。有明一代，各類型的刻書機構星羅棋佈，遍地開花；刻書內容包羅萬象，應有盡有；刻書數量與日俱增，遠軼前代；刻印技術推新出新，爐火純青，極大地推動了明代文化事業的全面發展。

七、清代中央機構刻印書活動

　　清代是以滿族上層爲主體建立的末代封建王朝，也是我國封建文化發展到一個新的高峰又急劇衰落的時期。清代中央機構的刻書活動隨著其國運的興衰也大體經歷了初創、發展、繁榮和衰落的階段。

　　早在入關之前，滿族統治者就十分注意吸收漢族傳統文化的精神，不但敢於重用忠於他們的漢族官僚和知識份子，而且翻譯刊印有利於他們實行統治和用兵的漢族古代典籍。刊刻書籍的任務由內三院承辦。昭槤《嘯亭續錄》卷一載，早在崇德年間，「文廟（皇太極）患國人不識漢字，罔知治體，乃命達文成公海翻譯《國語》、《四書》及《三國志》各一部，頒賜耆舊，以爲臨政規範。」〔註39〕據現存的實物與檔案，清入關前已有漢文、蒙文、滿文的雕版印刷品，所譯漢籍約有十餘部之多。

　　入關初期，清中央機構刻書活動由前明司禮監經廠承辦，由於是新朝初立，百廢待興，故初期刻書數量不多，但所刻皆爲國家急務所繫。從內容看，以軍政法令和整飭臣僚方面的書籍爲主。如順治三年（1646）修成《大清律》，同年刊刻，次年頒行全國。這是目前所知清入關後中央機構最早刊刻的漢文書之一，體現了滿清統治者「國基初定，一法爲先」的治國理念。他如《御定內則衍義》、《御纂內政輯要》、《御纂人臣儆心錄》、《資政要覽》諸書的刊印都與整肅朝臣、收籠人心的政治意圖緊緊聯繫在一起。順治一朝共刊印漢文書籍 17 種，滿文書籍 18 種。刻書風格與晚明經廠本非常接近。

冊，第 797 頁。

〔註38〕李致忠，《歷代刻書考述》，成都：巴蜀書社，1990 年版，第 228～229 頁。

〔註39〕昭槤，《嘯亭雜錄》，中華書局，1980 年版，第 397 頁（嘯亭續錄）。

　　康熙時期，清中央政權已基本鞏固，統治者的施政重點逐漸轉移到文化建設上來，中央機構刻書事業也由此進入到一個迅速發展的階段。康熙初年內府所刻書籍仍基本承襲晚明風格。康熙十九年（1680），武英殿造辦處增設修書處，從此開始了武英殿校刻書籍的歷史。

　　武英殿初創之際，刻書能力並不強大，所刻內容多以翰林儒臣們編纂進講的經史爲主，如《日講易經解義》、《日講書經解義》、《日講四書解義》等。康熙四十年（1701）以後，編刊書籍日益增多，武英殿及內府各館已滿足不了出版需求，部分書籍交由揚州或臣工個人代爲刊刻，如《全唐詩》、《佩文韻府》、《資治通鑑綱目》等書。這些書卷帙浩大，寫刻精良，爲時人所愛，被譽爲「康版書」。其版刻風格擺脫了明經廠本的影響，逐漸形成了殿本書工致、端正、典雅的特有風格。標誌著清中央機構刻書進入了一個迅速發展的時期。

　　雍正時期，武英殿刻書事業取得了進一步發展。雍正七年（1729）武英殿修書處准於鑄給圖記，使之成爲校刻書籍的專門機構，並從體制到區域都得到了進一步的發展，爲中央機構刻書事業走向繁榮提供了有利條件。其間，除完成了康熙朝尚未告竣的書籍外，如銅活字擺印的巨著《古今圖書集成》和《律曆淵源》等，還充分利用本朝文獻檔案，編修諸如《上諭內閣》、《硃批諭旨》及《子史精華》、《駢字類編》、《二十八經同函》、漢文《大藏經》等百卷以上的巨著。在寫刻、刷印和裝潢上都達到了更高的水平。

　　乾隆朝是清中央機構刊刻書籍的鼎盛時期。清王朝經過順、康、雍三朝近百年的統治，到乾隆朝政權鞏固，經濟發展，社會繁榮。乾隆皇帝擅長詩文書畫，博學多才，在編刊圖書上顯示了非凡的氣魄。他充分利用各種優越條件，整理古籍，編纂新書，就中央機構刻印書而言，無論是數量之多還是質量之精，都是前所未有的。如校刻《十三經》、《二十一史》，續修《大清會典》及《會典則例》、《大清一統志》，編刊《九通》等。繼康、雍兩朝譯刻了藏、蒙、漢三體《大藏經》之後，又譯刻了滿文《大藏經》。乾隆三十七年（1772）始，編纂《四庫全書》及《薈要》兩部巨著，是對宋元以來傳世古籍的系統整理和總結。其間，從《永樂大典》中輯出三百餘種散簡零篇，擇出罕見古本，用木活字陸續擺印了 134 種，連同初刻 4 種，合稱「武英殿聚珍版叢書」，這是繼康、雍之際以銅活字刷印《古今圖書集成》之後，又一次大型木活字

印刷工程。所出書字體端秀，紙墨瑩潔，刻印俱佳，裝潢豪華，達到了「盡善盡美」的地步。

　　嘉慶以後，清代中央機構刻書活動逐漸滑坡。初期，續修了《大清會典》及《會典則例》、《大清一統志》等幾部大書。中期以後，武英殿修書處及修書各館的弊端日益嚴重，加之政局不穩，國力衰微，編刊書籍的質量每況愈下，寫刻、刷印、紙墨、裝幀都大不如前。

　　道光初年，道光帝曾力圖重振中央機構刻書事業，特令修補舊有書板重印發行，但只重修了《康熙字典》、《二十四史》等數種，終因財力匱乏而沒能繼續下去。

　　咸豐、同治之際，西方印刷技術東傳，對傳統刻書事業形成巨大的衝擊，加之政治、經濟等方面的因素，武英殿刻書數量銳減。同治八年（1869）武英殿失火，刻書活動基本停頓。已編成的七省《方略》等書由總理各國事務衙門綜理，以鉛印技術印刷而成。

　　光緒九年（1883），光緒帝曾令臣工整頓武英殿等處書板重印發行，不足月餘即無疾而終。當時續修成的《大清會典》等書也用外界盛行的石印技術印刷而成。光緒三十二年（1906）後，清政府體制改革，增設圖書編譯局等出版機構，武英殿修書處逐漸名存實亡，至清王朝覆滅，結束了有清一代中央官刻書的歷史。

　　清代武英殿修書處是中國最後一個封建王朝的宮廷出版機構，它的出現、發展到結束基本貫穿整個清王朝近 300 年的歷史，為清王朝的專制統治、為清代文化的發展、繁榮起到了重要作用，也為我們後人留下了大量珍貴的古代文獻典籍。

　　清代從事於刻書活動的中央機構除武英殿修書處外，中央吏、戶、禮、兵、刑、工六部，國子監、欽天監等監院，揚州詩局、揚州書局等中央附設機構都刻有一些書籍。清末新增中央機構如總理各國事務衙門、圖書編譯局、法律館等用西方傳進來的石印、鉛印、影印等技術印刷的書籍也應納入清代中央機構刻印書的範疇。但從刻印書數量、刻印書質量、刻印書影響、出版成就等方面來說，都無一堪與武英殿修書處相比。長期以來，凡論及以武英殿為核心的清代中央官刻書多以「殿板」或「殿本」名之，這一事實本身就說明了武英殿在清代中央機構出版活動中所處的地位。

第二節　康雍乾三朝中央機構刻印書範圍界定

在清代諸帝中，康熙、雍正、乾隆三帝均是有作爲的皇帝。康熙帝在位
61 年，在位期間平定三藩之亂；降服了控制臺灣的鄭成功的孫子鄭克塽，使
中國重歸於統一；驅逐了盤踞於雅克薩的沙俄軍，與沙俄簽訂了《尼布楚條
約》，劃定中俄東部邊界線；平定回疆、準噶爾等反動貴族的叛亂；停止圈地，
獎勵農耕；聯合漢族部分知識份子，大力提倡自然科學，繪製《皇輿全覽圖》
等。這些措施對鞏固和加強多民族的國家政權作出了重要貢獻，使中國成爲
當時世界上的一個繁榮、統一的封建強國。

雍正帝在位 13 年期間，對西南少數民族地區實行「改土歸流」等措施；
平定了青海和碩特部貴族的叛亂；反擊了準噶爾部貴族的騷擾；與沙俄訂立
了《中俄布連斯奇界約》、《中俄恰克圖界約》，劃定了中俄中段邊界。同時也
大興文字獄，嚴厲鎮壓漢族知識份子中的反滿思想，使得封建君主專制統治
得到進一步強化。

乾隆帝在位 60 年期間，繼承康熙、雍正未竟之業，進一步整頓邊疆，加
強國防，先後平定了準噶爾部、天山南路大小和卓木的割據，擊敗了廓爾喀
軍隊對西藏的兩次入侵，爲維護統一、鞏固疆土作出了積極貢獻。與此同時，
清政府還根據少數民族地區的特點，製定了「修其教不易其俗，齊其政不易
其宜」的方針，因地制宜，隨俗而治，積極開發邊疆經濟，保證了對少數民
族地區的管轄，最終奠定了統一的多民族國家的廣闊版圖。

政治的穩定、國家的統一，是封建社會「盛世」的顯著標誌。經過康、
雍、乾三朝的苦心經營，十八世紀的中國封建社會進入了一個政治、經濟高
度發展的鼎盛時期。在中國漫長的歷史過程中，「文治」始終與「武功」緊密
聯繫在一起，成爲衡量王朝興衰、國家治亂的重要標誌。統治者爲炫耀自己
的業績和維持已有的政權，往往刻意標榜文治。其有效手段和常用方法就是
大規模地搜求典籍、編刊圖書。清康、雍、乾三朝在這方面可謂是不遺餘力，
成績斐然。清中央機構刻書活動都是在皇帝的直接授意下進行的，所印書大
多經過皇帝的審定和撰擇。這些書從內容到形式無不滲透著統治者的思想意
識和藝術情趣，在一定程度上反映了其政治需要和文化導向。對這三朝的中
央機構所刻書進行系統的梳理和深入的研究，對於我們思考盛世時期的文化
發展，總結歷史經驗教訓，將具有十分重要的意義。這也是本書以此作爲研
究對象的初衷之一。

　　清朝近三百年間，以武英殿爲中心的中央機構刻印書總量已過千種，康、雍、乾三朝刊刻印刷的總數計有 500 餘種，佔有清一代中央機構刊書總數的一半以上。僅乾隆一代，刻書約 350 餘種，居清代諸帝之首。許多聞名於世的鴻篇巨製大多出自這三朝，如人類歷史上最大的銅活字印刷工程——《古今圖書集成》的排印，最大的木活字印刷工程——《武英殿聚珍版叢書》的排印都在這一時期，選取這一時段的出版物作爲研究對象，對於整個清代中央機構刻印書活動研究來說最具有典型意義。

　　那麼，康、雍、乾三朝的中央機構刻印書究竟由哪幾部分所組成呢？哪些書可以納入此三朝的中央機構所刻書的範疇呢？筆者以爲，所謂中央機構所刻書是指那些直接受命於最高統治者，或體現了最高統治者意願，在功用上具有輔政效能，形式上由中央機構統一頒發流通的書籍。以此作爲標準來衡量，則康、雍、乾三朝的中央機關所刻印書應包括以下幾方面內容：

一、以武英殿爲主體的中央各直屬機關刻印書

　　康熙十九年（1680），清內府武英殿造辦處增設修書處，承辦刻書事宜，開始了眞正意義上的武英殿刻書活動。因初創之際規模較小，武英殿之外的其他一些中央機構也參與刻書，如吏部、戶部、禮部、兵部、刑部、工部、欽天監、國子監等衙門都曾奉敕刊刻書籍。這些中央直屬機構所刻書以校勘、寫板、鑴刻、印刷、裝潢精雅絕倫而著稱，具有明顯的皇家氣派與皇家風格，在中國印刷史及版畫史上佔有重要地位。

　　以武英殿爲主體的中央直屬機關刻印書，在寫版、刻字、裝潢等環節上，皇帝常常親自審查過問，這些細節在宮廷檔案中屢有記載。如康熙五十一年（1712）二月二十日，武英殿總監造和素等奏刊刻《御選唐詩》折，和素、王道化謹奏曰：「本月十七日恭進之《御選唐詩》折，十八日夜到。奉旨：『知道了，字稍有不同，刻時應劃一。欽此欽遵。』奴才等核對陳邦彥、顧祖雍、林基、王曾期四人之字觀之，林基、王曾期所寫之字皆比陳邦彥之字粗大，互攛細弄似不可能，顧祖雍之字稍小。陳邦彥稱：我一日寫十餘張，刻板書我自己寫，決不耽延。顧祖雍稱：我一日勉強寫兩張而已，不能多寫。今視《御選唐詩》注釋告竣情形，命顧祖雍、林基、王曾期抄寫，恭進御覽。上改定後，命陳邦彥重抄刻版。刻版既需時日，將此等人所書已恭呈御覽之書篇幅，編爲一卷，立即釘好，先行呈覽。俟全印完竣時，將封皮套裝好具奏。

則所刻之字大小劃一，且不致耽延，所繕之書可先得一部。故將恭奏大學士陳廷敬所選《御選唐詩》注釋三篇，陳邦彥等四人所繕之書各一篇，一併恭奏以聞，請旨。」硃批：「仍公同繕寫，字皆大些。」〔註40〕

又康熙五十二年（1713）五月十六日，和素、李國屏謹奏：本月初四日，「奴才等奏稱，《御選唐詩》序文照《佩文韻府》之序交付朱貴（圭）寫行書雙鈎字，寫得後連同原寫之序一併奏覽，仍交朱貴鐫刻，等語。奉旨：『知道了，欽此欽遵。』交付朱貴後以雙鈎寫序五篇，另照《佩文韻府》『體元主人』、『萬幾娛暇』寶，亦用雙鈎字繕寫。據朱貴曰：『奴才老弱，此等雙鈎行書字繕寫不周之處，伏乞主子指教。』等語，故連同主子原寫之序五篇，一併謹奏。聖主指定後，仍交朱貴，命恭謹刊刻，爲此請旨。」硃批：「甚佳，立即刊刻，將刊刻已成之書一併送來。」〔註41〕

又康熙五十二年六月初五日，和素、李國屏謹奏：「閏五月二十七日，具奏《資政要覽》、《孝經》、《內則衍義》之折到。奉旨：『知道了。《孝經衍義》套子甚佳。《資政要覽》大小套子和《內則衍義》套子甚差，爾等爲此帶來幾部，兼做卷。照現今書樣重做。簽字勿更換，若綾子好敷用，即做封皮。欽此欽遵。』」〔註42〕

康熙後期的這三道奏摺分別詳盡記載了皇帝對武英殿刊印書籍的寫手、刻工、裝潢等具體環節的審查經過和明確批示。其審核之嚴格、批示之細緻，充分反映了皇帝對武英殿刻書事業的重視。在以武英殿爲主體的中央機關所刻書中，許多重要書籍的刊印都經過這樣一個審批過程。這些由皇帝主抓、名臣寫版、名手鐫刻、名工印刷裝潢的書籍幾達到盡善盡美的程度，所出盡爲精品，當之無愧地成爲清代官刻書的翹楚。

二、曹寅等人在揚州奉旨刊印的書籍

康熙期間，以武英殿爲主體的中央直屬機關承擔了絕大多數中央官方書籍的刻印工作，但還有少部分書籍，或由於武英殿承刻能力有限，或出於籠絡朝臣、宣揚文治的需要等諸多原因，曾交與曹寅等人在揚州組局刊印。這

〔註40〕中國第一歷史檔案館，《康熙朝滿文硃批奏摺全譯》，北京：中國社會科學出版社，1996 版，第 770 頁。

〔註41〕中國第一歷史檔案館，《康熙朝滿文硃批奏摺全譯》，北京：中國社會科學出版社，1996 版，第 860 頁。

〔註42〕中國第一歷史檔案館，《康熙朝滿文硃批奏摺全譯》，北京：中國社會科學出版社，1996 版，第 868 頁。

部分書籍的刊刻指令直接來自於皇帝；刊刻細節需直接向皇帝彙報，由其定奪；刊刻任務完成後，亦需全部交給中央，由中央機關統一頒發流通。故雖在京城之外，一向以來，這部分書籍都是納入中央機關刻印書的範疇的。

　　揚州奉旨刊印的書籍有江寧織造曹寅於康熙四十四年（1705）至四十六年（1707）間刊刻的《全唐詩》和康熙五十一年（1712）至五十二年（1713）間「江南三織造」共同承刊的《佩文韻府》。由於曹寅在主持《全唐詩》刊刻過程中以「揚州詩局」的名義開刻了其部分私家藏書，這些書都有「揚州詩局」的牌記，寫刻精美，秀雅明麗，受到士林讚譽，「揚州詩局」的名聲亦因此不脛而走，故長期以來對曹寅和揚州詩局在清中央官刻書中所起的作用褒獎有加，超過了其應有的地位。各主要目錄書的著錄亦對揚州詩局究竟刻過哪些書模糊不清，有將武英殿所刻指為揚州詩局所刻者，有將其他臣工所刻指為揚州詩局所刻者，甚至有論者以為「揚州詩局所刻文學作品，已佔康熙內府所刻的 50%，而在卷數上則占到了 83%還要強」〔註43〕，與歷史史實出入較大。本書將依據近年披露的宮廷檔案史料對揚州承刻欽頒書的過程作詳細辨析，並在前人研究的基礎上提出一些新的看法，供同行們進一步探討。詳見本書第三章。

三、臣工承刻進呈由中央統一頒發流通的書籍

　　在康、雍、乾三朝的中央機關刊印書籍中，有一部分書籍是由臣工輸資刻印後進呈給朝廷的。在這部分書籍當中，有些書籍的刻印是皇帝直接頒發給臣工，命其刊印的；有些是臣工主動請旨要求刊刻的；還有些是臣工刊印的書籍流傳之後，為皇帝所賞識，而奉命連版進呈內府的。無論哪一種情況，這類書的版片最終都繳至內府，版權歸中央政府所有，故屬於中央機關刻印書的範疇。在古籍版本著錄中，刊刻責任者為具體出資刊刻的臣工，印刷權、流通發行權則歸清中央政府，成為清中央機關刊印書籍中的一個特殊現象。

　　由臣工刊刻進呈的書籍，其內容與統治者的文化需求相吻合，或互為輔翼，故能得到統治者的認同，成為其文化政策不可分割的一個組成部分。就其本質特性來講，可以將其理解為一部分臣工以個人力量分擔了武英殿修書處的部分刊書任務。其最初的起因應由於武英殿的刊書能力跟不上文化發展的需要，故以此作為輔助。發展到後來，授命臣工刊刻書籍實際上已成為統

〔註43〕李致忠，《歷代刻書考述》，成都：巴蜀書社，1990 年版，第 295 頁。

治者籠絡人心、光大文治的一種政治手段,故能夠榮幸得到刊刻內府書籍使命的都是皇帝的一些寵臣、近臣和一時名儒。現有各版本學著作對這一類書籍的刊印未見論述,各權威目錄書往往將臣工刊刻進呈的書籍與武英殿、揚州詩局刻本混同在一起。本書將依據相關史料,將這一類書籍的刊刻作為一種特殊的文化現象單獨論述,並對具體刊刻品種進行詳盡的考證和辨析,以期能在前人研究的基礎上更進一步。詳見本書第四章。

四、利用明朝舊版片刷印或補版後刷印的書籍

在清代內府武英殿、國子監、各府院及寺院等處,保存有大量明代遺存下來的書版。清朝初期曾利用這些書版補版重印了一些有利於鞏固統治、有益文治的書籍,這些書籍也應屬於清代中央機關刻印書的範疇。

據康熙五十二年(1713)五月十九日武英殿總監造和素等《奏請補刻缺版經書印刷折》記載:「去年十一月初二日,奴才等奏稱:於經版庫查黃經版時,據說有《文獻通考》、《詩文類聚》版,將此查出帶來後,其中若有缺版,補刻後,各刷五十部書等語。奉旨:『好。再,故明之《五經》、《四書》版,經禮部具奏,業經修整,將此亦查出,帶來刷印。欽此欽遵。』由經版庫查出帶來之《文獻通考》、《詩文類聚》、《五經大全》、《四書大全》版內,有兩面刻者,亦有一面刻者,按此將書中版號順序數之。《文獻通考》現有版 932 塊,缺 1216 塊;《詩文類聚》現有版 4802 塊,缺 2025 塊,527 塊版字已破爛;《周易傳義大全》、《書傳大全》、《詩傳大全》、《春秋集傳大全》、《禮記集說大全》此五經現有版 4653 塊,缺 565 塊;《四書大全》現有版 245 塊,缺 1273 塊。以上計缺版、字破爛之版 5606 塊。將此行文禮部覆查。又經禮部查庫,據送來鈐印文書內稱『除爾等帶去之版外,此等書版已無』等語。查得御書房有與《五經大全》、《四書大全》書版相同之書,武英殿有與《文獻通考》書版相同之書,暢春園所存版相同之《詩文類聚》一書內,辛集三十六卷二百餘篇缺。又查得,刷印《性理大全》之時,缺七十餘塊板。若將板相同之舊《性理大全》書照數拆之,帶來刊刻,字號相同,且節省繕寫工銀。經奏聞,奉旨:『很好,欽此欽遵。』業經刷印五十部。既然如此,御書房所存《五經大全》、《四書大全》各一部、武英殿所存《文獻通考》一部、暢春園所存《詩文類聚》一部,亦如刷《性理大全》一書,照所缺版數,將書篇拆之,帶來補刻。除連四紙各刷印五十部外,《詩文類聚》一書所缺辛集二百餘篇,

補寫後刷印，刷完後，《詩文類聚》所缺辛集亦欲增補。此非奴才擅斷之處，謹奏請旨。」〔註44〕

　　此段記載不僅揭示了清康熙朝利用前明舊版片印刷書籍的事實，而且對具體重印的品種和補版細節都記載得十分詳細。從奏摺中可看出，康熙朝在重印《性理大全》、《四書大全》、《五經大全》、《詩文類聚》等書時，補刻所缺版片是將原明版書拆散後覆在木版上刻印的，所以才做到「字形大小相同，且節省繕寫工銀。」如果沒有這段檔案記錄，這些書的版本著錄將很難準確無誤。因為舊版新刷，很多書一模一樣，所缺者又是用原書頁照樣覆刻，字形筆劃均無二致，不仔細甄別，是很難發現的。據故宮博物院翁連溪研究員考證，今故宮所藏《五經四書大全》一書，正是康熙間補版重印本。《中國古籍善本書目》、《故宮善本書目》誤著錄為明內府刻本，其致誤緣由正在於此。此類補版重印之書，數量少，影響小，本文不以專章論述。

　　上述四類書籍組成了整個康、雍、乾三朝中央機構刻印書的群體，總體數量達 500 餘種。這些書籍的刊印與三朝統治者的政治需要和文化政策相互表裏，指導著當時全國圖書出版發行的方向。對這類書籍的出版史實進行詳細的辨析，糾正現行主要版本學著作和權威目錄書對這類書的錯誤認識和錯誤著錄，總結康、雍、乾三朝在中國印刷史上所取得的成就，以期對清朝盛世時期的文化政策和統治方略能有一個比較全面的認識，是本書所力圖達到的目標。

〔註44〕中國第一歷史檔案館，《康熙朝滿文硃批奏摺全譯》，北京：中國社會科學出版社，1996 版，第 852～853 頁。

第二章　清代中央刻書機構考述

　　明清兩代的中央政府都有各自典型的專職刻書機構，明代的為經廠，清代的則為武英殿。由於武英殿修書處承擔了清代中央機構的絕大部分刻印工作，是清代中央官刻書當之無愧的代表，故對清代中央機構所刻書通常多以「殿版」或「殿本」名之。其實，從邏輯意義上講，「殿本」是不能涵蓋所有清中央機構所刻書的。武英殿之外，國子監、欽天監、中央六部、揚州詩局等機構也刊有一些書籍，從功用上講，這些機構可視為武英殿的輔翼與補充，與武英殿修書處一道共同創造了清代中央官刻書的繁榮。

第一節　清代中央官刻書的中心——武英殿修書處

一、武英殿修書處的設立與機構沿革

　　武英殿建於明代，清同治間重建。其處所在北京紫禁城內熙和門西、西華門東，至今仍矗立在原址。《清宮述聞》載「西華門內、熙和門西為武英殿，殿門制與文華門同。前跨石梁三，周以石欄。殿廣五楹，丹墀東西陛九級。其東配殿曰凝道，西配殿曰煥章，後殿曰敬思。殿之東北為恒壽齋，西北為浴德堂。」〔註1〕

　　武英殿在明代是皇帝同大臣們議事之所，明末李自成進京後也曾在此辦理政務。至清，首先與武英殿發生關聯的職官是有關「武英殿大學士」的設立。「順治十五年（1658）七月，清王朝參照明制，改內三院為內閣。大學

〔註 1〕 章乃煒，《清宮述聞》，北京：紫禁城出版社，1990 年版，第 328～329 頁。

士加殿、閣銜，稱『中和殿大學士』、『保和殿大學士』、『文華殿大學士』、『武英殿大學士』、『文淵閣大學士』、『東閣大學士』。乾隆十三年（1748）去掉中和殿，增入體仁閣，成爲三殿三閣。」〔註2〕武英殿大學士爲清內閣重臣，其職掌與刻書並無關涉，關於它的沿革，《清代職官表》有著詳細記載，這裡不再贅述。武英殿眞正與清代刻書事業聯繫在一起，是康熙年間設立武英殿修書處以後的事。

清統治者是以滿洲貴族爲主體的統治集團，在相當長一段時間裏，清統治者一直注重全面吸收漢族傳統文化的精神。早在關外和入關初期，清政府就編刻了一些滿文和漢文的書籍。如滿文的《三國演義》、漢文的《孝經衍義》和《資政要覽》等。由於文獻資料的闕略，這批書籍的具體編刻過程，承辦單位尚難一一確定。皇太極時，曾命令內三院主持翻譯漢文要籍，當時很可能仿照過去國子監刻書的成例，由內三院負責全部編製工作。順治中期，清廷曾恢復明代內監衙門，一度沿襲明廷的做法，由司禮監經廠主持刻印內府書籍。順治去世後，內監衙門被廢除，重新建立了由皇帝親自統率的以上三旗包衣爲主要辦事人員的內務府。刻書任務由其屬下的武英殿造辦處承接。康熙十九年（1680）十二月在武英殿造辦處下增設武英殿修書處，兼承內府刻書任務。從此，武英殿成爲清代內府刻書的主要承辦單位和主要承辦場所。

作爲清代中央官刻書的中心，武英殿修書處的機構沿革經歷了一個逐步發展和完善的過程。機構設置之初，修書處僅是隸屬於武英殿造辦處的一個分支機構。而造辦處本身也並非一個專門的刻書機關，其中還設有硯作、琺瑯作等工藝品作坊。初創之際，刻書能力並不太強。所刻內容多以翰林儒臣們編纂進講的經史爲主，如《日講易經解義》、《日講書經解義》、《日講四書解義》等。許多本應由武英殿修書處刻印的書籍還常常交給一些親信大臣們去負責刻印。清朱彭壽在《安樂康平室隨筆》卷一云：「本朝人所刻之書，以康熙間最爲工整，至當時欽定諸籍，其雕本尤極精良，然大都出自臣工輸貲承辦。如《全唐詩》則爲通政使曹寅所刻，《歷代賦彙》則爲詹事府詹事陳元龍所刻，《佩文齋詠物詩選》則爲翰林院編修高輿所刻，《歷代題畫詩類》則爲翰林院編修陳邦彥所刻，《歷代詩餘》則爲司經局洗馬王奕清所刻，《佩文齋書畫譜》則爲候補主事王世繩等數人所刻，《御批通鑑綱目》則爲吏部尚書

〔註 2〕 張德澤，《清代國家機關考略》，北京：中國人民大學出版社，1981 年版，第 4 頁。

宋犖所刻，《佩文齋廣群芳譜》則爲河南道監察史劉灝所刻，《全金詩》則爲內閣中書郭元釪所刻，《歷代紀事年表》則爲翰林院檢討馬豫所刻，《康熙字典》則爲翰林院侍讀陳世倌所刻。」〔註3〕究其原因，一方面誠如朱彭壽所言：「蓋其時士大夫中，皆以校刻天府秘笈，列名簡末爲榮，故多有竭誠報效者。」〔註4〕另一方面也說明了在康熙初期和中期，武英殿修書處在技術力量、承刻能力方面均是比較有限的。

康熙四十三年（1704），開館校勘《佩文韻府》，當時曾下旨於武英殿內收拾房舍幾間，令館臣們在內從事校對工作，並設機構於武英殿西北之浴德殿，在館工作人員有 30 人左右。任務完成後，又繼續從事武英殿刻印的其他內府書籍的編校工作，成爲內廷長開的修書三館之一〔註5〕。隨著內府所需刊印書籍的日益增多，對武英殿造辦處的機構調整便勢在必行，康熙四十四年（1705）將造辦處下屬的與刻書無關的作坊如硯作、琺瑯作等一律劃歸養心殿造辦處管理，露房歸併到修書處。至此，武英殿造辦處的職能已趨於專刊內廷圖書。雍正七年（1729）將武英殿造辦處徑改名爲武英殿修書處，並准予鑄給「武英殿修書處圖記」，使修書處升格爲直屬總管內務府下的專門刊書機構。其辦公地點也日益擴大到武英殿及周圍群房，乃至東、西華門以外的一些地方。這次調整使得武英殿修書處從體制到區域都得到了進一步的發展，爲內府刻書走向繁榮提供了有利條件。爲避免對調整前後兩個級別不同的武英殿修書處在名稱上的混同，對前者「公文中又稱之爲『舊修書處』」〔註6〕。

乾隆九年（1744），武英殿修書處裁撤銅活字作，三十四年（1769）又撤消露房，三十八年（1773）增設聚珍館。道光二十三年（1843）又將內務府下的御書處原有的刻字、製墨、托裱、墨刻等 4 個作坊和官員匠役 100 餘人全部劃歸到修書處統理。這實際上又是一次較大的機構調整，使得修書處的業務更加擴大。此後，直至清朝宣統末年，武英殿修書處的規制再未有大的變化。

〔註3〕朱彭壽，《安樂康平室隨筆》，民國二十八年（1939）鉛印本，卷1，第6頁。
〔註4〕朱彭壽，《安樂康平室隨筆》，民國二十八年（1939）鉛印本，卷1，第6頁。
〔註5〕清軍機處所屬之方略館、翰林院所屬之國史館及武英殿修書處均長年開設，稱「長開內廷三館」。
〔註6〕金良年，《清代武英殿刻書述略》，《文史》，第 31 輯，第 185 頁。

二、武英殿修書處的職官與機構組成

武英殿修書處的機構設置主要有監造處和校對書籍翰林處。上設管理大臣，不定員。由皇帝從滿、漢文武大臣和王公中簡派，負責總理修書處的一切事務。

（一）監造處

監造處設兼攝行走內務府司員及正、副監造等職，在人事上屬內務府系統，具體如下表所示：

武英殿修書處監造處職官設置表

職　名	人員	品　級	任命方式	資　格	沿　革
兼攝行走內務府司員	2		內務府保送	由內務府官兼任	康熙十九年（1680）設武英殿修書處，派侍衛及司員經營，為此職設立之始。
正監造員外郎	1	正五品	由慶豐司題補	由副監造副內管領升	造辦處時期有總監造，約當此職。雍正二年（1724）裁，四年（1726）復設監造2人。乾隆四十三年（1778）定為六品職銜食七品俸，四十七年（1782）定制：監造2人，一正一副，均不另行添設，於內務府員外郎、副內管領內佔用。
副監造副內管領	1	正六品	由內管領處題補	由委署主事、六品衙庫掌升	
委署主事	1	從筆貼式品級	由本處自行題補	從筆貼式內設	此職始設於雍正七年（1729），乾隆四十七年（1782）准於筆貼式內設委署主事1人。
庫掌	4	六品1人七品3人	由本處自行題補	六品衙由七品衙升，七品衙由委署庫掌升	此職相當於造辦處時期的監造。雍正二年（1724）改為庫掌，乾隆間定品級。
委署庫掌	6	無品級	由本處自行題補	由額外委署庫掌升及由拜唐阿補放	此職始設於乾隆五年（1740），時為4人，八年（1743）議准於拜唐阿內增設1人，十一年（1746）又准檔案房於拜唐阿內增設1人。
拜唐阿〔註7〕	38	無品級	由本處自行題補	由內務府上三旗的閒散人員中輪番選用	

資料來源：《大清會典》卷89、98；《大清會典事例》卷1173；《文史》第30輯；《清代內府刻書目錄解題》

〔註7〕滿語，亦譯作柏唐阿，意為一般的管事者。

監造處下設各類作坊，主要有：

（1）書　作

亦稱「裝潢作」。專司內廷交出及進呈、陳設各種新舊書籍並托裱、界劃等事。即主要承擔書籍的裝潢工作。設庫掌 1 員，拜唐阿 6 名，委署司匠 1 名，委署領催 2 名。額訂匠役 44 名，包括書匠 14 名、齊欄匠 4 名、托裱匠 4 名、平書匠 7 名、補書匠 4 名、合褙匠 5 名、界劃匠 6 名。另外，還傳用營造司所屬銼書木匠 5 名。

（2）刷印作

亦稱「刻字作」。專司鉤摹御書、刊刻書籍、寫樣、刷印、折配、齊訂等事。即主要承擔書籍的刻印工作。設庫掌 1 員，拜唐阿 8 名，委署領催 2 名。額設刷印匠 40 名。

（3）銅字庫

設於康熙末年。專司銅活字、銅盤及擺列等事。設庫掌 1 員，拜唐阿 2 名。遇有排字及重刻銅活字事務時另雇匠人辦理。關於銅活字的來源及製造時間眾說不一，從現有資料來看，康熙末年已用銅活字排印《古今圖書集成》，康熙去世後，雍正派人接管其編印工作。金良年先生認為「銅字庫，始設於雍正六年（1728）。」理由為「《古今圖書集成》印成於雍正六年（1728），光緒《大清會典事例》卷 1173 云，武英殿於雍正六年（1728）增設庫掌 1 人，故推斷此庫當設於此年。」〔註8〕此說恐未妥當，因為在清內府刻印書中，不僅《古今圖書集成》在康熙末年就已開始排印，《數理精蘊》、《星曆考源》等書也均為康熙末年銅活字印本，故筆者以為銅字庫之設應在康熙年間。乾隆九年（1744）因京師錢貴，銷毀銅字、銅盤鑄錢，銅字庫撤銷。但工作人員仍留本處，分派各作行走。

（4）聚珍館

乾隆三十八（1773）應金簡提議設立，地點在西華門外北長街路東〔註9〕。乾隆帝修《四庫全書》時，想把從《永樂大典》內輯出來的佚書刊印流傳，並刻出《易緯》、《漢官舊儀》、《魏鄭公諫續錄》、《帝範》4 種書作為樣本。侍郎金簡奏請用木活字排印應刊之書，得到批准。次年，金簡遂奉命成造大小棗木字 253500 個，從事活字板的排印工作。聚珍館額設供事 6 名，負責聚珍版排

〔註 8〕金良年，《清代武英殿刻書述略》，《文史》，第 31 輯，第 187 頁。
〔註 9〕于敏中等，《日下舊聞考》，北京：北京古籍出版社，1981 年版，第 1190 頁。

印事務。如無任務，2名供事負責日常管理，4名供事在檔案房辦事。從乾隆三十九年（1744）至嘉慶初年，這套木活字共印書134種2400多卷。連同前刻印《易緯》等4種，共138種，皆頁18行，行21字。此即世所稱「武英殿聚珍版叢書」。嘉慶年間，這套木活字還排印過《欽定重舉千叟宴詩》、《西巡盛典》、《續琉球國志略》、《畿輔安瀾志》等書，但已非「聚珍版叢書」之列。

（5）露　房

原為武英殿造辦處下屬作坊，康熙六十一年（1722）歸併武英殿修書處管理。專司合藥蒸露、造鼻煙及西洋胰子等事。初設監造1人，筆貼式2人。乾隆年間定制後，設庫掌1人，拜唐阿6名，委署領催1名，醫生4名。乾隆三十四年（1769）以事務減少，將醫生4名撥回藥房，以後如需用再向御藥房傳喚，應役畢，仍行退回。嘉慶十九（1814）夏，整頓武英殿事務，將露房正式撤銷。

（二）校對書籍翰林處

校對書籍翰林處，亦稱校對書籍處、校勘翰林處或翰林處。該處下設提調房、校對處，專管校正文字、刊修書籍等事。其前身為康熙四十三年（1704）在武英殿浴德堂等處開館編纂《佩文韻府》所設之修書處。雍正三年（1725）修書處工作完成後，在修書翰林27人中選留6人備用，其餘皆遣回翰林院。至乾隆三年（1738）校刊《十三經》、《二十一史》時，大學士兼管翰林院事張廷玉、福敏奏稱：「重刊經史，必須參稽善本，博考眾書，庶免舛僞。武英殿為內府藏書之所，就近校閱，實為便易。今擬於編檢內送派六員，咨送到殿，俾校勘刊刻會於一處，則錯誤可免，而書易成。」乾隆下旨「依議，編檢六員恐不敷用，著添派庶吉士六員。」〔註10〕自此遂成定制。校對書籍翰林處共設總裁2名，1滿1漢，由大學士、六部尚書侍郎中簡充；提調2名，從總纂中由總理王大臣、總裁等依次奏派；纂修12名、協修10名，由翰林院掌院學士從滿漢翰林學士以下、詹事府少詹事以下中派充；校錄10名，在國子監拔、副、優三項貢生中咨取。在校對書籍翰林處工作的翰林在修書達到一定數額後，例可議敘遷官。

附屬部門尚有檔案房、錢糧房、辦事值房、材料房、通行書籍售賣處、督催房、查核房等，負責處理收發文稿、記錄諭旨和來文、編造本處的有關

〔註10〕方苞，《方苞集》，上海：上海古籍出版社，1983年版，第565～566頁（《奏重刊十三經二十一史事宜箚子》）。

冊籍、採辦應用及日常有關行政管理事務。

武英殿修書處的主要任務有：校刻、刷印、修補、裝潢各種內府新書及宮內舊藏古籍；謄錄呈覽書冊；鉤摹、拓刻皇帝御筆序跋、詩文、法帖等；繕錄、刻印除夕、元旦及婚喪嫁娶需用之禮單和懋勤殿需用之簿冊；謄錄呈覽本時憲書、中星更錄、萬年書鑒、星命須知及其他零星任務；採買刊刷書籍所需而內庫無存之紙墨、板片等物料；存貯殿版餘書、石刻、墨迹、法貼、書板等；發售通行書籍；派出界畫匠 5 名，分赴懋勤殿、方略館、圓明園等處常赴聽差，承辦有關應急任務；承應各種零星雜活，如赴東、西陵和各處行宮，維修聯匾、牌位、碑坊等事；每年八月，委派官役赴文淵、文源二閣打晾、整修《四庫全書》一次。

在上述任務的執行過程中，監造處和校對書籍翰林處各有分工，監造處專管刊刷、裝潢書籍，拓刻、鉤纂御書及催查支頒錢糧，採買發放物料等事。校對書籍翰林處則專管咨取纂修校勘書籍。凡遇有需更改板上字畫、刊刷部數、校正板樣、裝潢書冊式樣、添補木活字、領取刷書紙張等事，例由翰林處行文監造處，再下達各作辦理。嘉慶十七年（1812）後，簡化辦事程序，改由翰林處直接傳喚各作匠役做活，但仍需向監造處備案。凡有刷印、修改正文等事，兩處共同派一人一起監修、監製、監刷。樣書裝潢、校勘後，再經總理大臣覆校，方可奏呈皇帝欽定刷印數量和裝潢規格。

修書處承辦的完成情況，按月、季兩種形式，書面報告給內閣稽察欽奉上諭處，由該處匯總後奏報皇帝。

武英殿修書處各級官員 100 餘人，他們除按品級食俸外，還分別享受官飯、辦事公費的待遇，並有考覈、獎懲、升級等制度的約束。據《清宮述聞》載「修書翰林等照南書房翰林飯食例：每員每日肉菜半桌、稻米一倉升、茶葉一錢；跟役，老米一倉升。」「修書處自五月朔，始逐日賜尙方冰，供以巨盤。」〔註 11〕可見平時除有肉有菜之外，炎夏還有冷飲供應。這在當時應是比較優厚的待遇。

三、殿版書的刻印流程

清代中央機關所修圖書是否刻印，向由皇帝決定。在得到皇帝批准後，修書機關即行文照會武英殿。武英殿在接到通知後，由總管、監造派員負責

〔註11〕 章乃煒，《清宮述聞》，北京：紫禁城出版社，1990 年版，第 341～342 頁。

該書的刊刻、刷印、裝訂等事宜。武英殿所刻印的書稱爲「殿版」或「殿本」，後來又成爲清代中央官刻書的代稱。

武英殿所刻印書籍的流程主要有以下一些環節：

（一）繕　樣

修書機關在完成纂修任務後，一般就正本另錄一副本送至武英殿，正本仍留本機關，以備日後校對。武英殿在接到副本後，即由監造處據副本繕寫板樣。寫樣繕畢，須再行送到原修書機關據正本校對無訛後方能上板發刻。如原書系滿文或書中有「御筆」（如御序），則須另行處理。滿文例由修書機關寫妥後直接交付武英殿上板；御筆則需傳喚專管鈎摹「御筆」事務的內務府御書處匠人鈎摹上板。

（二）刻　板

繕樣工作完成後。即交付刻工按樣鏤刻。武英殿的工匠分爲兩種：食錢糧匠役與外雇匠役。食錢糧匠役每月領取固定的薪俸，月食錢糧 1 至 3 兩不等。多係旗人充當，大多從內務府上三旗佐領、管領下的閒散幼丁中輪流選用，一般爲終身當差，故又稱「旗匠」。旗匠人數各時期不等，在乾隆年間最鼎盛時期各種旗匠多至 220 餘人。旗匠們大多從事刷印、繕寫等工作，技術性要求較高、勞動強度較大的刻字工作則多由外雇匠役承擔。外雇匠役多由工部負責招募，有時也由內務府三織造代辦，或由武英殿修書處工匠頭目保舉，大都來自京師、宛平、大興和江南等地。乾隆時設刻工頭目 8 人，嘉慶間改爲 4 至 6 人。如不夠用，准予外雇。乾隆元年（1736），武英殿雇用京師刻字匠役 200 餘名，後因刊刻漢文《大藏經》人手不足，又雇寫刻匠役 869 人，連同原雇工匠，總數在千人以上，這是目前所知修書處外雇工匠人數最多的時期〔註12〕。外雇匠役按勞取酬，無固定薪俸。其工價也有一個成例，「凡刊刻御筆，每個寸字工價錢一分，萬字錦邊寬一寸、長八寸，合一工，值銀一錢五分四釐。凡書刻宋字、刻軟字，每百字工價銀八分；刻歐字，每百字工價銀一錢四分。棗木版加倍。凡刻畫圖，每見方寸合一工，值銀一錢五分四釐。凡書寫宋字，每百字工價銀二分，軟字三分，歐字四分。凡畫圖，每見方寸二寸合一工，值銀一錢五分四釐。」〔註13〕這個標準一經確定，便長

〔註12〕 參見故宮博物院圖書館、遼寧省圖書館，《清代內府刻書目錄解題》，北京：紫禁城出版社，1995 年版，第 534 頁。

〔註13〕 章乃煒，《清宮述聞》，北京：紫禁城出版社，1990 年版，第 342 頁。

久不變。直至嘉慶十五年（1810），京師糧價昂貴，工人收入微薄，生活維艱，始經武英殿修書處奏定，工價略有增加。咸豐四年（1854），京師銀賤錢貴，按內府原定工價外雇工人很難，遂改定工價每銀一兩發給當十制錢一串五百文。咸豐六年（1856）又改定一律照時價招募工匠和購買物料，據實開銷。從此打破了從康熙以來內府核定的工價和物料准銷價格。咸豐八年（1858）又因工人怠工，所辦《宣宗聖訓》等書不能如期完成，才又不得不採取「酌加津貼，同時酌定賞罰」的規定〔註14〕。這從另一側面反映了清末國力衰減對內府刻書的影響。

（三）校　樣

書板刻畢後，需先刷出清樣，進行校對。如有錯訛，則須就版挖改。根據慣例，清樣與寫樣一樣須送至原修書機關進行校對，如原機關已撤消，始由武英殿校對書籍翰林處辦理。嘉慶間，鑒於這兩項校對工作在機關間互相往來，遷延日久，耽誤了成書的進程，規定以後原修書機關只校對寫樣，刷板清樣一律由武英殿校對書籍翰林處校理。朝臣們在議定這一章程時曾有一番議論：「查武英殿章程，向來刊刻書籍，其無原館原校者，由武英殿各員校閱；其有原館原校者，仍交原校官覆校。查各處承辦書籍，數年之後有原館而無原校者居多，既無原校則必須另易生手校勘，既屬生疏，挖補又多，錯誤屢駁屢改，傳遞多次。有一卷之書遲擱旬日，有數字之誤而往返頻（繁）仍，在覆校者既非原校之人，銷籤者又非原籤之人，前後涉手紛紜，互相推諉，辦書淹滯，職此之由。查武英殿額設纂修、協修、校錄等員，本係專司校對，並無他事，應請嗣後凡一書告成時，武英殿初寫底本（即「板樣」）自應仍交原館校對；至刊刻告成，為日已久，原校官多已離館，其刻本（即『清樣』）應就近即由武英殿各自校對。仍准其向原館咨取無訛定本詳悉校勘，偶有字劃錯誤，就近挖改，即就近銷籤，較為便捷。校畢後，仍將定本送回原館存貯。如此則刻書讎校同在一處，自不致曠日持久矣。」〔註15〕這一制度一直沿續到清末，較之舊法，確實要便捷合理得多。

（四）刷　印

校對無訛後，即進入刷印環節。刷印工匠例由旗匠承擔。在刷印過程中，

〔註14〕 參見故宮博物院圖書館、遼寧省圖書館，《清代內府刻書目錄解題》，北京：紫禁城出版社，1995年版，第535頁。

〔註15〕 《嘉慶十九年十二月十八日董誥等奏摺》，《軍機處錄副奏摺》，抄本。

武英殿的書籍又分呈覽、陳設、頒賜和通行等幾種不同的印本。針對各自不同的用途，刷印中的用墨和紙張都各有區別。呈覽本專供皇帝御覽；陳設本供盛京恭貯及紫禁城和各園苑、離宮陳設之用；頒賜本爲頒發中央、地方各部門及賞賜王公大臣之用；通行本爲以有償方式向社會發行的本子。前兩種書在刷印上十分講究，追求盡善盡美；後兩種則等而下之。在套印用料上，頒賜、通行書也要比呈覽、陳設書減少用顏料。在刷印紙張上，呈覽、陳設本一般用開化紙、連四紙等較好的紙張印刷，頒賜、通行本則多用竹紙印刷。武英殿所刻書的印刷數量是由皇帝欽定的，一般先刷印數份，從中挑選一份最好的作爲呈覽書，在進呈樣書的同時，請旨刷印部數和如何裝潢。用活字排印的聚珍版書籍是個例外，因木活字要周轉使用，不能爲刷印樣書專門拼拆一次書板，所以武英殿聚珍版書的刷印數是預先請旨定好的。

四、武英殿書籍的裝潢

武英殿所刻書籍的裝幀藝術，全面繼承了明以前的傳統並有新的提高，形成了清代宮廷裝幀藝術的鮮明風格。其選料配色之考究、裝幀技藝之高超、裝幀形式之豐富、富麗豪華之程度，都超過以往的任何一個朝代，在中國古代書籍裝幀史上佔有輝煌的一頁。

首先，在裝幀色彩上，武英殿書籍有著嚴格的等級差別，尊卑分明，並注重不同裝幀色彩跟書籍內容的協調，即外在與內在的統一。「天子服專尚黃」，自古以來，黃色成爲帝王的專用色彩，清代帝王御用之物以黃色爲主色的例子不勝枚舉。武英殿刻印書中的呈覽本爲進呈皇上審閱之書，故多以「黃綾套、黃綾面」裝潢，又稱之爲黃冊。一些法令、時憲等書也飾以黃色，以顯示「欽定」之書的權威和尊嚴。陳設本則多飾以黃色、紅色以顯示皇家氣派。在眾多的裝潢色彩中，明黃色最爲尊貴，鑲黃、紅色次之，磁青、湖色、古色又次之。殿版書除了裝潢色彩上有著嚴格的等級區分外，也注意根據書籍的不同內容飾以不同顏色的書面來加以區別。乾隆皇帝曾令以四季的色彩來分飾《欽定四庫全書》經、史、子、集圖書的書面，其《文津閣作歌》有句云：「浩如慮其迷五色，挈領提綱分四季。經誠元矣標以青，史則亨哉赤子類，子肖秋收白也宜，集乃盡藏黑其位。如乾四德歲四時，各以方色標同異。」〔註16〕現存《四庫全書》實物絹面顏色雖與原定規制略有差異，但大致不離

〔註16〕清高宗弘曆，《清高宗（乾隆）御製詩文全集》，北京：中國人民大學出版社，

取法春、夏、秋、冬四季的初衷。武英殿刻印的儒家經典、正史類書面多飾以「石青杭細面」、「石青杭細套」，顯得莊嚴肅穆，與其深遠的內涵相得益彰。而文集、雜書則多飾以湖色、古色，顯得格調雅致、雋永，這種色彩的選擇純粹因書籍的內容而定，已不含禮制威儀之意。

其次，武英殿刻印書的裝幀形式豐富多彩，集古代書籍裝幀之大成，變化萬千，令人賞心悅目。古書裝幀中的包背裝、蝴蝶裝、經折裝、梵夾裝和卷軸裝等形式在殿版書中都能見到。如《御製資政要覽》為蝴蝶裝；歷朝《實錄》和《聖訓》則多採用包背裝。總的說來，殿版書仍以線裝為主流，但線裝這種最普通的裝幀形式在宮廷匠人的手中被處理得富於變化，華貴而考究。裝訂有四眼、五眼、六眼等不同裝法；書腦的上下兩角均以絹包裹；書衣用綾、錦、綢、緞、絹、布等面料，也有各色箋紙、古色紙等，並配以長短相宜的題簽；以絲線裝訂。宮廷匠人們在裝訂過程中非常注重材質和色彩的搭配，比如磁青色杭細書衣，顏色較暗，配上較明亮的米色絹簽、包角和絲線，通過明暗對比，則使暗沈滯重的色彩得到緩和，顯得莊重肅穆、古樸而典雅。又如有的書衣、書簽、絲線均用黃色，看上去較眩目，調劑的辦法則是將書角用藍絹包角，稍一點綴，視覺舒暢而明快，設計的主旨變得更加突出，視覺效果較為和諧悅目。總之，武英殿書籍的裝幀即使是一個普通的細節，均有其匠心獨運之處，充分體現了清代統治者的審美情趣和較高的文化藝術修養，代表了清代宮廷裝幀藝術的高水準。

第三，武英殿書籍的版式充分考慮閱讀者的多種閱讀需求和使用上的便利，以人為本，無一定之規。根據每書的卷帙、內容等情況和實際需要，殿版書的版式設計有大、中、小等多種規格，其中以大本、中本為最常見。如《欽定古今圖書集成》、《十三經注疏》、《二十四史》等多為中等規格，尺寸多在 33 釐米×20 釐米（長×寬）左右。《皇清開國方略》、《御批歷代通鑑輯覽》、《西清古鑑》等書則大了一倍。《玉牒》大冊、滿文《大藏經》等書則更大，長約 1 米，需兩人合擡。大本、中本幅面盈尺，從陳列、賞賜角度出發，能充分顯示皇家氣派和欽定書的尊嚴，但攜帶不便，難於開閱。於是，殿版書中又有袖珍本的製作。乾隆年間以武英殿製版所剩小木塊倣古人「巾箱」之意，刻製的《古香齋袖珍本十種》即為此類。其開本約為中型書的四分之一。袖珍本小巧玲瓏，皇帝可攜之外出，隨時披覽，極為方便。在每頁書葉

1993 年版，第 8 冊，第 484 頁。

的版面處理上，殿版書一般都留有十分寬大的餘地，板框之內，行格疏朗，字距相宜；板框之外，天頭大於地角，綽有餘裕。即使是書眉處寫有批語和注解文字的書籍，視覺上也毫無窘迫之感。從整體設計效果看，殿版書的版式簡潔大方、格調高雅，充溢著瀟灑自如的氣韻。

第四，武英殿書籍裝潢的一個重要特徵，是殿版書大多配製了形式各樣、富麗堂皇的護書用品，便於收藏，美觀氣派。這些護書用品主要有函套、夾板、盒、匣、箱、櫃、棉包袱等，每種又有不同的樣式。僅以函套為例，就有四合套、六合套、如意四合套、匚字四合套、插套等不同花樣。製作函套、夾板的材料都各有講究，函套通常以厚紙板為裏，外以各色錦布裱背而成。紙板多為 60 層合背板，所敷用的錦、緞則有壽字織字錦、八達暈錦、雲鳳緞等，圖案多達上百種，琳琅滿目，美不勝收。所用書別子多為玉質、象牙和骨質雕琢而成，工藝考究。製作夾板、書匣所選用的木料有紫檀、楠木、紅木、黃楊、樟木、衫木等多種。其中尤以紫檀至為名貴，紫檀生長緩慢，非數百年不能成材，其木質堅硬，紋理纖細浮動，變幻無窮，色調深沉、穩重、大方，皆係清宮從南洋採掠而來，其成品古雅美觀，充分顯現出武英殿書籍雍容大方的氣派，具有極高的藝術欣賞價值。

總之，武英殿書籍的裝潢全面吸收、繼承了清以前書籍裝幀的優良傳統，憑藉著皇室內府得天獨厚的物質條件和技術優勢，宮廷匠人們調動了一切可以調動的藝術手段，融多種風格於一爐，形成了鮮明獨特的宮廷書籍裝幀風格。這種裝幀藝術風格雖未形成自己的理論，但其豐富的內涵和體系的完整均在具體實踐中得到了確立，它使得武英殿書籍不僅迥異於同時期的私坊刻本，也卓然超越於一般官刻本之上，以致於行家不看書籍內容，僅從外部裝潢就可以斷定是否為內府所出者。在殿版書的鑒別中，裝幀也因此成為一個重要的鑒定依據。

五、武英殿書籍的流通

清武英殿出版物的發行與流通受最高統治者直接控制，每一種書籍刻成，都要就印數和發行範圍請旨。武英殿對每一種書籍的刷印數量和發行方向都有詳細記錄歸檔，以備皇帝及有關機關的諮詢。武英殿出版物的歸宿和流通渠道主要有以下幾個方面：

（一）呈　覽

清武英殿刊印的各種書籍，皇帝對其中的多數品種都要親自過目，凡屬

欽定、御纂的書籍，從策劃、編撰到寫版、刻板、刷印、裝潢，都要按旨進行。每一書刊刻完成後，首先用上等紙墨，精印一至二部，按其內容與開本大小，採用不同的裝潢形式，進呈皇帝首覽，稱為呈覽本、御覽本或進呈樣本，部分呈覽本用黃色綾綿做封面，亦稱黃冊。呈覽用書在內府刻書中最為講究，初刻初印，紙精墨妙，裝潢華麗。卷端卷末或繪有皇帝容像，或有皇帝題記，或鈐有各種璽印。呈覽本多藏於宮中，外界難得一見。

（二）陳　設

清宮紫禁城內各殿宇、居室、書房、佛堂、辦公處所及紫禁城外的三山、五園、行宮、廟宇等處，不但陳設大量的奇珍異寶，也配備有不少中央機構出版圖書。這些圖書的陳設既有裝飾作用，也有實用價值，它為皇帝所到之處能夠隨時查閱圖書創造了條件。殿版書的陳設用書數量少則十幾部，多則幾十部。陳設地點多由懋勤殿值臣草擬陳設處所，經皇帝欽定後奉旨遵行。陳設用書刷印時所用紙墨不下於呈覽本，裝潢有時還更具有特色。因為呈覽本多為進呈之樣本，常常來不及做最上等的裝潢。陳設本則是經皇帝欽定無需再改動的書籍，工匠們可以竭其才智，從容製作。每部陳設書的卷端多鈐有陳設處所的朱印，如「避暑山莊」、「重華宮寶」、「煙雨樓寶」、「養心殿藏書」等，這些朱文大印使得陳設書更具有觀賞價值。清宮陳設書之華麗典雅、工致氣派，代表了清內府在書籍刊印裝潢技術上的最高水準。

（三）賞　賜

賞賜用書是清宮出版物中由最高統治者直接頒賞給個人的部分。賞賜的對象有皇子、皇孫、宗室王公、京師內外文武大臣、參與纂修書籍的翰林學士、進呈書籍的藏書家、外國使節等。一般情況下，武英殿一書刊成，參與纂修此書的官員和朝廷要員都有可能得到賞賜。乾隆三十八年（1773）為纂修《四庫全書》，大力訪求民間藏書，乾隆帝對獻書 500 種以上的浙江藏書家鮑士恭、范懋柱、汪啓淑、江蘇馬裕四家各賞賜《欽定古今圖書集成》一部；對進書 100 種以上的周厚堉、蔣曾瑩、吳玉墀、孫仰曾、汪汝瑮、黃登賢、紀昀、勵守謙、汪如藻等九人，各賞賜《佩文韻府》一部〔註 17〕。在清宮檔案中，有不少皇帝賜書給官員的類似記載。以中央機構出版物賞賜臣下，是統治者示以恩寵，籠絡人心的一種政治手段，同時也是通過這些書籍宣傳統

〔註17〕黃愛平，《〈四庫全書〉纂修研究》，北京：中國人民大學出版社，1989 年版，第 33 頁。

治思想、傳播文化信息的一個途徑。

（四）頒　發

頒發用書是清中央出版物中通過國家機構頒發的書籍。武英殿刊刻完竣後，慣例由大臣擬定頒發範圍、對象，按圖書的性質、內容及各部門的需要由皇帝下旨頒發。頒發的對象主要有中央六部、各省地方政府、書院、寺院、道觀等，其中以政府機關和教育機構頒發最多。政府機關所頒發的多爲必頒之書，如典制、律令、皇帝上諭、天文曆算等，作爲各地方政府施政的依據和臨政的參考。教育機構所頒發的主要是一些「欽定」的經史讀本和「御纂」經義、史評之類的圖書。如乾隆十六年（1751）曾諭令，江南之鍾山書院、蘇州之紫陽書院、杭州之敷文書院各賜武英殿新刊《二十一史》、《十三經》一部〔註18〕。這些書籍成爲士子心目中的官方標準。頒發又分上頒和請頒兩種形式，上頒是統治者根據需要主動向各級機關頒發；請頒係下級機關提出申請，統治者酌情頒發。清內府所頒發書籍在用紙、用墨、裝潢等環節上都遜於陳設、賞賜諸本。

（五）售　賣

武英殿刻書不以營利爲目的，它的流通在大多數時候都是無償的，但也有一部分書籍以有償的方式向社會發行，參與售賣。這些書籍多爲武英殿專爲發賣刷印的通行本和庫存多餘複本。乾隆初年售書事宜由崇文門監督處負責，乾隆九年（1744）奏准於武英殿修書處下設通行書籍售賣處，專管通行書籍的發售。售賣書籍的價格一般視其部數的多寡，計其寫刻刷印工價、所用紙墨費用並外加耗餘，而製定統一的售價銀。如乾隆間發售的臺連紙本《佩文韻府》，每部成本爲銀9兩5錢4分8釐，加耗餘2兩8分1釐，每部計售銀11兩6錢2分9釐；竹紙本的《佩文韻府》因係初印，竹紙又比臺連紙較勝，每部增價8錢3分1釐，爲銀12兩4錢6分〔註19〕。不同的朝代，售書價格不完全一致，一般均呈上陞趨勢。通過售賣這種形式，清中央機構所刻書得以在社會基層廣泛流傳。

（六）翻　刻

清統治者編刻書籍都有一定的政治目的，刊刻完竣後，自然希望這些書

〔註18〕金良年，《清代武英殿刻書述略》，《文史》，第三十一輯，第193頁。

〔註19〕王重民，《辦理四庫全書檔案》，民國二十三年（1934）國立北平圖書館鉛印本，上冊，乾隆三十九年六月二十五日奏摺。

籍廣爲流佈，但這樣的任務單靠武英殿的印刷是不足以完成的，於是翻刻便成爲擴大殿本書發行量的一種重要手段。清統治者賞賜、頒發到各省的殿版書都是可以由各省官府、書院、書坊或私人出資翻刻流通的。乾隆皇帝並對此大加鼓勵，多次頒發上諭，要求各地方政府不用禁止士民翻刻殿版書。乾隆四十二年（1777），奏准將武英殿聚珍版各書頒發江南、江西、浙江、福建、廣東五省翻版通行〔註20〕。這些舉措，既滿足了社會需要，又擴大了殿版書的影響。有清一代，翻刻殿版書最多的是各地方政府，書坊和個人出資翻刻的情況並不多見。清末各省成立的官書局都將翻刻殿版書作爲一項主要任務，當時的一般知識份子幾乎都是通過翻刻本接觸到殿版書的。

　　清代中央機構刻印書是清代社會的主流出版物，是帶有指導性的官方語言。在沒有其他傳播媒介之前，印刷物的傳播是政府下達政令、宣傳思想、引領文化發展方向的主要途徑之一。清統治者通過上述流通渠道，使得殿版書廣泛流佈，指引並規範著全國地方政府、地方書局、書院、坊刻及私人刻書的發展方向，對清代的政治、經濟、文化、教育等各方面的發展起到了重要作用。

第二節　其他刻書機構簡述

　　在清代中央機構中，修書與刻書是緊密聯繫在一起的兩種不同的任務。康熙十九年（1680）武英殿修書處設置之初，其實是肩負著修書與刻書雙重使命的。以康熙四十三年（1704）編纂的《佩文韻府》爲例，它就是在武英殿中一邊編纂一邊刊刻的。就修書而言，清廷所設固定機構有：武英殿修書處、國史館、方略館，合稱內廷「長開三館」。另外各部院也有自己的修書機構，如國子監、欽天監、醫書館等處都長設修書機構。有按慣例開設之館，如玉牒館、實錄館、聖訓館，每十年開館修書一次；律例館、則例館每屆五年或十年開館一次。有因臨時修書需要，奉旨特開之館，如會典館、四朝詩修書處、子史精華修書處、圖書集成館、四庫全書館等等，多爲某一類書的編纂臨時組建的機構，一般書成即撤。雍正七年（1729），武英殿造辦處正式改名爲武英殿修書處，並准予鑄造印記，武英殿修書處便正式成爲清內府的專門刊書機構。各書館修書任務完成後，需印行部分一般都送至武英殿來刊

〔註20〕黃愛平，《〈四庫全書〉纂修研究》，北京：中國人民大學出版社，1989年版，第234頁。

刻。但也有例外的情況。各部院出於各自職掌的特殊性考慮和政務需要，往往也會刊印一些與自身職能相關的書籍，主要有國子監、欽天監等機構。皇帝有時也會特旨在某地設立一臨時機構刊印某部中央政府需刊印的書籍，如揚州詩局、揚州書局。今略述其情形如下：

一、國子監

　　國子監是中國封建社會的教育管理機構。清代的國子監承明代北京國子監之餘緒，繼續刻書，只是刻書規模已萎縮得很小，與前代相比，國子監作為官方主體刻書機構的地位已被武英殿所取代，不再有昔日的輝煌。

　　清代國子監從事刻書主要有以下幾種形式：一、修補前明舊版片重新刷印書籍。如康熙二十二年（1683）國子監祭酒王士禎奏請朝廷修補明監殘版，刷印了《十三經注疏》、《二十一史》等書〔註21〕。二、刊印本朝所編書籍。主要有：康熙五十二年（1713）國子監刻印李光地所輯《韓子粹言》；雍正十一年（1733）又刊印李光地輯《朱子禮纂》；乾隆二年（1737）國子監刻印了《御纂周易折中》、《御纂性理精義》、《欽定春秋傳說彙纂》、《欽定詩經傳說彙纂》等數種書。三、協助武英殿刻書。武英殿所刻書的部分底本為國子監所提供，如乾隆初所刊《十三經注疏》、《二十一史》的底本均來自國子監。國子監還常為武英殿刻書提供人力上的幫助，選派年力精壯、書法工整的貢生從事謄錄抄寫工作。國子監同時還是武英殿所刻書籍、書板的主要存藏場所，並為此訂有嚴格的管理規則。由此可見，在清代武英殿取得巨大刻書成就的背後，國子監也是作出了相當大的貢獻的。

二、欽天監

　　欽天監是清中央機構中專門從事觀測天文氣象、編製曆書的機關。據《光緒會典事例》載「欽天監掌測候推步之政令，以協天紀，以受人時。凡觀象占驗、選擇時候之事，皆掌之。」〔註22〕從刻書角度言之，其主要職能是編刻《時憲書》。每年二月初一日，以次年《時憲書》送皇帝閱後翻譯刊印，有《時憲書》、《七政時憲書》兩種。《時憲書》又有御覽本和頒行本之分。御覽本繕寫滿、漢文二種，頒行本有滿、蒙、漢文三種。每年十一月將御覽本和

〔註21〕李明傑，《清代國子監刻書》，《江蘇圖書館學報》，2000 年 5 期，第 50 頁。
〔註22〕崑岡等，《欽定大清會典事例》，光緒二十五年（1899）鉛印本，卷 1199，第 35 頁。

頒行本送呈皇帝，並將印刷本頒發各衙門。

　　時憲書在封建社會裏，與農業生產緊密相連，是關於國計民生的重要書籍。自唐代禁止民間私印曆書後，時憲書的編印就一直爲中央機關所壟斷。清制，直隸、盛京、吉林、黑龍江及蒙回各旗的時憲書由欽天監直接頒發。其餘各省則於四月初一日由驛遞至各省布政使司，每省二本，一本用印，存司署；一本不用印，著照式翻刻，於十月初一日頒發各府、州、縣。終清一代，欽天監除刊印相關曆書與《時憲書》外，未聞刊印其他書籍。

三、中央六部

　　清中央六部是指掌全國文職官任免的吏部、掌戶籍與財政經濟的戶部、掌典禮與學校科舉的禮部、掌全國軍事與任免武職官的兵部、掌司法與監察的刑部和掌工程事務的工部。此六部均爲國家的中樞機構，六部出於各自的政務需要，有時也會自行刊刻一些書籍。如：乾隆二十一年（1756）工部刻《欽定軍器則例》、乾隆四十五年（1780）禮部刻《欽定科場條例》、乾隆五十八年（1793）禮部刊《欽定學政全書》及乾隆年工部刻《南河成案》等書。大多數時候，六部所需書籍仍是交由武英殿刊刻的，自行刊刻的情形並不常見。

四、揚州詩局與揚州書局

　　揚州詩局是康熙四十四年（1705）江寧織造曹寅承刻欽頒《全唐詩》而成立的編校出版機構；揚州書局是江寧織造、蘇州織造、杭州織造於康熙五十一年（1712）共同承刻《佩文韻府》而成立的刻書機構。這二家機構都是臨時性的，在任務完成之後，就撤消了。由於承刻的都是欽頒書，三織造均歸清內務府直接管轄，故雖在京城之外，仍視爲清中央刻書機構。

　　上述所舉各機構與武英殿修書處一道共同承擔了清中央政府的刻書任務，雖然在刊刻規模和數量上，它們都遠遠無法與武英殿相比，但從清代刻書事業發展來說，它們也是有一定貢獻的。除欽天監刻書是沿襲傳統外，其他各機構都在一定程度上分擔了武英殿的刻書壓力，可視爲武英殿刻書的輔翼和補充。

第三章 曹寅與揚州詩局、揚州書局刻書活動研究

曹寅等人承刻欽頒《全唐詩》、《佩文韻府》二書是清初出版史上的大事。二書的刊刻地均在揚州，刊刻《全唐詩》成立的機構名「揚州詩局」，刊刻《佩文韻府》成立的機構名「揚州書局」，雖一字之差，實爲兩次組局。在現行主要版本學著作和目錄書中，以「揚州詩局」作爲刻書單位的書籍有近三十種。其中有皇帝欽頒書籍，有曹寅刊刻的個人藏書，有確爲曹寅等人所主持刊刻者，也有其他臣工所刊而錯誤收錄者。因此，詳細辨析曹寅等人在揚州承刻欽頒書籍的活動，對於考察整個清代中央機構刻書活動來說，具有十分重要的意義。

第一節 揚州詩局與《全唐詩》及《棟亭藏書》的刊刻

曹寅，字子清，號荔軒，別號棟亭。清滿洲正白旗人。母孫氏爲康熙帝乳母。康熙二十九年（1690）曹寅以郎中出任蘇州織造，三十一年（1692）又兼任江寧織造，翌年專任江寧織造，連任二十年之久，卒於任。

揚州詩局是康熙四十四年（1705）江寧織造兼兩淮鹽漕監察御史曹寅在揚州創辦的編校出版機構，其開局的任務是奉旨校刻《全唐詩》，故名揚州詩局。其時曹寅的本職是江寧織造，官署在今南京。巡視兩淮鹽漕監察御史是兼差，和蘇州織造李煦隔一年一換。具體輪換時間李煦在奏摺中有明確記載，「竊兩淮鹽差，向於十月十三日到任，次年十月十二日滿差，此每歲相沿如

是也。」〔註1〕則曹寅到揚州兼管鹽差的時間是：康熙四十三年（1704）、四十五年（1706）、四十七年（1708）、四十九年（1710）的十月十三日到康熙四十四年（1705）、四十六年（1707）、四十八年（1709）和五十年（1711）的十月十二日，共四任。其餘時間都是由李煦輪管鹽差。康熙四十四年（1705）初玄燁第五次南巡，曹寅正在首次兼任鹽差任內。據宋犖《迎鑾三紀》載：康熙四十四年（1705）三月「十七日，駕幸蘇州，駐蹕行宮。」十八日，命宋犖刻《御批資治通鑑綱目》。十九日，「上發《全唐詩》一部，命江寧織造曹寅校刊，以翰林彭定求等九人分校。」〔註2〕此爲其受命由來。

曹寅奉旨後，即積極著手籌備。「期於五月初一日天寧寺開局。」〔註3〕天寧寺爲清初揚州八大刹之首，相傳晉代爲謝安別墅，晉安帝義熙年間就別墅建寺，歷史悠久。康熙三十八年（1699）、四十二年（1703）、四十四年（1705）南巡，玄燁都曾駕幸天寧寺；康熙六十年（1721）十月曾下旨命李煦等重修天寧寺，耗銀一萬四千餘兩。足見康熙對此寺的重視。曹寅選擇在此寺中建立揚州詩局，一方面固然因爲寺宇宏敞，便於大規模開展編校刻印工作；另一方面也有迎合康熙喜好，以邀天顏垂青之意。所以康熙四十四年（1705）五月一日應爲揚州詩局的準確開局日期。

曹寅於揚州詩局開局後即全身心地撲在了詩局的工作上，這從其康熙四十四年（1705）五月、七月、八月、十月期間所上奏摺俱與刊刻《全唐詩》有關可得到驗證。從這些奏摺中可看出，大規模的校刻工作並未能馬上展開，前期工作費了不少時日。主要原因有四個：一、編校詞臣未能及時到位。雖然康熙於三月份頒發《全唐詩》時，即已命侍講彭定求、編修沈三曾、楊中訥、潘從律、汪士鋐、徐樹本、車鼎晉、汪繹、查嗣瑮等九人同事校刊之役，後又命翰林院庶吉士俞梅赴曹寅處，「就近校刊《全唐詩》。」〔註4〕但至五月一日開局時，僅俞梅一人到局，後彭定求等陸續於五月內到任，但汪士鋐至七月一日仍未到。這多少延誤了一些工作時日。二、《全唐詩》底本的編輯工作尚未完成，未可即行開刻。康熙所頒給曹寅的《全唐詩》並不是一部編輯

〔註1〕故宮博物院明清檔案部，《李煦奏摺》，北京：中華書局，1976年版，第225頁。
〔註2〕宋犖，《西陂類稿》，清康熙刻本，卷42，第4頁。
〔註3〕故宮博物院明清檔案部，《關於江寧織造曹家檔案史料》，北京：中華書局，1975年版，第32頁。
〔註4〕故宮博物院明清檔案部，《關於江寧織造曹家檔案史料》，北京：中華書局，1975年版，第32頁。

完整的書稿，而是清康熙三年（1664）至十二年（1673）季振宜據錢謙益所
輯唐詩殘稿重編的《全唐詩》七百十七卷抄本。曹寅、彭定求等人即以季書
抄本爲底本，參考明胡震亨輯《唐音統籤》等書編成今本《全唐詩》。從曹寅
奏摺中看，他們所做的工作還遠不止此，「再中晚唐詩尚有遺失，已遣人四處
訪覓，添入校對。」〔註5〕可見其在補校輯佚方面也是費了許多心力的。胡、
季二氏都是鑑賞名家，對唐詩校勘極精；十翰林又都是一時博學碩儒，故唐
300年詩人菁華能採擷彙萃於一編之內。凡得詩48900餘首，作者2200餘人。
這是揚州詩局前期的主要工作。三、訓練繕寫刻樣人員。《全唐詩》九百卷前
後字體幾近一致，這需要一批熟練的書寫人員。爲此，曹寅在奏摺中稱「臣
細計書寫之人，一樣筆迹者甚是難得，僅擇得相近者，令其習成一家，再爲
繕寫。因此遲誤，一年之間恐不能竣工。」〔註6〕可證曹寅在訓練寫手這一環
節上確實是費了不少功夫的，並不惜因此而延誤整個項目的進程。四、《全唐
詩》刊刻的凡例、規制等細節均需由康熙欽定，在聖旨未下之前，未敢大規
模開刻。曹寅在康熙四十四年（1705）七月至十月的奏摺中對刊刻細節多次
請示。在得到玄燁硃批「凡例甚好。欽此。」以後，才隨交彭定求等「欽遵
校刊」，正式進行編校寫刻。十月二十二日，在試刻完「唐太宗及高、岑、王、
孟四家」詩後，先「裝潢一樣兩部進呈，其紙張之厚薄、本頭之高下，伏候
欽定，俾臣知所遵行。」經康熙審定，「知道了，樣本都改過發回。」〔註7〕
後，始正式印刷。所以《全唐詩》大規模的刊印工作是康熙四十四年（1705）
十月二十二日以後的事，此前只試刊印了少部分。

　　自康熙四十四年（1705）十月底至四十五年（1706）六月底，曹寅刊印
了《全唐詩》中的絕大部分，這段時間是揚州詩局刊刻工作的高峰期。一方
面校刊翰林們已完全領會了聖上的要求，編校中再無疑礙。另一方面經過前
期的培訓磨合，寫手刻工俱已熟練，故進展神速。據筆者統計，今本《全唐
詩》900卷計9814頁，除去先前所試刻少部分外，平均每月刊印在1000頁以
上。在雕版印刷時代這個速度是相當快的。至七月一日，曹寅奏報：「遵旨校

〔註5〕 故宮博物院明清檔案部，《關於江寧織造曹家檔案史料》，北京：中華書局，
　　　　1975年版，第33頁。
〔註6〕 故宮博物院明清檔案部，《關於江寧織造曹家檔案史料》，北京：中華書局，
　　　　1975年版，第33頁。
〔註7〕 故宮博物院明清檔案部，《關於江寧織造曹家檔案史料》，北京：中華書局，
　　　　1975年版，第34頁。

刊全唐詩集，目下刊刻只剩五百餘頁，大約本月內可以刻完，八月內校對錯字畢，即可全本進呈。」康熙對曹寅等人的工作十分讚賞，折後硃批曰：「刻的書甚好。……」〔註 8〕至此，《全唐詩》的校刻工作已接近尾聲。次年四月十六日，玄燁《御製全唐詩序》寫成頒發，補刻詩序，冠式書前。《全唐詩》的刊印工作即全部結束。

在完成了欽定《全唐詩》的校刊任務後，曹寅又從其豐富的私人藏書中挑選了部分善本，翻刻流傳。這部分書都有「揚州詩局」的牌記，即世所稱「揚州詩局本」。今明確可考者計有 18 種：即《棟亭藏書十二種》、《曹棟亭五種》和單行本《隸續》。各書基本情況詳見下表。

揚州詩局所刻曹寅藏書一覽表

書　　名		作　　者	版　刻　特　徵
叢書名	子目名		
棟亭藏書十二種七十四卷	書法考八卷	〔元〕盛熙明撰	半頁 11 行，行 21 字。版心爲細黑口，版框：左右雙邊。扉頁三行：左刻「棟亭藏本」，中刻書名，右刻「揚州詩局重刊」。各卷卷末除無空白處外，均刻牌記兩行：「棟亭藏本丙戌九月重刻於揚州使院」。
	琴史六卷	〔宋〕朱長文撰	
	釣磯立談一卷	〔南唐〕史虛白撰	
	新編錄鬼簿二卷	〔元〕鍾嗣成撰	
	梅苑十卷	〔宋〕黃大輿輯	
	禁扁五卷	〔元〕王士點撰	
	硯箋四卷	〔宋〕高似孫撰	
	墨經一卷	〔宋〕晁說之撰	
	都城紀勝一卷	〔宋〕灌園耐得翁撰	
	頤堂先生糖霜譜一卷	〔宋〕王灼撰	
	聲畫集八卷	〔宋〕孫紹遠撰	
	分門纂類唐宋時賢千家詩選二十二卷	〔宋〕劉克莊輯	
曹棟亭五種六十五卷	廣大益會玉篇三十卷	〔宋〕陳彭年等撰	同上。
	大宋重修廣韻五卷	〔宋〕陳彭年等撰	
	集韻十卷	〔宋〕丁度等撰	
	類篇十五卷	〔宋〕司馬光等撰	
	附釋文互注禮部韻略五卷	〔宋〕佚名撰	

〔註 8〕 故宮博物院明清檔案部，《關於江寧織造曹家檔案史料》，北京：中華書局，1975 年版，第 40～41 頁。

隸續二十一卷	〔宋〕洪適撰	半頁 10 行，行 24 字。白口，左右雙邊。扉頁、牌記特徵同上，唯題「揚州詩局刊」，少一「重」字。

　　從上表中可看出這 18 種書牌記全同，刊刻時間均爲康熙四十五年（1706）丙戌九月。與曹寅奏摺相對照，這年九月十五日曹寅有奏摺曰：「今有刻對完《全唐詩》九十套進呈御覽，其餘俱已刻完，月內對完，即行刷印進呈。」〔註9〕從時間銜接上來看，《全唐詩》刻完之日，也是曹寅藏書開刻之時。依常情推斷，揚州詩局爲刊刻《全唐詩》而設，在《全唐詩》未完工之前，曹寅是萬萬不敢開刻其私家藏書的。《全唐詩》爲皇帝欽頒，披著「稽古右文」、「嘉惠來學」的神聖光環，有著鮮明的政治目的。而曹寅開刻私家藏書只是其利用主持揚州詩局的工作便利，在《全唐詩》完工之後的搭車之舉，純屬個人行爲。二者在性質上有著本質的區別。

　　由於此時《全唐詩》的刊刻工作已基本完成，所刻曹寅藏書不屬揚州詩局的工作範疇，直稱「揚州詩局」有點勉強，故各卷書後空白處均有牌記稱「楝亭藏本丙戌九月重刻於揚州使院」，表明這是曹寅在兼任巡視兩淮鹽漕監察御使任內事。也正是由於這行牌記，導致各家書目著錄不一致，有稱「揚州詩局本」，有稱「揚州使院本」，其實都是一個本子。

第二節　關於揚州詩局的命運

　　在刻印了上述書籍之後，揚州詩局是否還在刻書？一直刻書到什麼時候？對這個問題，學界一直未有定論。民國陶湘在《清代殿版書始末記》中說：「揚州詩局於曹寅故後，工亦中輟。」〔註10〕由於曹寅在康熙五十一年（1712）三月十七日至五十二年（1713）九月初十日間又與李煦等人一道奉旨在揚州承刻了《佩文韻府》一書（下文另述），且曹寅在《佩文韻府》刻到一半時中途病故，李煦負責竣工。故潘天禎先生在《揚州詩局雜考》一文中對陶湘之說提出了質疑，認爲「曹寅故後，揚州尚繼續刻書，『工亦中輟』之說不確。」潘先生進一步提出自己的觀點：「詩局之名既由奉旨校刻《全唐詩》

〔註 9〕　故宮博物院明清檔案部，《關於江寧織造曹家檔案史料》，北京：中華書局，
　　　　　1975 年版，第 43 頁。
〔註10〕　陶湘，《清代殿版書始末記》，《武進陶氏書目叢刊》，民國二十二年（1933）
　　　　　鉛印本，第 2 頁。

而定,《全唐詩》刻成後,再用詩局的名稱,就名實不符了。」認為「康熙四十六年以後,揚州詩局改名為揚州書局。」〔註11〕上述兩種觀點,陶湘之說顯然是個籠統的概說,未必有什麼可靠的依據;潘說注意到刊刻《全唐詩》的機構題名為揚州詩局,刊刻《佩文韻府》的機構題名為揚州書局,並試圖解決二者題名不同的矛盾,比陶湘要謹慎、高明得多。但潘說要有一個前提,即刊刻《全唐詩》的揚州詩局與刊刻《佩文韻府》的揚州書局必須是同一家機構,否則所謂改名之說也就不成立了。筆者以為,校刊《全唐詩》與刊刻《佩文韻府》是曹寅等人在不同的時間接受的二次不同的任務,圍繞這兩次任務分別成立了機構,一名揚州詩局,一名揚州書局。雖一字之差,實為兩家機構,二者之間並沒有什麼直接聯繫。揚州詩局在完成了《全唐詩》的校刊任務後,又選刻了曹寅的十八種藏書,康熙四十六年(1707)以後恐怕就解散了。揚州詩局既未刊書至曹寅身故,亦未改名為揚州書局。這種說法的主要理由有以下幾點:

首先從古代因修書而設局的傳統來看。古代的詩局、書局這類名稱係指官修書籍的臨時組織,不是一個固定的出版機構,一般書成即撤銷,與清後期出現的官辦書局及近現代書局的含義不盡相同。如清初設明史館修《明史》,於《明史》修成後即不存在了。這類機構因其臨時性,甚至可隨主修人的遷徙而轉移地方。如清初徐乾學原在北京以刑部尚書的身份任《大清一統志》總裁,康熙二十八年(1689)置官南歸,玄燁命其攜書局即家編輯,徐乾學乃僦居洞庭東山,繼續纂修,書局遂設在蘇州。曹寅等因奉旨校刊《全唐詩》而設的揚州詩局與為刊刻《佩文韻府》而設的揚州書局,跟上述所舉機構應為同一類性質,不是一個長期的固定組織,有它的時效性。康熙四十五年(1706)十月一日曹寅等上《全唐詩·進書表》宣告《全唐詩》校刊工作結束,四十六年(1707)四月十六日《御製全唐詩序》寫成頒發補刻後,揚州詩局的使命就已經結束了。曹寅刊刻其《楝亭藏書》只是乘便之舉。曹寅等人不可能預見到數年之後他還能再次奉旨承刻《佩文韻府》一書,而將這一機構繼續保留著。所以揚州詩局在康熙四十六年(1707)以後就已沒有存在的理由了。

第二、從校刊《全唐詩》與刊刻《佩文韻府》的初期組織工作來看。校

〔註11〕潘天禎,《潘天禎文集》,北京圖書館出版社、上海科學技術文獻出版社,2002年版,第145~146頁。

刊《全唐詩》與刊刻《佩文韻府》的初期組織工作都由曹寅主持。前文已述，曹寅在揚州詩局初期曾煞費苦心地訓練了一批寫刻人員，揚州詩局爲世所稱譽的精美寫刻均出自這批工匠之手。若揚州詩局繼續在刻書，或僅僅是改名爲揚州書局，這批熟練的工匠應爲《佩文韻府》的刊刻工作提供極大的便利，是一支可供利用的生力軍。但實際情形並非如此，康熙五十一年（1712）四月初三日曹寅奏曰：「《佩文韻府》已於三月十七日開工刊刻，正在遴選匠手，已得一百餘人，願來者眾，好者難得。容俟遴選齊全，計工定日，務期速成，以仰副皇上普濟困學之至意。」〔註12〕挑選匠手一百餘人，還不夠用，這分明是另一次組局工程。足證揚州詩局在這之前已經不存在了。否則以成功主持過《全唐詩》校刊工作的曹寅，再來主持《佩文韻府》的刊刻工作不至於如此倉猝，一時間連刻工都找不齊全。

第三、從曹寅詩文中對詩局、書局的題名來看，前後區分十分嚴謹。康熙四十六年（1707）以前的詩文都題詩局、詩館，不題書局；康熙五十一年（1712）以後的詩文題書局或前詩局，不題詩局。康熙刻本《楝亭詩抄》八卷是曹寅晚年按年代編定的詩集，該書卷五有《雨中病起讀詩館諸公見寄篇什有作》、《詩局竹下小酌題卓鹿墟出師小照》和《哭東山修撰》等詩。東山是參加校刊《全唐詩》的翰林汪繹的別號，汪繹卒於康熙四十五年（1706）五月十二日，是時《全唐詩》的刊刻尚未完工，故該年左右的詩作均稱詩館、詩局，不稱書局。該書卷八《暢春苑張燈賜宴歸舍恭紀四首》有句云「重瞻玉曆紀壬辰」，壬辰即康熙五十一年（1712），可知該卷詩作於是年左右。是時《佩文韻府》已開工。卷中又有《書院述事三十韻答同人見投之作兼寄前詩局諸君及彙南於宮綺園》、《聞南軒書聲與蔗軒赤霞東田巳山分韻有懷書局諸子》兩詩，一稱「前詩局」，一稱「書局」，可證其時揚州詩局已不存在，曹寅正主持揚州書局工作。潘天禎先生將曹寅詩文中的這種現象作爲詩局改名書局的證據，筆者以爲應理解爲詩局已結束，書局爲另組建，似更妥當。

第四、從參與過《全唐詩》和《佩文韻府》校勘工作人員的記載來看，詩局與書局之間的工作並不連續。黃貫勉（字秋屏，清上元人）是一位參加過二次欽頒書刊刻工程的校書人員，他的自記應是研究康熙間揚州刻書的難得材料。清楊鍾羲《雪橋詩話續集》卷三載：「荔軒自稱西堂掃花使者（曹

〔註12〕故宮博物院明清檔案部，《關於江寧織造曹家檔案史料》，北京：中華書局，
　　　　1975年版，第96頁。

寅）……刊《全唐詩》、《集韻》等書，聘上元黃貫勉秋屏爲之仇校。」〔註13〕
可見黃貫勉在揚州詩局時期已是曹寅刻書的得力助手。黃貫勉後來又參加了
《佩文韻府》的校書工作，並有詞集在校書期間爲同事們刊於揚州書局。其
《秋屏詞續編》雍正二年（1724）自記曰：「壬辰（康熙五十一年）再校書於
維揚官舍。」〔註14〕既稱「再校」，可見其在揚州的校書生涯曾經中斷，此次
爲二度受聘。這從另外一個側面說明揚州詩局在完成使命後就停止工作了，
校書人員也盡散去，至《佩文韻府》重新組局，始重新召回。若揚州詩局繼
續刻書，或僅僅是改名書局，通常是不會遣散校書人員的。

　　第五、從現存曹寅所刻書的實物來看，康熙四十六年（1707）以後揚州
詩局幾無存在的可能。前文已述，揚州詩局所刻書除《全唐詩》外，尚刊刻
有《曹楝亭五種》、《楝亭十二種》和單行本《隸續》。此 18 種書的扉頁均題
「揚州詩局重刊」、「揚州詩局刊」字樣，各卷末除無空白處外，均題「楝亭
藏本丙戌九月重刻於揚州使院」牌記兩行，這些是明確可考的揚州詩局刻本。
除此之外，從目前存世實物來看，還沒有見到任何康熙四十六年（1707）以
後題「揚州詩局」的刻本。以曹寅的影響和揚州詩局的盛名，所刻書又都爲
精品，若康熙四十六年（1707）以後仍在刻書，其書必爲藏家所珍視，不可
能在近 300 年間全都湮沒無聞。從這個意義上講，揚州詩局尚刻有其他書的
可能性極小。而與此同時，曹寅的個人刻書行爲並未停止，《施愚山先生學餘
文集》二十八卷《詩集》五十卷一書即爲曹寅捐貲於康熙四十六年（1707）
以後所刻者。該書有康熙戊子（四十七年）霜降後一日梅庚在長干精舍所寫
跋文曰：「今通政楝亭曹公追念舊遊，懼遺文之就湮也，寓書於其孤，舉《學
餘全集》授諸梓。經始於丁亥五月，又館其孫璨於金陵事仇校。」〔註15〕可
證此書爲康熙四十六年（1707）至四十七年（1708）間刊於金陵。書末又有
康熙四十七年（1708）戊子重九日施璨題識，述刻書本末：曹寅於「客春屬
曹秋浦恒齋內翰徵集於璨，璨率弟琛奉書謁公眞州，公展卷循諷，汰瀾被面，
力捐清俸授之開雕。不以璨不肖，命校勘字畫，以董厥成。」〔註16〕說明決

〔註13〕楊鍾羲，《雪橋詩話續集》，民國六年（1917）吳興劉氏求恕齋刻本，卷 3，第
　　　　56 頁。

〔註14〕黃貫勉，《綠意詞》一卷《秋屏詞續編》一卷，清康熙五十二年（1713）刻雍
　　　　正二年（1724）續刻本，書後自記。

〔註15〕施閏章，《施愚山先生學餘文集》二十八卷《詩集》五十卷，清康熙四十七年
　　　　（1708）曹寅刻本，書後跋文。

〔註16〕施閏章，《施愚山先生學餘文集》二十八卷《詩集》五十卷，清康熙四十七年

定刊刻施集的地點在眞州（今儀徵），其時曹寅應在兼理兩淮鹽漕監察御史任內，去眞州當是料理鹽務。若其時揚州詩局仍在刻書，作爲詩局的主持人，將書就近交給詩局刊刻是最順理成章的事，而此書恰恰刊於金陵，且刻書字體爲方體，與詩局刻本字體之雋秀圓潤迥然不同。解釋這種現象的一個最合適的理由就是其時揚州詩局已不存在了。

基於上述原因，筆者認爲：大名鼎鼎的揚州詩局在校刊完《全唐詩》後即完成了使命，作爲詩局的負責人曹寅乘便選刊了其私家藏書中的 18 種秘書，純屬個人之舉，與成立詩局的主旨無干，此後機構撤銷，即未再刻書。各家著錄中凡與上舉 19 種書名不符者，均不可稱揚州詩局刻本。

第三節　揚州書局與《佩文韻府》的刊刻

《佩文韻府》一百六卷是一部至今仍有使用價值的著名類書。是書於康熙四十三年（1704）由張玉書等奉敕編撰。全書以元陰時夫《韻府群書》及明淩稚隆《五車韻瑞》等書爲基礎，並博考群書增補而成。共收單字 10252 字，按其讀音分別歸入明清時通行的平水韻 106 韻部中。所收詞目則按最後一字歸韻。蓋自有韻府以來，此書最爲浩博。「佩文」爲康熙帝的書齋名，故命名曰《佩文韻府》。

對於這一部以自己的書齋名命名的類書，玄燁非常重視，對它的編撰工作事無鉅細，件件過問。據《佩文韻府》的主要編輯成員之一查愼行《武英書局報竣奏摺》載：「《韻府》一書，尤宸衷所注意。欽頒體例，御定規模。每卷每帙，排日進呈；一字一句，遵旨定奪。其間繁簡去留，盡由指授；源流本末，咸奉誨言。……至有屢蒙口諭，曾發手批，某事宜刪，某條宜補，……誠非末學小臣所能仰窺萬一也。」〔註17〕可證《佩文韻府》的編纂工作中不僅體例、規模由康熙親自決策，就連具體卷帙中何事當刪、何事宜補都由康熙親自定奪，所以《佩文韻府》名義上是由眾大臣奉敕編纂，許多材料的選擇取捨、增補考訂上實包含了康熙本人的許多見解。這在康熙親撰的《御製佩文韻府序》中也有較詳細的反映，序云：「嘗謂《韻府群玉》、《五車韻瑞》諸書……簡而不詳，略而不備，且引據多誤，朕每致意焉。欲博稽眾籍，著

（1708）曹寅刻本，書末。

〔註17〕查愼行，《敬業堂文集》三卷《別集》一卷，上海：中華書局，民國鉛印本，第 6 頁。

爲全書。爰於康熙四十三年（1704）夏六月朕與內直翰林諸臣親加考訂，證其訛舛，增其脫漏，或有某經某史所載，某字某事未備者，朕復時時面諭，一一增錄，漸次成帙。猶以故實或未極博，於十月復命閣部大臣更加蒐求，以裒益之。既有原本、增本，又有內增、外增，將付剞劂矣，名曰《佩文韻府》。」〔註18〕作爲一個日理萬機的封建皇帝，在處理政務之餘，尚能親自參與《韻府》條目的考訂工作，實屬難能可貴。而康熙的認眞程度還不止於此，還體現在他對編書群臣工作情況的查考上，查愼行《武英書局報竣回奏摺》有諭旨云：「本月初六日監造臣和索傳上諭：『所奏《佩文韻府》告成，知道了。這折修書人員，誰修的多？誰修的少？走了幾年？誰勤誰惰？可令查愼行、錢名世、汪灝等查明，即注在名單之下，再奏。欽此。』」〔註19〕皇帝查詢得如此仔細，編書群臣們敢不盡心盡力？難怪幾百年後，學術界猶評價《佩文韻府》是一部有較高使用價值的工具書。

《佩文韻府》的初次刊刻任務是由武英殿承擔的。康熙《御製佩文韻府序》稱：「隨於十二月開局武英殿，集翰林諸臣合併詳勘，逐日進覽，旋付梓人。於五十年（1711）十月全書告成，共一百零六卷，一萬八千餘頁。」〔註20〕前後歷時近八年，實非易事。刻一部書所以要這麼長的時間，主要是因爲《佩文韻府》的校勘任務很重，康熙又要逐頁審閱，故曠日持久。這在御製序中已有所表達。陳廷敬領銜的《〈佩文韻府〉告成公請御製序文奏摺》亦稱「別選翰林官考受合併，逐日繕寫，進呈御覽，乃付梓工。」〔註21〕跟康熙序文正合，足證《佩文韻府》是一邊定稿一邊付刻的，所以費時良多。康熙序文應是作於全書刊刻完工之後，否則不可能連全書的頁數都交待得清清楚楚。

對於這樣一部費了自己很多心力的類書，僅由武英殿刊刻一次顯然是不夠的。爲了更好地昭示自己的文治武功，讓天下人都明瞭皇上稽古右文、普濟困學的用心，玄燁又於康熙五十一年（1712）三月命江寧織造曹寅、蘇州織造李煦、杭州織造孫文成等於揚州開刻《佩文韻府》。之所以把刊刻地定在揚州，恐與曹寅曾在揚州校刻《全唐詩》，所刻書令康熙十分滿意有關。前次

〔註18〕張玉書等，《佩文韻府》，上海：上海古籍書店，1983年版，卷首。

〔註19〕查愼行，《敬業堂文集》三卷《別集》一卷，上海：中華書局，民國鉛印本，第7頁。

〔註20〕張玉書等，《佩文韻府》，上海：上海古籍書店，1983年版，卷首。

〔註21〕查愼行，《敬業堂文集》三卷《別集》一卷，上海：中華書局，民國鉛印本，第8頁。

奉旨刊刻的是一部斷代詩集，故定機構名為揚州詩局；此次奉旨雕刻的是一部大型類書，故將機構名順理成章地定為揚州書局。這應當是揚州書局得名的由來。曹寅康熙五十一年（1712）四月初三日奏摺稱：「《佩文韻府》已於三月十七日開工刊刻。」〔註22〕故康熙五十一年（1712）三月十七月應為揚州書局的準確開局日期。

　　揚州作為一個有著深厚文化底蘊的城市，先後兩次榮幸地成為大型欽定書籍的刊刻地，一設機構稱揚州詩局，一設機構稱揚州書局。細細辨析相關史料，兩次受命刊書任務在許多方面都有著較明顯的差異。

　　首先是主持者發生了變化。揚州詩局的工作自始至終由曹寅一人主持，所有寫刻工人員的挑選訓練、校刊人員的工作安排等都由曹寅親自負責，這在曹寅的奏摺中有著詳細反映。康熙四十四年（1705）八月十五日曹寅在奏摺中說：「臣鹽任滿，即匍匐謝恩，以伸犬馬戀主之誠。所有詩局寫刻人工，雖經細心挑選甚多，而一二細碎事務亦所時有，擬暫交臣李煦代為管理。俟臣回南，仍歸臣身任其事，庶不致有誤。」〔註23〕可見曹寅在鹽差任滿進京謝恩的時候，擬將詩局工作暫交李煦代管，亦須事先秉明，不得擅離職守。一旦謝恩事了仍由其親自管理詩局事宜。至揚州書局時期，情況則有別於是。李煦康熙五十二年（1713）九月初十日奏稱：「竊臣與曹寅、孫文成奉旨在揚州刊刻御頒《佩文韻府》一書，今已竣工。謹將連四紙刷訂十部，將樂紙刷訂十部，共裝二十箱，恭進呈樣。」〔註24〕證明《佩文韻府》的雕印任務是曹、李、孫三人共同奉旨承辦的。曹寅在此前的《奏〈佩文韻府〉已開工刊刻折》中亦稱：「孫文成會議過，即回杭州辦紙。臣在局中料理，一有綱領，臣等公同奏聞。」〔註25〕說明三人之間是有分工的，孫文成主要負責料理紙張。書局的初期刊刻工作由曹寅主持，而不久曹寅竟死於是役。李煦康熙五十一年（1712）七月十八日奏：「江寧織造曹寅於六月十六日自江寧來揚州書局料理刻工，於七月初一日感受風寒，臥病數日，轉而成瘧，雖服藥調理，

〔註22〕故宮博物院明清檔案部，《關於江寧織造曹家檔案史料》，北京：中華書局，1975 年版，第 96 頁。

〔註23〕故宮博物院明清檔案部，《關於江寧織造曹家檔案史料》，北京：中華書局，1975 年版，第 33～34 頁。

〔註24〕故宮博物院明清檔案部，《李煦奏摺》，北京：中華書局，1976 年版，第 145 頁。

〔註25〕故宮博物院明清檔案部，《關於江寧織造曹家檔案史料》，北京：中華書局，1975 年版，第 96～97 頁。

日漸虛弱。」〔註26〕七月二十三日又奏：「曹寅七月初一日感受風寒，輾轉成瘧，竟成不起之症，於七月二十三日辰時身故。」〔註27〕說明曹寅未能主持工作至《佩文韻府》完工。曹寅卒後，李煦主持刊刻工作，直至竣工。其時曹任江寧織造，李任蘇州織造，孫任杭州織造，三者統稱為「江南三織造」，屬清內務府的附設機構。前次校刊《全唐詩》僅命江寧織造一家承任，此次雕印《佩文韻府》命三織造共同承任，足見《佩文韻府》一書在康熙心目中的重要性。

其次兩次任務有難易之分。校刊《全唐詩》的任務比雕印《佩文韻府》要複雜得多。這主要體現在兩方面：一方面《全唐詩》發下來的不是定稿，前文已述，康熙頒下來的是季振宜的抄本和胡震亨的《唐音統籤》，編校補輯工作就需曹寅等人費不少心力。而《佩文韻府》的編撰工作已在北京完成，頒發下來的是個定稿，曹寅等人只需直接組織刊刻即可。另一方面由於《佩文韻府》不久前已由武英殿刊刻過，內府有現成的發刻樣本，揚州書局再組織刊刻，無需再聘寫手。校刊《全唐詩》時曹寅曾因「書寫之人一樣筆跡者甚是難得」而大傷腦筋，「僅擇得相近者令其習成一家，再為繕寫。」至《佩文韻府》刊刻時不再提寫手問題，因為它根本就沒有這一環節。現存《全唐詩》與《佩文韻府》二者實物字體截然不同，原因就在於其付刻樣本一寫成於揚州，一寫成於北京。

第三從刊刻規模上看，《佩文韻府》的規模比《全唐詩》要大得多。對於這一點，前人認識多有偏差。曹寅康熙五十一年（1712）四月初三日奏稱：「正在遴選匠手，已得一百餘人，願來者眾，好者難得，容俟遴選齊全，計工定日，務期速成，以仰副皇上普濟困學之至意。」潘天禎先生據此認為：「《佩文韻府》一百六卷，遴選匠手一百餘人還未齊全，局內各種類匠手及其它校勘辦事人員之多，可以想見。《全唐詩》的卷數比《佩文韻府》多得多，參加工作的人數自然更多。」〔註28〕潘先生此說未盡妥當，僅據二書卷數的多寡來判定二項任務的規模大小是很勉強的。據筆者詳細調查，事實情況正好相反。《全唐詩》雖稱900卷，每卷頁數很少，5頁、6頁稱一卷者比

〔註26〕故宮博物院明清檔案部，《李煦奏摺》，北京：中華書局，1976 年版，第 118 頁。

〔註27〕故宮博物院明清檔案部，《李煦奏摺》，北京：中華書局，1976 年版，第 119 ～120 頁。

〔註28〕潘天禎，《潘天禎文集》，北京圖書館出版社、上海科學技術文獻出版社，2002 年版，第 148 頁。

比皆是，全書 900 卷加上御製序 11 頁，共計 9814 頁。《佩文韻府》雖 106卷，卻有 18365 頁，幾近《全唐詩》的兩倍。即以每頁字數論，《全唐詩》半頁 11 行，行 21 字，一頁 462 字；《佩文韻府》半頁 10 行，行 25 字，一頁 500 字。亦以《佩文韻府》為多。按每個熟練刻工每天刻 80 字計〔註29〕，整個《佩文韻府》的刊刻工作約需刻工 220 名以上，難怪曹寅稱「遴選匠手一百餘人，還未齊全。」這樣的刻書規模在我國古代出版史上是不多見的。

　　《佩文韻府》的刊刻在曹寅主持下於揚州書局開工，曹寅故後，李煦主持工作，進度未受影響。康熙五十一年（1712）十二月二十六日李煦彙報刊刻進程曰：「竊奉發《佩文韻府》，選工刊刻，其上平聲之一東韻已經刻完呈樣，蒙我萬歲御覽矣。今上平聲之各韻，共十七本，下平聲之各韻，共十九本，業經刻完。謹將連四紙印刷上平、下平各一部，將樂紙印刷上平、下平各一部，裝訂成套，恭進聖覽。至於上、去、入三聲，現在趕緊雕鏤，必至明年夏間方得完工。理合奏聞，伏乞聖鑒。」〔註30〕實際至康熙五十二年（1713）九月初十日全書刻完，康熙在看完樣本後，硃批道：「此書刻得好的極處。南方不必釘本，只刷印一千部，其中將樂紙二百部即足矣。」〔註31〕對曹寅、李煦、孫文成等人的工作給予了充分肯定。至此，《佩文韻府》的刊刻工作全部結束，揚州書局的使命也告完成。

　　揚州書局的後期主持者李煦在文化修養方面與曹寅有著較大的差距，沒有藏書刻書的愛好，故在欽頒任務完成後，沒有像曹寅那樣乘便刊刻私家藏書的舉動。倒是李煦手下的校刊人員曾有過搭車刊書之舉，國家圖書館所藏《綠意詞一卷秋屏詞續編一卷》就是這樣一件實物。前文已述，《綠意詞》的作者黃貫勉早在揚州詩局時期就受聘為曹寅校書，至揚州書局時期又再次來校書。該書版本著錄為：康熙五十二年（1713）揚州書局刻雍正二年（1724）續刻本。所稱「康熙五十二年（1713）揚州書局刻」，蓋據《綠意詞》卷首康熙五十二年（1713）癸巳陳鵬年序及書末刻「揚州書局朱雲章鑴」八字，朱雲章當為書局刻工。所稱「雍正二年（1724）續刻」，當指《秋屏詞續編一卷》，書後有雍正二年（1724）黃貫勉「秋屏自記」一則，詳述刻書經過曰：「壬辰（康熙五十一年）再校書維揚官舍，同事商君將余小詞彙所請質於竹垞朱先生為之許可者，慫恿雕刻，至於再四。……商君知余意不可奪，潛付工匠。

〔註29〕此刻工每日工作量，由揚州廣陵書社孫葉峰先生提供。
〔註30〕故宮博物院明清檔案部，《李煦奏摺》，北京：中華書局，1976 年版，第 134 頁。
〔註31〕故宮博物院明清檔案部，《李煦奏摺》，北京：中華書局，1976 年版，第 145 頁。

初未之知，刻成始以示余。」〔註32〕說明該書最初是由其同事商君在校書之餘偷偷付刻的，此段記載及《綠意詞》一書應是揚州書局普通工作人員乘便刊刻私書的實證，目前所知僅此一例。

需要說明的是：由於江南三織造行政上屬內務府主管，所承刻的《全唐詩》、《佩文韻府》都是欽頒書，在封建社會屬國家行爲，故歷來把揚州詩局所刻《全唐詩》、揚州書局所刻《佩文韻府》納入內府所刻書的範疇。而曹寅棟亭藏書的刊刻與黃貫勉《綠意詞》的刊刻則純屬個人行爲，與成立詩局、書局的主旨無關，故雖可稱揚州詩局、揚州書局刻本，但不得納入內府刻書的範疇。

第四節　關於揚州詩局所刻書的商榷

在現行主要版本學著作和目錄書中，以「揚州詩局」作爲刻書單位的書籍尚有不少。這些記載眞僞混雜，一般讀者很難辨別；即便是業內專業人士，不細加考察，亦常爲其所誤導。姑以著名版本學家李致忠先生的《歷代刻書考述》爲例，作如下商榷。

李先生在論及康熙朝中央機構所刻書時說：

> 康熙一朝內府刊印詩詞文賦等文學作品達 20 種 3367 卷，種數上占康熙時全部內府刻書的 40%弱一點，而卷數上已占到 66%。可見康熙皇帝是比較重視文學的，⋯⋯而在二十種書當中，有 10 種 2772 卷是由江寧織造主辦的揚州詩局刻印而成的。從種數上說，揚州詩局所刻文學作品，已占康熙時內府所刻的 50%，而在卷數上則占到了 83%還要強。足見江寧織造及其所屬的揚州詩局，在康熙時所處的地位，所起的作用，所擁有的財力是何等的重要！〔註33〕

李先生所指揚州詩局刊印的 10 種書，在其著作中亦有羅列。即：康熙四十三年（1704）揚州詩局刊《聖祖詩集》十卷《詩二集》十卷《詩三集》八卷；康熙四十四年（1705）揚州詩局刊《欽定全唐詩》九百卷；康熙四十五年（1706）揚州詩局刊《御定歷代賦彙》一百四十卷《逸句》二卷《補遺》二十二卷；《御定全唐詩錄》一百卷；康熙四十六年（1707）揚州詩局刊《佩

〔註32〕黃貫勉，《綠意詞》一卷《秋屏詞續編》一卷，清康熙五十二年（1713）刻雍正二年（1724）續刻本，書末。

〔註33〕李致忠，《歷代刻書考述》，成都：巴蜀書社，1990 年版，第 295 頁。

文齋書畫譜》一百卷；《欽定佩文齋詠物詩選》四百八十六卷；《御定歷代題畫詩類》一百二十卷；《歷代詩餘》一百二十卷；康熙四十八年（1709）揚州詩局刊《御選宋金元明四朝詩》三百四卷；康熙四十九年（1710）揚州詩局刊《淵鑒類函》四百五十卷〔註34〕。10 種卷數相加，正合 2772 卷之數。

　　經筆者詳細考察，李先生所列 10 種書，除《全唐詩》外，其餘 9 種均非揚州詩局所刻。

　　其中，《聖祖詩集》十卷《詩二集》十卷為康熙四十二（1703）至四十三年（1704）江蘇巡撫宋犖在蘇州所刻；《詩三集》八卷為蘇州織造李煦所刊。故宮所存康熙朝奏摺中，有二人刊書的詳細彙報，且康熙四十三年（1704）揚州詩局尚未成立，不可能有該年的揚州詩局刻本。《歷代賦彙》為康熙四十五年（1706）陳元龍奉旨刊刻，書前有陳元龍刊刻告成之「進書表」；《全唐詩錄》為徐倬所刻，其刊書經費為康熙所賜；《佩文齋詠物詩選》為康熙四十六年（1707）高興所刻，書首有高興校刻《詩選》告成之「進書表」；《歷代題畫詩類》為康熙四十六年（1707）陳邦彥所刻，該書卷端下題：「翰林院編修陳邦彥奉旨校刊」；《歷代詩餘》為康熙四十六年（1707）王奕清所刻，各卷卷首均題「司經局洗馬掌局事兼翰林院修撰加二級王奕清奉旨校刻」字樣；《御選宋金元明四朝詩》為康熙四十八年（1709）張豫章所刻。（上述各書刊刻本末詳見本書第四章）至於《佩文齋書畫譜》、《淵鑒類函》二書，本書中沒有揚州詩局刊刻的依據，宮廷檔案中亦沒有相關記載。今《中國古籍善本書目》著錄《淵鑒類函》為清康熙四十九年（1710）內府刻本〔註35〕，《清代內府刻書目錄解題》著錄《佩文齋書畫譜》為清康熙四十七年（1708）內府刻本〔註36〕，故不可認為此二書為揚州詩局所刊。

　　筆者推斷，李致忠先生所論必有所本。經檢索，民國陶湘在《清代殿版書目》中收錄了揚州詩局所刻書 10 種，與李先生所舉完全一致。此當為李先生立論的依據。陶湘是民國年間的著名藏書家，以收藏殿版書中的開化紙本而著稱。其所著《清代殿版書目》、《故宮殿本書庫現存目》等書常為學者所引用。舊時代的藏書家們往往憑經驗來判斷版本，蓋所謂「觀風望氣」者也。

〔註34〕李致忠，《歷代刻書考述》，成都：巴蜀書社，1990 年版，第 293 頁。
〔註35〕中國古籍善本書目編輯委員會，《中國古籍善本書目》，上海：上海古籍出版社，1996 年版，子部，第 873 頁。
〔註36〕故宮博物院、遼寧省圖書館，《清代內府刻書目錄解題》，北京：紫禁城出版社，1995 年版，第 353 頁。

陶氏所舉 10 種書客觀上存在一個共同特徵，即都是軟體精寫精刻，在寫刻字體上屬同一風格，陶湘很可能就是據此下結論的。一個反面的例證是，《佩文韻府》一書確爲曹寅等人在揚州所刻，由於不是軟字寫刻，陶湘就沒有計入其內。其實字體一節，僅可判斷某書的大致刻印時代，是斷不可精確到某一刻書單位的。因爲同一時代、同一地區的寫手間客觀上存在著相互模仿，即同一寫手亦可能因爲各種原因而先後服務於不同的刻書機構。主觀認定某一種刻書風格爲某一機構所獨有，是不科學的。陶湘致誤的原因蓋在於此。陶氏書目僅列其目，未作論述，李致忠先生顯然又在陶湘的基礎上作了進一步的推衍。殊不知這一推衍，離本來面目就越來越遠了。揚州詩局僅是曹寅爲刊印欽頒《全唐詩》而設立的一個臨時機構，在康熙一朝的中央機構刻書活動中，是遠遠達不到《歷代刻書考述》所賦予的歷史地位的。

　　上文所舉各書，在《清代內府刻書目錄解題》、《清代內府刻書圖錄》、《中國古籍善本書目》等書中都有部分條目誤著爲揚州詩局刻本，本文只析其源，不再一一訂正。

第四章　康雍乾時期臣工刊書進呈內府現象研究

　　在康、雍、乾三朝的中央機關刻印書活動中，以武英殿修書處爲主體的各刊書機關承擔了絕大多數中央官方書籍的刊印工作。還有一部分書籍，或由於武英殿承刻能力有限，或出於籠絡朝臣、宣揚文治的需要等諸多原因，由臣工們自己出資刊刻再進呈給內府。這部分書在刻成後往往連同書板一起進呈，版權歸中央政府所有，故向來將其納入中央機關刊印書的範疇。在古籍版本著錄中，刊刻責任者爲具體出資的臣工，版權和流通權則歸清內府，成爲清內府刻印書中的一個獨特現象。在現存各權威目錄書和主要版本學著作中，往往將這類書籍跟武英殿、揚州詩局所刻書混淆在一起，對這種現象的起因和發展亦未見梳理和辨明，故有進行深入研究之必要。

第一節　臣工刊書進呈內府現象之緣起

　　臣工出資刊印官方書籍這種現象的出現約在康熙朝後半期，從現有資料來分析，其起因應與康熙帝南巡有關。康熙帝是一位雄才大略，多才多藝的皇帝，對傳統的經史、詩文有較濃厚的興趣和較深的造詣，對天文地理、曆法數算等也頗感興趣，統治期間常以御題法書、御製詩文賞賜臣工，以示榮寵。康熙後半期六度南巡，所經之處，尋古迹，訪遺軼，勉勵臣工，獎掖儒生，營造出一種歌舞昇平、「稽古右文」的盛世氣象。這一方面固然出自於康熙帝一貫的興趣愛好，另一方面也是滿人在統治基本穩固以後，借弘揚文治來收攏人心的統治策略的體現。宋犖是最早承刻內府書籍的臣工之一，他的

刊書經歷對於研究清代臣工刊印內府書籍這種現象的發生、發展來說具有獨特的價值。

宋犖（1634～1713），字牧仲，號漫堂、西陂，又號綿津山人。河南商丘人。歷任江西巡撫、江蘇巡撫、吏部尚書等職。宋犖一生政事之餘，致力於詩歌創作，在清初文壇中與王士禎南北呼應，領袖文壇近二十年，被時人尊為泰山北斗，名僅亞於王士禎。宋犖同時又是一位成就卓著的刻書家，一生自二十餘歲至七十餘歲刻書未嘗中輟。在江西、江蘇等地為官期間重視文教，留意前賢詩文，刻印了大量地方藝文著作，如《施注蘇詩》、《三家文抄》、《江右采風錄》、《榆溪詩抄》、《江左十五子詩》等。其自著自刻詩集——《綿津山人詩集》，可稱是其從事詩歌創作與刻書活動兩美兼具、相得益彰的代表作品。該書卷首劉榛序曰：「康熙戊辰夏宋中丞牧仲先生奉特簡來撫西江，操冰飲蘗，飭紀詰戎，未匝月而百政就理。國以無事，先生乃乘餘暇檢其生平所為詩，刪而合鑴之，為《綿津山人集》若干卷。……予初讀先生《嘉禾堂集》二百版，今則存四十餘章，何芟其繁枝之多耶？繼讀先生《將母樓詩》亦百版，今則存九十餘章，是其岐幹之斫又不遺餘力矣。」〔註 1〕由此可知，《綿津山人詩集》是宋犖生平詩作的自選精品集，許多不滿意的作品均已刪去。全書軟字寫刻，娟秀美觀，在清初出版物中是一部難得一見的從內容到形式都堪稱完美的佳作。

宋犖為官安靜和平、清正廉明，深得康熙帝信賴，曾被康熙譽為「天下巡撫第一」〔註 2〕。康熙三十八年（1699）二月第三次南巡至江蘇，時任江寧巡撫宋犖在蘇州迎駕，康熙循慣例向宋犖索觀字及詩文，由是見到了宋犖的自刻詩集《綿津山人詩集》。這段過程在宋犖《西陂類稿》中有著詳細記載：「三月十九日，太監李玉傳旨：『巡撫寫的字及平日詩文取來看。』臣啟奏：『臣幼年頗習字，中年以來簿書鞅掌，草草批判，竟不成字。偶作署書及一二箋牘，皆臣子代之。至文章一道，臣不敢言，獨聲律之學稍稍津逮。見有刻本，蒙恩宣索，不敢冒昧進呈，容繕錄，另日覆旨。』……又傳旨：『爾刻本詩可即進來，不必繕錄。』隨以臣所撰《綿津詩集二十二卷》恭進。」〔註 3〕這本刻印精美的詩集毫無疑問給康熙留下了深刻的印象，使康熙認識到宋犖除詩寫得好外，在刻書品位和能力上也達到了很高的境界。

〔註 1〕宋犖，《綿津山人詩集》，清康熙中宋犖自刻本，卷首，劉榛序。
〔註 2〕宋犖，《西陂類稿》，清康熙刻本，卷 48，第 16 頁。
〔註 3〕宋犖，《西陂類稿》，清康熙刻本，卷 49，第 6～7 頁。

　　康熙四十二年（1703）二月，康熙第四次南巡，再過蘇州，宋犖得到了一項令當時的官員羨慕不已的差事——承刻《御製詩集》。當今皇上的詩集交給一個地方官去刊刻，這在當時是一件非同尋常的事情，顯然跟宋犖進呈自刻本《綿津山人詩集》有著直接聯繫。宋犖對這項工作不敢大意，於刊刻的每一個環節均小心翼翼，親自過問。對刊刻樣本、請發序文、修改字句、印刷紙張數量等細節均具折請示，唯聖意是從。其康熙四十二年（1703）六月奏摺稱：「前刻成《御製詩》五卷，先印樣本，附侍郎臣高士奇進呈睿覽，並請頒發御製詩序文。今二十卷俱已刻完，因臣高士奇病未愈，尚遲校對，俟愈後同校，即為進呈。」〔註 4〕同年七月又奏稱：「前頒發《御製詩》二十卷校刊已完，惟候御製序文頒發，以便刊印進呈。臣士奇臣犖恭撰二跋並進表一道，今臣士奇已故，若由禮部進表，恐未便封進。應否將表刊於御製序文之後，臣犖具折恭進？或臣犖具疏，仍由禮部恭進？至應進若干部？其板應否一併交織造臣李煦進呈？伏侯聖裁。」折後康熙批曰：「交李煦進呈後再發序文。」〔註 5〕四十三年（1704）五月宋犖又稱：「臣前進《御製詩》奏摺，奉旨『詩集甚好，序文不用。』並蒙發回樣本，敕臣抽換成書，欽此。臣本庸愚，奉命校刊《御製詩集》，事關重大，惴惴恐不勝任，今蒙溫旨褒嘉，實切感悚。現在印刷裝訂，一俟工完，即同書板進呈。」康熙批曰：「知道了，詩集多印刷些進來，板不必進呈，交與蘇州織造處收著。」〔註 6〕從宋犖奏摺統計，該書前後共印了 1000 部，其中綿紙印刷 300 部，竹紙印刷 700 部。在現存各權威目錄和檔案中，還沒有見到任何康熙四十二年（1703）以前內府收錄臣工刊印書籍的記載，所以宋犖承刻《御製詩集》可視為清臣工刊印天府圖書的發端。

　　康熙年間清中央機構已設立了專門的刻書部門——武英殿修書處，但初創階段，其承刻能力不是太強，至康熙朝中後期，已顯得有點跟不上政治文化發展的需要，不少政府已編修完成的書常不能得到及時刊刻，只能以稿本寫本形式收貯內府。宋犖承刻《御製詩集》給中央機構圖書提供了一個新的出版方式，這種出版方式對於皇帝和臣工來說均具有很大的吸引力。對於皇

〔註 4〕故宮博物院明清檔案部，《康熙朝漢文硃批奏摺彙編》，北京：檔案出版社，1984 年版，第 95 頁。

〔註 5〕故宮博物院明清檔案部，《康熙朝漢文硃批奏摺彙編》，北京：檔案出版社，1984 年版，第 99 頁。

〔註 6〕故宮博物院明清檔案部，《康熙朝漢文硃批奏摺彙編》，北京：檔案出版社，1984 年版，第 119 頁。

帝而言，臣工出資刊印內府圖書，分擔了武英殿修書處的刻書壓力，節省了中央財政支出，同時把漢文書籍交給滿漢臣工們去共同刊印，也是加強滿清貴族統治，消彌滿漢界限，提倡文治的一個好的政治手段。對於臣工們而言，承刻內府圖籍，能夠得到皇帝的直接指示，是迅速拉近君臣關係的一條捷徑，大多數時候，皇帝都會恩准列名天府圖書，是一種無上的榮寵。所以一時重臣名儒如張廷玉、陳元龍、陳邦彥輩均紛紛投身其間，或奉旨刊書，或主動請旨刊書，或刊書主動進呈，成爲清康熙中後期中國政壇一種特殊的文化現象。清朱彭壽在《安樂康平室隨筆》卷一中稱：「蓋其時士大夫中，皆以校刻天府秘笈，列名簡末爲榮，故多有竭誠報效者。」〔註7〕是這種情形的眞實寫照。

雍正、乾隆年間武英殿修書處獲得進一步發展，承刻書籍的能力得到進一步加強，內府書籍的刻印一般不再需要臣工們來分擔。但對於統治者而言，特旨讓某個臣工刊印某部內府書籍仍然是籠絡人心、以示恩寵的一種有效手段，像于敏中、劉墉、彭元瑞等名臣都曾得到過這種榮幸。他們所刻印進呈的書籍與康熙間臣工刊印進呈的書籍一道在清代中央機構所刊書中成爲一個獨特的群體，值得歷史工作者和古籍工作者好好加以重視和研究。

第二節　臣工刊書進呈內府考略

康、雍、乾三朝臣工刊刻進呈內府的書籍，依據所刊書籍的來源和刊刻緣起，大致可分爲以下幾類。

（一）奉旨編修之書由臣工刊刻進呈的

這類書籍的編修是在統治者直接授意下進行的，有些書籍還成立了專門的編修機構，是統治者「稽古右文」文化政策的具體體現。因此不少書籍前都冠有「御定」、「欽定」、「御製」字樣，或乾脆就用帝王的書齋號來命名。承刻者往往就是當初的主要編修人員，其承刻均有明確的旨意，書前大多有御製序文。

1. **皇輿表十六卷**　清喇沙裏等修　揆敍等增修　清康熙四十三（1704）～四十四（1705）年宋犖刻進呈本

按：喇沙裏，滿洲人，曾任日講起居注官、翰林院掌院學士、禮部侍郎

〔註7〕 朱彭壽，《安樂康平室隨筆》，民國二十八年（1939）鉛印本，卷1，第6頁。

等職。揆敘，字凱功，號惟實居士，滿洲正黃旗人。官至左都御史。
此書是一部關於古今地名演變的地理著作，初修於康熙十八年
（1679），由喇沙裏等領其事。書成以稿本形式存於內府。康熙四十
二年（1703）聖祖命宋犖刊刻《御製詩集》，同年六月將內府《皇輿
表》一書一併頒給宋犖，命其刊刻。宋犖在刊刻過程中發現由於事
隔多年，許多地名已與現實情況不符，於康熙四十二年（1703）十
二月上奏陳情。玄燁遂命明珠之子揆敘等人增修，增修工作於康熙
四十三年（1704）五月完成。書成仍交宋犖刊刻。康熙四十四年（1705）
三月康熙五次南巡，適逢《皇輿表》刊成，宋犖遂以樣本進呈。宋
犖《西陂類稿》對進呈經過有著詳細記載：「是日晚（三月二日）進
所刻《皇輿表》樣本二部，上云：『刻的著實精，太好了！錦套一部
留覽，綾套一部送於皇太子。』」〔註8〕據宋犖奏摺統計，是書共印
140 部，版交李煦存於蘇州織造。書前有康熙十八年（1679）、四十
三年（1704）御製序、康熙十八年（1679）喇沙裏進書表、康熙四
十三年（1704）揆敘進書表、及初修、增修之職名表。全書爲表格
形式，欄內橫 18 格，每格按小字計豎 18 行，欄上有橫書本頁地域
名稱一行。白口，四周單邊，單魚尾，版框高 22.5 釐米，寬 15.7 釐
米。

2. 御批資治通鑑綱目全書一百九卷　清康熙四十四（1705）～四十六
（1707）年宋犖刻進呈本

按：該書是宋犖繼刊刻《御製詩集》、《皇輿表》之後承刻的又一部內府
　　書籍。全書包括宋金履祥撰《資治通鑑綱目前編》十八卷《外紀》
　　一卷《舉要》三卷、宋朱熹撰《資治通鑑綱目》五十九卷首一卷、
　　明商輅等撰《續資治通鑑綱目》二十七卷。這三種書康熙帝常常閱
　　批，遂命儒臣們重新彙編，命名爲《御批資治通鑑綱目全書》。宋犖
　　《西陂類稿》有奉旨承刻的詳細記載，「（康熙四十四年三月十八日）
　　奏事存柱等傳旨：『朕有編輯《資治通鑑綱目》一書，是朕親閱過六
　　次者，巡撫有力量刊刻麼？朕叫李煦幫你。』臣奏云：『臣蒙聖恩優
　　渥，無可報効，此書情願獨刻。』」〔註9〕康熙遂從之。始事於康熙

〔註8〕 宋犖，《西陂類稿》，清康熙刻本，卷50，第2頁。
〔註9〕 宋犖，《西陂類稿》，清康熙刻本，卷50，第3頁。

四十四年（1705）四月，竣役於康熙四十六年（1707）五月。卷首
有康熙四十六年（1707）御製序，卷末有康熙四十六年（1707）御
製後敘。全書半頁 11 行，行 22 字，小字雙行同。上白口，下黑口，
四周雙邊，雙魚尾。版框高 18.6 釐米，寬 13.4 釐米。每卷末刻卷次
及「吏部尙書加二級宋犖謹奉敕校刊」，凡三行。

3. **御定歷代賦彙正集一百四十卷外集二十卷逸句二卷補遺二十二卷
目錄三卷** 清陳元龍輯　清聖祖玄燁御定　清康熙四十五年（1706）陳元
龍刻進呈本

按：陳元龍，字廣陵，號乾齋，浙江海寧人。康熙二十四年（1685）進
士，授編修，累擢廣西巡撫、文淵閣大學士兼禮部尙書。是書彙輯
歷代名賦而成，是清朝彙輯名賦最多的一種，爲陳元龍等奉敕編
輯。書前有康熙四十五年（1706）御製序，該年九月十二日陳元龍
奉旨刊刻，書前有《歷代賦彙》刊刻告成之「進書表」。全書每半
頁 11 行，行 21 字，左右雙邊，黑口，版框高 19.3 釐米，寬 14.3
釐米。

4. **御定歷代題畫詩類一百二十卷** 清陳邦彥輯　清康熙四十六年（1707）
陳邦彥刻進呈本

按：陳邦彥，字世南，號春暉，海寧人。官至禮部侍郎。是書爲康熙帝
敕編，集唐、宋元、明歷代題畫詩 8962 首。前有康熙四十六年（1707）
御製序。卷端下題：「翰林編修臣陳邦彥奉旨校刊」。全書每半頁 11
行，行 23 字，黑口，單魚尾，左右雙邊。版框高 18.6 釐米，寬 12.6
釐米。

5. **御選歷代詩餘一百二十卷** 清聖祖玄燁選　沈宸垣、王奕清等輯　清康
熙四十六年（1707）王奕清刻進呈本

按：沈宸垣，日講官起居注翰林院侍讀學士；王奕清，司經局洗馬兼翰
林院修撰。是書共選錄唐迄明詞人 957 家，詞 9009 首，計收詞牌
1540 調。不分派別，以優爲準，名家之作尤多，實爲研究清以前詞
有價值的史料。各卷卷首均刻「司經局洗馬掌局事兼翰林院修撰加
二級王奕清奉旨校刻」字樣。全書每半頁 11 行，行 21 字，小字雙
行，行 25 字。白口，左右雙邊。版框高 16.7 釐米，寬 11.4 釐米。

6. **佩文齋詠物詩選四百八十六卷**　清陳廷敬、蔡升元等編　清聖祖玄燁御定　清康熙四十六年（1707）高興校刻進呈本

按：該書卷首康熙四十五年（1706）御製序稱：「爰自古昔逸詩漢魏六朝，洎夫有唐，訖於宋元明之作，博觀耽味，搴其蕭稂，掇其精英，命大學士陳廷敬、尚書王鴻緒校理之，翰林蔡升元、楊瑄、陳元龍、查升、陳壯履、厲廷儀、張廷玉、錢名世、汪灝、查慎行、蔣廷錫編錄之，名曰《佩文齋詠物詩選》。」可見此書是集體協作之成果。「佩文」為康熙的書齋號，因以名之。高興為翰林院編修，奉旨校刻。書首有高興校刻《詩選》告成之「進書表」。全書每半頁 11 行，行 21 字，細黑口，雙魚尾，左右雙邊，版框高 16.5 釐米，寬 11.5 釐米。

7. **御選宋金元明四朝詩三百二卷首二卷姓名爵里十三卷**　清張豫章等輯　清康熙四十八年（1709）張豫章刻進呈本。

按：該書為康熙四十四年（1705）設立的「四朝詩修書處」所編修。博採宋金元明各體詩，均收自名篇巨集，是研究宋金元明四朝詩學的重要資料。書前有康熙四十八年（1709）御製序及纂修官職名。全書每半頁 11 行，行 20 字，白口，左右雙邊，黑魚尾，版框高 16.9 釐米，寬 11.5 釐米。

8. **御定全金詩增補中州集七十二卷首二卷**　金元好問編　清郭元釪補輯　清康熙五十年（1711）郭元釪刻進呈本

按：郭元釪，清江都人，字於宮。好學工詩，以諸生參與修《佩文韻府》等書，授中書。元好問所輯《中州集》因其所選多中州人，故以中州為書名。共得詩 1980 餘首，作者 240 餘人，每人各繫以小傳。郭元釪據元好問原本重為茸綴補輯，所增之人視原本加倍，所增之詩視原本三倍之，是研究金代詩學的重要資料。書前有康熙五十年（1711）御製序及郭元釪請刊書奏摺。全書每半頁 8 行，行 19 字，線黑口，四周雙邊，單魚尾，版框高 18.2 釐米，寬 12.4 釐米。

9. **幸魯盛典四十卷**　清孔毓圻、金居敬等纂　康熙五十年（1711）孔毓圻刻進呈本

按：孔毓圻，字鍾在，曲阜人。孔子六十七代孫，康熙六年（1667）襲封

衍聖公。金居敬，字谷似，長洲人，康熙二十四年（1685）進士，官至靈丘令。康熙二十三年（1684）康熙帝東巡山東，臨幸闕里，親祀孔廟。康熙二十四年（1685），孔毓圻疏請纂修此書，並舉薦新科進士金居敬等人共司其事，得到康熙諭准。康熙四十年（1701）書成，凡 40 卷。康熙五十年（1711）三月孔毓圻將書刻好進呈。書首有康熙二十八年（1689）御製序、凡例及纂修職名。全書每半頁 10 行，行 21 字，白口，四周雙邊，單魚尾，框高 19.9 釐米，寬 14.2 釐米。

10. **諸史提要十五卷**　宋錢端禮撰　清張英補　清康熙五十二年（1713）張廷玉請旨刻本

按：錢端禮，字處和，宋臨安人。高宗、孝宗時歷官臨安知府、戶部尚書等職。張英，字敦復，號樂圃，安徽桐城人。康熙六年（1666）進士，官至文華殿大學士兼禮部尚書。清內府藏書中舊有抄本《諸史提要》十五卷，聖祖玄燁認為此書有可取者，命大學士張英稍加增補。張英於第 6、7、15 卷做了一些增補，並於卷後說明。增補 10 年之後，張英之子張廷玉請旨刊刻。卷首有康熙五十二年（1713）李光地、王掞序文。全書每半頁 10 行，行 21 字，小字雙行同，白口，四周雙邊，單魚尾，框高 16.8 釐米，寬 11.4 釐米。

11. **御定歷代紀年表一百卷歷代三元甲子編年一卷**　清龔士炯撰　王之樞等續撰　清康熙五十四年（1715）王之樞刻內府印本

按：龔士炯，清康熙間蘇州儒生。王之樞，字桓麓，號靈石，直隸定州人。康熙二十四年（1685）進士，官至吏部右侍郎、內閣學士。該書最初並非內府編修書籍，康熙四十四年（1705），聖祖南巡，蘇州儒生龔士炯以所編《歷代年表》進呈，得到康熙對此書的認可，惜其記事只到隋，遂命侍郎周清原、內閣學士王之樞續之。康熙五十一年（1712）續成，記事止元末，凡一百卷。王之樞奉旨在家刊刻，五十四年（1715）刻竣，版呈內府。書前有康熙五十四年（1715）御製序及王之樞進表文。全書為表格體，白口，四周雙邊，版框高 22 釐米，寬 13.8 釐米。

12. **南巡盛典一百二十卷**　清高晉等撰　清乾隆三十六年（1771）高晉等刻進呈本

按：高晉，字昭德，滿洲鑲黃旗人。承祖父高斌、父高述明之蔭，初授
山東泗水知縣，歷官安徽布政使兼江寧織造、安徽巡撫、江南河道
總督、兩江總督等。乾隆十六年（1751）、二十二年（1757）、二十
七年（1762）、三十年（1765），高宗弘曆途經直隸、山東，四次南
巡兩江、兩浙。兩江總督高晉於乾隆三十一年（1766）七月請旨纂
輯此書，三十三年（1768）二月初稿成，只記巡視兩江情況，凡七
十卷。上奏後，高宗命大學士傅恒校閱。傅恒認為應把巡視兩浙及
直隸、山東的情況一併編入，高宗遂命浙江、直隸、山東等地將材
料送給高晉，重新編纂，共成一百二十卷。該書卷首有乾隆三十六
年（1771）御製序，次乾隆三十一年（1766）高晉請旨修書奏文，
次高晉修成進表文，次乾隆三十三年（1768）傅恒校閱奏文，次同
年六月浙江巡撫熊學鵬奏文，次高晉彙集成書表文及纂輯、校勘、
謄錄、監刻職名等。全書半頁 9 行，行 19 字，白口，四周雙邊，單
魚尾，版框高 21.8 釐米，寬 16.9 釐米。

（二）帝王個人著作由臣工刊刻進呈的

康、雍、乾三帝為加強滿清專制統治，都將「稽古右文」的旗幟舉得高
高，個人詩文是其崇儒重文和個人情趣的體現。能夠承刻皇帝的詩文對臣工
來說是一種無尚的榮寵，需要皇帝高度的信任和賞識，所以得到這種差事的
都是皇帝的寵臣和近臣。

1. 清聖祖御製詩初集十卷二集十卷　清聖祖玄燁撰　清康熙四十二
（1703）──四十三年（1704）宋犖刻進呈本

按：宋犖承刻《御製詩集》的經過已如前文所述，事始於康熙四十二年
（1703）二月，竣役於康熙四十三年（1704）十二月。其康熙四十
三年（1704）十二月奏摺稱：「《御製詩集》臣又用竹紙刷印裝訂五
百部，貯十六箱，交織造臣李煦家人進呈，其板遵旨已交織造處收
貯訖。」〔註10〕蘇州織造與江寧織造、杭州織造為內務府下屬機構，
合稱「江南三織造」。版片交蘇州織造，即可視為已進呈內府。全書
每半頁 6 行，行 16 字。白口，四周雙邊，版框高 18.7 釐米，寬 13.3
釐米。

〔註10〕故宮博物院明清檔案部，《康熙朝漢文硃批奏摺彙編》，北京：檔案出版社，
1984 年版，第 145 頁。

2. 清聖祖御製詩三集八卷 清聖祖玄燁撰 清康熙五十四（1715）——五十五年（1716）李煦刻進呈本

按：該書是宋犖所刊《御製詩集》初、二集後的三集，康熙五十四年（1715）三月交於蘇州織造李煦刊刻，完工於康熙五十五年（1716）十一月。全集共八卷，刊刻過程卻歷時一年又八個月，遷延日久的原因是因爲李煦的文化修養和刻書態度遠比不上宋犖，曾遭康熙帝的嚴辭斥責並返工。康熙五十四年（1715）六月初六日李煦《進御製詩集刊刻樣本折》後玄燁硃批道：「朕細察時，與當年所刻《御製詩集》長短不同，字之大小參差不一，甚屬疏忽，使不得，著速收拾，前後相同，奏來再看。」李煦收到硃批，「戰怵恐懼，愧汗如雨。……即日選工另爲開雕，當遵照當年所刻《御製詩集》，務期長短相同，字式合一，俟刻成二卷，再當恭呈樣本。」〔註11〕經過認眞返工，終於得到「詩刻得好，留下了」〔註12〕的硃批。全書版式同宋犖所刻。

3. 御製擬白居易新樂府不分卷 清高宗弘曆撰 清乾隆四十四年（1779）于敏中寫刻進呈本 清乾隆四十四年（1779）王杰寫刻進呈本 清乾隆四十四年（1779）姚頤寫刻進呈本 清乾隆四十四年（1779）劉墉寫刻進呈本 清乾隆四十四年（1779）彭元瑞寫刻進呈本 清乾隆間徐立綱寫刻進呈本

按：乾隆朝武英殿修書處的刻書事業發展至鼎盛時期，中央政府需出版的書籍武英殿都能及時刻印，一般不需要大臣們分擔。作爲籠絡臣工、宣揚文治的一種政治手段，仍有部分書籍頒發給文臣們刊印，本書就是一個典型例子。乾隆喜歡白居易的新樂府詩，仿其體格，成五十章。乾隆四十四年（1779）四月，弘曆從沈初、劉墉等文臣之請，將《御製白居易新樂府詩》和《御製全韻詩》頒給文臣書寫刊刻進呈。同一種書在同一時間刻印了六種不同的版本，顯然已超越了一般刻印圖籍以廣流傳的意義，帶有一種鋪張誇示的性質，這也跟乾隆一向好大喜功的個性有關。于敏中刻本半頁5行，行10字，白口，番蓮紋寬框欄，無行格，框高11.5釐米，寬8.4釐米。末有「臣于敏中敬書」一行，「臣中」朱印一。王杰刻本半頁5行，行10

〔註11〕 故宮博物院明清檔案部，《李煦奏摺》，北京：中華書局，1976年版，第181頁。
〔註12〕 故宮博物院明清檔案部，《李煦奏摺》，北京：中華書局，1976年版，第207頁。

字，白口，夔紋框欄，無行格。框高 13.2 釐米，寬 9 釐米。卷末有
王杰跋，鈐「臣傑」朱印一。姚頤刻本半頁 5 行，行 10 字，無行格。
番蓮紋框欄，框高 11.5 釐米，寬 8.3 釐米。卷末有劉墉、姚頤跋。
劉墉刻本半頁 5 行，行 10 字，無行格。白口，綠色套印番蓮紋框欄，
框高 11.5 釐米，寬 8.3 釐米。前有乾隆序，末有劉墉跋。彭元瑞刻
本半頁 7 行，行 16 字，黑單魚尾，白口，四周雙邊。框高 23.4 釐米，
寬 14.9 釐米。卷末有彭元瑞跋，跋後有「丹陽縣教渝朱日望恭校」
小字一行。徐立綱刻本半頁 5 行，行 10 字，花邊，白口，無魚尾。
框高 13.5 釐米，寬 9.1 釐米。卷末有徐立綱跋。

4. **御製全韻詩五卷**　清高宗弘曆撰　清乾隆四十四年（1779）于敏中寫刻進呈
本　清乾隆四十四年（1779）劉墉寫刻進呈本　清乾隆年彭元瑞寫刻進呈本

按：平水韻 106 韻是當時通用的韻腳，乾隆帝每韻賦詩一首，共成 106
篇。乾隆自稱：「幾政之暇無所消遣，因以摛詞，或一日一章，或一
日兩章，閱三月而成。」是書刊刻緣起同《御製擬白居易新樂府》。
于敏中刻本半頁 7 行，行 14 字，小字雙行字數同。白口，四周雙邊。
框高 13.8 釐米，寬 9.8 釐米。卷末有于敏中跋。劉墉刻本半頁 7 行，
行 14 字，小字雙行字數同。白口，黑單魚尾，四周雙邊，框高 13.1
釐米，寬 9.5 釐米，卷末有于敏中、劉墉跋。彭元瑞刻本半頁 7 行，
行 16 字，小字雙行 24 字。白口，黑單魚尾，四周雙邊，框高 23.3
釐米，寬 14.6 釐米。卷末有于敏中跋，卷後有「浙江學政彭元瑞恭
錄重刊　蘭溪縣訓導臣孫麗春恭校」兩行。

（三）個人著述刊刻進呈內府的

這類書的編撰刊印原不屬於中央機關刻印書的範疇，純屬個人行為，由
於某種特殊的機緣，其書為統治者所賞識，其內容與統治者的文化政策不謀
而合或互為輔翼，故奉旨刊刻或板呈內府，由此列入中央機構刻印書的行列，
版權和發行權歸中央政府所有。

1. **繹史一百六十卷世系圖一卷年表一卷**　清馬驌撰　清康熙九年（1670）
馬驌刻內府後印本

按：馬驌，字宛斯，又字聰御，山東鄒平人。順治十六年（1659）進士，
歷任淮安推官、靈璧知縣。平生研究先秦歷史，有「馬三代」之稱。

該書匯合上古至嬴秦的史書舊文，以紀事本末體爲主，亦採用編年、紀傳等體，附以論斷，熔裁成篇。於上古至秦的帝王之道、爲政得失，足資借鏡。在清代臣工刊刻進呈內府書籍中，此書是個特例。它於康熙九年（1670）即已刊刻，並刷印流通。康熙四十四年（1705）聖祖南巡，有人將該書進呈，聖祖嘉之，命將書版解至內府刷印。故其成書雖早，進入內府仍在宋犖奉旨刊書之後。全書半頁 11 行，行 24 字，小字雙行 36 字，白口，左右雙邊，版框高 19.9 釐米，寬 14.4 釐米。卷前有康熙九年（1670）李清序、馬驌徵言，書名頁署：「馬苑斯先生手授　繹史　本衙藏板」。

2. **御定全唐詩錄一百卷**　清徐倬、徐元正編　清康熙四十五年（1706）徐倬刻進呈本

按：徐倬，浙江德清人，字方虎，號蘋村。康熙十二年（1673）進士，官侍讀。清初季振宜編有《唐詩》七百十七卷，徐倬以爲卷帙浩繁，乃採擷菁華輯爲一集，凡作者 450 餘人，每人各附以傳，又間附詩話、詩評以備考證。康熙四十四年（1705），聖祖南巡，徐倬以是書進呈，頗合聖意，玄燁遂賜內帑命其刊刻，並加封徐倬爲禮部侍郎。全書半頁 11 行，行 21 字，左右雙邊，黑口，框高 16 釐米，寬 11.5 釐米。

3. **讀書記數略五十四卷**　清宮夢仁輯　清康熙四十七年（1708）宮夢仁刻進呈本

按：宮夢仁，字定山，江蘇泰州人。康熙十二年（1673）進士，官至福建巡撫。康熙四十六年（1707），聖祖南巡，宮夢仁於迎駕時呈上此書，康熙帝覽後嘉之。於四十七年（1708）命校刊頒行，宮夢仁遂並版繳進，得以貯存內府，納入殿版之列。是書以宋王應麟《小學紺珠》及明張九韶《群書備數》爲藍本，加以增益，專門收錄詩文典故中以數爲首的詞句，並擷取宋元明事而擴充之。全書半頁 10 行，行 21 字，小字雙行字數同，四周雙邊，小黑口，單魚尾，版框高 16 釐米，寬 11.2 釐米。

4. **國朝詩別裁集三十二卷**　清沈德潛輯並評　清乾隆二十八年（1763）尹繼善、沈德潛刻武英殿刷印袖珍本

按：沈德潛，字確士，號歸愚，江蘇長洲人。乾隆四年（1739）進士，歷官禮部侍郎、尚書，贈太子太師。是書原三十六卷，沈德潛編進。以其卷首有錢謙益詩，弘曆遂命內廷諸臣裁訂爲三十二卷，原板銷毀。乾隆二十八年（1763）交尹繼善會同沈德潛重新刊板進呈。該書共收錄了清初至乾隆間詩人 927 家，詩 3000 餘首。全書半頁 8 行，行 16 字，小字雙行字數不等，白口，四周單邊，框高 9.5 釐米，寬 7.4 釐米。卷前有乾隆二十六年（1761）朱色「御製沈德潛選國朝詩別裁集序」，扉頁內題：「國朝詩別裁集」、「禮部尚書沈德潛纂修」。

5. **古文約選不分卷**　清允禮、方苞輯　清雍正十一年（1733）果親王允禮刻進呈本

按：允禮，清聖祖玄燁第十七子，雍正初封多羅果郡王，晉封親王，管戶、工二部事務。方苞，字靈皋，號望溪，安徽桐城人。康熙三十八年（1699）舉人，四十五年（1706）會試中試。歷官武英殿修書總裁、內閣學士、禮部侍郎。是書是方苞應允禮之請而輯，所選文章皆爲桐城派尊崇的古文家的代表作品。此書版片原存放於國子監，乾隆三十四年（1769）奉旨繳回武英殿，故進入中央機構刻印書之列。全書半頁 9 行，行 19 字，四周雙邊，白口，單魚尾，框高 21.2 釐米，寬 14.1 釐米。

第三節　臣工刊書進呈內府現象與「康版」書風格的形成

康、雍、乾三朝臣工所刊刻進呈內府的書籍已備述於前（僅限見聞），從這些品種可以看出其中大部分集中在康熙朝中後期，由中央政府組織編修交由臣工刊印的書籍在其間佔了很大的比重。在中國版本學史上，通常把康熙朝刻印的字體秀麗工整、雕刻盡善盡美、紙墨精妙悅目的書籍，稱之爲「康版書」，清人並有「康版更在宋版書之上」〔註13〕的評價。筆者以爲康熙朝中後期政治文化領域盛行的臣工刊書進呈內府現象，對於「康版書」風格的形成起到了極大的推動作用，在一定程度上引領了整個時代的刻書風氣。

「康版」之名，出於金埴《不下帶編》。其卷一稱：「江寧織造曹公子清

〔註13〕金埴，《不下帶編‧巾箱說》，北京：中華書局，1997 年版，第 65 頁。

有句云：『賺得紅藥剛半熟，不知殘夢在揚州。』自謂平生得意之句。是歲兼巡淮鹽，遂逝於淮南使院，則詩讖也。公素耽吟，擅才藝。內廷御籍，多命董督，雕鏤之精，勝於宋版。今海內稱『康版』者，自曹始也。」〔註 14〕金埴，字苑孫、小郊，號鰥鰥子、聳翁、淺人、墾門，浙江山陰（今紹興）人。生於康熙二年（1663），卒於乾隆五年（1740）。《不下帶編》是其在康熙、雍正間的筆記，從記載中可以看出，當時人對本時代的刻書成就已頗爲自許，「康版」之名，蓋當時即已有之。

《不下帶編》是一部未完稿，當屬金埴晚年之作。全書現存七卷，清及民國均未見刊行，流傳極罕。謝國楨先生藏有此書的手稿本，在著述中多次介紹金埴「康版」之說，始引起學界的重視。在《從清武英殿版談到揚州詩局的刻書》一文中，謝先生對金埴推崇曹寅的說法，作了進一步的闡發和說明。認爲：「（金埴所指的）『康版』就是在康熙四十年（1701）間指令江寧織造曹寅設立揚州詩局訓練名手雕刻《全唐詩》的事情。」又說，「從康熙四十五年（1706）《全唐詩》刊行之後，精寫刻本的風氣，就流行於一時，各方面愛好刻書的人士，都競相仿傚，有些書並且是請名書法家寫刻而成的。」並列舉林佶寫王士禎《漁洋山人精華錄》、汪琬《堯峰文鈔》和顧嗣立刻《元詩選》、《韓昌黎詩注》、《溫飛卿詩注》及蘇州東洞庭的席氏刻《唐詩百名家全集》來證明曹寅刻書的影響〔註 15〕。可見謝先生和金埴一樣都認爲曹寅是康熙朝開精寫精刻之風的代表人物。

金埴《不下帶編》以當時人記當時事，無疑反應了一定的歷史事實，其稱康熙末年對康熙寫刻本已相當重視，特名之曰「康版」，應屬可信。然其對曹寅刻書活動的記述，以相關史料相印證，卻不盡然。首先「內廷御籍，多命董督」就不是一個事實。曹寅一生共參與了兩部內府書籍的刊刻：一是康熙四十四年（1705）至四十五年（1706）間編刊《全唐詩》，成立了揚州詩局，有彭定求等十翰林相佐，曹寅主其事；一是康熙五十一年（1712）至五十二年（1713）間江南三織造共同承命刊刻《佩文韻府》，成立了揚州書局，初期由曹寅主事，曹寅故後李煦終其事。這兩次刊書都成立了專門機構，曹寅雖是主要組織者和領導者，但算不上是個人刊書行爲。所以本章未將其納入臣工個人刊書進呈內府之列。從承刻內府書籍的數量上來說，曹寅所承刻的品

〔註14〕金埴，《不下帶編·巾箱說》，北京：中華書局，1997 年版，第 11 頁。
〔註15〕謝國楨，《從清武英殿談到揚州詩局的刻書》，《故宮博物院院刊》，1981 年 1 期，第 15～18 頁。

種遠不及宋犖多。曹寅滿打滿算只參與了一部半內府書籍的刊刻工作，宋犖明確可考的即有《御製詩集》、《皇輿表》、《御批資治通鑑綱目全書》等三部，且都是以一己之力獨自完成的。從刻書時間上看，曹寅承刻書籍的時間亦不如宋犖早。宋犖承刻第三部書籍跟曹寅承刻第一部書籍同時，與曹寅差不多同時承刻內府書籍的還有陳元龍、陳邦彥、郭元釪、徐倬等諸多臣工。所以不僅「內廷御籍多命董督」這句話不是事實，「今海內稱『康版』者，自曹公始也」這句話亦不可輕信。

　　金埴《不下帶編》的記載既不可靠，謝國楨先生所論曹寅刻書的影響就難以服人了。謝先生所舉受曹寅「精寫刻本的風氣」影響的寫刻本凡六種，經查證，這六種寫刻本都刻成在《全唐詩》之前。《漁洋山人精華錄》刻於康熙三十九年（1700），卷前有林佶等人是年題識；《堯峰文抄》刻成於康熙三十二年（1693），各卷末都有林佶繕寫年月題記；顧嗣立《元詩選》刻成於康熙三十二年（1693），前有宋犖是年序；《溫飛卿詩注》刻成於康熙三十六年（1697）；《昌黎詩注》刻成於康熙三十八年（1699）；席氏《唐詩百名家全集》刻成於康熙四十一年（1702）。這些書的刊刻風格與《全唐詩》屬同一類型，說到相同影響，應當是曹寅受這些書影響才對。公允地說，曹寅揚州詩局所刻的《全唐詩》寫刻精美，紙墨佳妙，完全可以稱得上「康版書」的經典作品，但曹寅本人絕非「康版」開風氣之先的人物。

　　筆者認為，一個時代風氣的形成，是多種因素綜合作用的結果，不是一人一事的力量所能達到的，康熙間刻書事業中軟字精刻風尚的流行，跟時代背景、帝王喜好、群臣參與等諸多因素都有關係。我們利用舊材料，因本著實事求是的精神多方分析，才能得出庶幾科學的結論。僅憑片言就遽下斷語，難免出現偏差。

　　首先，從歷史發展規律來看，康熙中後期一種新的刻書風格的出現是時代要求在刻書事業上的反映。經過明末清初的社會大動蕩之後，至康熙中葉，清王朝的統治趨於穩定，在統治者的勵精圖治下，封建社會出現了某些繁榮景象。新一代的知識份子鑒於大明王朝急劇衰亡的教訓，開始對宋明以來在學術界占主導地位的「義理之學」進行反思，「束書不觀，遊談無根」的理學家習氣受到了抨擊。以顧炎武、胡渭、閻若璩為代表的知識份子，努力把學術研究與解決社會問題聯繫起來，樹立起「經學即理學」的旗幟，致力於經學、音韻學，歷史學、地理學的研究，不僅為轉變明末空疏學風起到了積極作用，而且在學術領域和治學方法上開啟了新的途徑。梁啟超把這一時期稱

爲清代學術思潮的啓蒙期〔註16〕。思想界和學術領域的這種轉變引起了社會文化各領域相應的變革，具體到刻書事業，明末流行的粗製濫造、混濁板滯的刻書風氣，已跟不上時代發展的需要，一種跟新時代新思潮相適應的新的刻書風格的出現，是社會發展的要求。

　　第二，最高統治者對某種刻書風格的喜愛和欣賞，在「康版書」風格的形成和定型過程中起到了重要作用。在封建社會裏，統治者的愛好和審美趨向往往對一時風氣產生著很大的影響，上有所好，下必趨焉，歷朝歷代，皆有事驗。康熙帝玄燁是一位多才多藝的皇帝，執政期間對刻書風格尤其是刻書字體十分關注。早在康熙十二年（1673）武英殿修補前明經廠所雕《文獻通考》和《性理大全》舊版加以重印時，康熙皇帝在《文獻通考》御製序中，就對刻書字體有過專門指示，「此後刻書，凡方體，均稱宋字；楷書，均稱軟字。」這段文字其實已經隱含著康熙對前明正、嘉以來形成的橫輕豎重、方整呆板的仿宋刻書字體不甚喜歡的微詞，事實也證明他在努力追求著一種自己喜歡的新字體。康熙帝曾六巡江南，在巡幸過程中他十分留意臣工們所寫的字，上文向宋犖索觀字及詩文就是個例證。他還先後從江浙等地考取了 54 名寫字好的生員，招至北京，供內庭錄用。自此以後，凡朝考廷試對策大卷的字體，非端楷圓秀者便不容易被錄取。故有清一代的進士翰林，特別是歷科狀元，一般都寫一手端莊圓秀的好字。這種要求一經提倡，久而久之，便逐漸形成一種非顏非柳又非趙的所謂館閣體。其實康熙乃至乾隆，他們本人的字體就跟這種字體十分接近。在刻書風格上，能夠博得帝王賞識的，當然也是這種字體。康熙帝本人就多次明確表達過對軟字精刻書籍的讚賞，康熙四十四年（1705）三月初二日，宋犖「進所刻《皇輿表》樣本二部，上云：『刻的著實精，太好了！錦套一部留覽，綾套一部送與皇太子。』」〔註17〕曹寅在承刻《全唐詩》之初，特地將訓練寫手一事上書秉報，寫手們所練習的也是與《皇輿表》字體相一致的軟體字，《全唐詩》完工後也得到了康熙的首肯：「刻的書甚好。」〔註18〕金埴與謝國楨先生多次在文中提到的「康版書」風格，指的正是以這種軟體字精寫精刻的書籍。在這種雋秀圓潤、賞心悅目的字體風格的形成過程中，帝王的讚賞與提倡作用不可小視。

〔註16〕 梁啓超，《清代學術概論》，上海：上海古籍出版社，2000 年版，第 4 頁。
〔註17〕 宋犖，《西陂類稿》，清康熙刻本，卷 50，第 2 頁。
〔註18〕 故宮博物院明清檔案部，《關於江寧織造曹家檔案史料》，北京：中華書局，1975 年版，第 40 頁。

　　第三，宋犖等名臣名儒對刻書活動的廣泛參與，使得「康版書」的軟字精寫精刻之風廣泛流傳，成爲一種時代風尙。康熙朝中後期刻書業中出現的「康版書」風格經歷了一個發生、發展和流行的過程。其最初出現約在康熙三十、四十年間，前文所述的《漁洋山人精華錄》、《堯峰文鈔》、《元詩選》、《溫飛卿詩注》、《昌黎詩注》、《唐詩百名家全集》等書均刻於這一時期。這種新出現的刻書風格，如果沒有政府編修的大型書籍對它們採用，僅在私家或一些書坊流行，顯然還不足以成爲一個時代標誌。在這種新的刻書風格由私刻、坊刻向中央官刻傳播的過程中，宋犖起到了關鍵性作用。一個很明顯的現象是，前所述早期寫刻本大多集中在蘇州地區。蘇州地區的經濟文化，明、清兩代在全國範圍內都是屈指可數的。至於刻書一節，明胡應麟曾一再說：「凡刻書之地有三，吳也，越也，閩也……其精吳爲最，其多閩爲最，越皆次之。」〔註19〕「余所見當今刻本：蘇常爲上，金陵次之，杭又次之。」〔註20〕金埴在論及康熙時刻書時，亦說：「吳門爲上，西泠次之，白下爲下。」〔註21〕都公認蘇州刻書是最精的。在「康版書」軟字精寫刻本形成風氣的初期，自康熙三十一年（1692）至四十四年（1705），宋犖在蘇州任江蘇巡撫達 14 年之久。他喜愛藏書刻書，與當地藏書家、刻書家過從甚密，康熙三十二年（1693）曾爲蘇州刻書家顧嗣立所刻《元詩選》作序；康熙四十二年（1703）刻《江左十五子詩選》，顧嗣立即爲其所推崇的十五子之一；在宋犖的個人著作《西陂類稿》中，著名刻書家毛扆與宋犖的侄孫懷金、外孫高岑一道列名校梓，並自稱「常熟門人」〔註22〕。蘇州地區出現的刻書新風格，給了宋犖很大的影響，所以他在個人詩集和欽頒書籍的刻印中都採用了軟字精寫精刻。康熙朝中後期是一個文化事業迅速發展的階段，中央政府組織編修了許多大部頭書籍，《歷代賦彙》、《歷代題畫詩類》、《宋金元明四朝詩》、《全唐詩》等都是其中的鴻篇巨製，康熙帝對宋犖所刻書的一再褒獎，給刊刻其他書籍的臣工樹立了一個典範。經筆者將這一時期臣工刊刻進呈內府的書籍實物一一比較，發現其中大部分書籍採用的字體都與宋犖所刊《皇輿表》屬同一風格。這顯然是臣工們之間相互仿傚相互學習的結果。宋犖、曹寅、

〔註19〕胡應麟，《少室山房筆叢》，北京：中華書局，1958 年版，第 56～57 頁（經籍會通四）。

〔註20〕胡應麟，《少室山房筆叢》，北京：中華書局，1958 年版，第 59 頁（經籍會通四）。

〔註21〕金埴，《不下帶編・巾箱說》，北京：中華書局，1997 年版，第 65 頁。

〔註22〕宋犖，《西陂類稿》，清康熙刻本，目錄。

張廷玉、陳元龍、陳邦彥等人或爲地方大員，或爲皇帝寵臣，或爲一時名儒，本身就具有很大的號召力，加上所刊刻的大多爲皇帝欽頒和賞識的書，最終都進入了內府，所以產生了極大的社會影響和群體效應，軟字精寫精刻本遂風行一時。今《中國版刻圖錄》所收這一時期的代表作品大都屬於這一風格。當時的文人士大夫顯然對本時代這種賞心悅目的版刻風格十分自豪，所以才有像金埴這樣在著述中稱「康版更在宋版書之上」的記載。

綜上所述，「康版書」是清康熙朝中後期在刻書事業中出現的一種新風格，其典型特徵是軟字精寫精刻，明顯區別於明末流行的板滯方整的刻書風格。「臣工刊書進呈內府」現象是康、雍、乾時期出現在統治者上層領域的一種特殊的文化現象，臣工們以個人的力量承刻了部分本應由中央機構刊印的書籍，或直接將自己編刊的書籍連板進呈給內府，將其納入中央機構刻印書的行列。這種現象出現得最爲集中，涉及人員和書籍最多的時期也是在康熙朝中後期，這一時期承刊書籍的大多數臣工們在刻書風格的選擇上都與江蘇巡撫宋犖一樣鍾情於軟字精寫精刻。他們的積極參與，使得「康版書」風格影響迅速擴大、廣泛傳播，成爲這個時代獨特的文化標誌。

第五章　清代中央機構之銅活字印書研究

　　活字印刷的發明是印刷史上一次偉大的技術革命。世界上第一個發明活字印刷術的是我國宋朝的平民畢昇，時間是在北宋仁宗慶曆年間（1041～1048）。沈括《夢溪筆談》卷十八中有著關於畢昇發明泥活字印刷的確鑿記載，這項發明比歐洲最先用活字印《聖經》的谷騰堡要早 400 年。但活字印刷術在我國走過的歷程卻遠比西方要艱難得多。儘管沈括在《夢溪筆談》中早就指出了這項發明的優點——「若止印三二本，未為簡易；若印數十百千本，則極為神速。」〔註1〕令人不解的是，這項發明一直未能得到全社會普遍的重視。在我國印刷出版史上，雕版印刷始終佔據著主流位置，活字印刷只不過居於次要地位。在畢昇以後的 600 年間，只有民間少數有識之士對這項發明進行著繼承、試驗和改良，並零星地印刷過一些書籍。如元大德二年（1298）王禎用木活字印刷了《旌德縣志》，並寫出了《造活字印書法》一書；明代弘治三年（1490）無錫人華燧用銅活字印刷了《宋諸臣奏議》；正德十六年（1521）安國用銅活字印刷了《東光縣志》等書。……一直到明末，從未見到封建社會的最高權力機關——中央機構用活字印刷任何書籍的記載。

　　令人覺得欣慰的是，在我國封建社會最後一個王朝的最鼎盛時期——康熙、雍正、乾隆朝，活字印刷這項偉大的發明終於走進了它發明國的權力中樞——清內府，並在大部頭書籍的印刷中得到應用，創造了世界上最大的銅

〔註 1〕沈括撰、胡道靜校注，《夢溪筆談校證》，上海：上海出版公司，1956 年版，第 597 頁。

活字印刷工程和最大的木活字印刷工程，爲世界印刷史和中國印刷史寫下了
濃墨重彩的一頁。本章專論清中央機構之銅活字印書。

第一節　陳夢雷、蔣廷錫與《欽定古今圖書集成》的印刷

清代中央機關的銅活字印書，從文獻記載和留存實物來看，集中在康熙
末年和雍正兩朝。

其中最負盛名者是《欽定古今圖書集成》的印刷，該工程是歷史上最大
的銅活字印刷工程，是反映清代學術發展和印刷成就的一座里程碑。與《欽
定古今圖書集成》相先後，清中央機構用銅活字排印的書籍還有《星曆考源》、
《數理精蘊》、《律呂正義》等書，這些書都是中國印刷史上的精美之作，對
出版史、版本目錄學、清史等相關學科的研究具有很高的學術價值。

《古今圖書集成》的編纂、印刷研究一直是學界關注較多的一個問題，
自 19 世紀 20 年代至今，研究論文不斷。經過幾代學者的共同努力，其編纂、
成書過程已基本形成共識。

《古今圖書集成》的實際編纂人是陳夢雷，並不是書中列名的蔣廷錫。
陳夢雷字則震，又字省齋，福建閩縣人。順治七年（1650）生，康熙九年（1670）
舉進士，爲庶吉士，十一年（1672）授翰林院編修。靖南王耿精忠發動「三
藩之亂」時，陳夢雷正請假在原籍老家休假。他被耿精忠脅授官職，託病稽
延不就。暗地裏與當時也在家居住的同年安溪人李光地共謀，派人用臘丸向
朝廷呈送情報。三藩之亂平復後，李光地因呈送臘丸情報而受獎陞官。李隱
瞞了陳夢雷參與密謀臘丸情報之事，陳被以從逆的嫌疑治罪。康熙十九（1680）
年陳夢雷入獄，二十年（1681）被判問斬。陳悲憤至極，寫下了著名的《與
李厚庵絕交書》，轟動士林。後得李光地政敵徐乾學爲陳出頭，在代李所作奏
章中委婉地將事實說明，康熙諭旨減刑免死，於二十一年（1682）流放瀋陽
尚陽堡。陳夢雷學識淵博，在戍所十餘年，關外達官顯宦子弟多從他就學，
聲譽日隆。康熙三十七年（1698），玄燁東巡奉天，陳夢雷獻詩稱旨，被特赦
召回北京，在西苑侍三王子允祉讀書。回京後的陳夢雷雖無官職，但頗得皇
帝的關懷和允祉的敬重。康熙帝曾三次賜給他御書，其中有對聯云：「松高枝
葉茂，鶴老羽毛新。」陳夢雷遂以「松鶴老人」自號，名自己的詩文集爲《松
鶴山房詩文集》。爲報答帝王知遇之恩，陳夢雷自康熙四十年（1701）起潛心

編輯一部大類書，歷時五年，初稿編成，名曰《彙編》。其《松鶴山房文集》卷二中收有一篇《進〈彙編〉啓》，對該書的編輯起因、過程及規模交待甚詳。「不揣蚊力負山，遂以一人獨肩斯任。謹於康熙四十年（1701）十月爲始，領銀雇人繕寫。蒙我王爺殿下頒發協一堂所藏鴻編，合之雷家經、史、子、集，約計一萬五千餘卷，至此四十五年（1706）四月內書得告成。」〔註2〕可證《彙編》初稿是陳夢雷獨力完成的。此後陳夢雷花了很長一段時間對該書進行校正整理，康熙五十五年（1716）將目錄、凡例謄清一冊上呈，玄燁閱後賜名《古今圖書集成》。認爲該書仍需校改增益，命開館編輯，由允祉、陳夢雷帶領 80 名相關人員專司其事。

康熙六十一年（1722）十一月十三日康熙帝去世，二十日雍正帝登極。陳夢雷所依附的三皇子誠親王允祉因參與爭奪皇權受到嚴辭斥責，「與阿其那、塞思黑、胤䄍交相黨附。其子弘晟凶頑狂縱，助父爲罪。」〔註3〕被革爵禁錮。陳夢雷也以「招搖無忌，不法甚多」〔註4〕的罪名，再次被謫戍塞外。但尚未完成的《古今圖書集成》並未廢棄，雍正命蔣廷錫爲總纂，組織相關人員重新加以整理。蔣廷錫（1669～1732），字楊孫，號酉君，又號南沙，江蘇常熟人。康熙四十二年（1703）進士，雍正間累遷禮部侍郎，充《聖祖實錄》總裁，官至文華殿大學士。擅畫工詩。在他的帶領下，至雍正四年（1726），銅活字排印《古今圖書集成》工程全部結束。正式印成的《古今圖書集成》不見編者姓名，僅署「經筵講官戶部尚書臣蔣廷錫等奉敕恭校」字樣。卷首冠雍正皇帝御製序文，稱：「（聖祖）乃命廣羅群籍，分門別類，統爲一書。成冊府之巨觀，極圖書之大備。而卷帙豪富，任事之臣費克袛承，既多訛謬，每有缺遺，歷經歲時，久而未就。朕紹登大寶，思繼先志。特命尚書蔣廷錫等董司其事，督率在館諸臣重加編校。」〔註5〕將編纂《古今圖書集成》說成是康熙的想法，陳夢雷二十年來爲該書所付出的心血被一筆抹煞。全書共六編三十二典，千一百零九部，一萬卷，目錄四十卷。

〔註2〕裴芹，《〈古今圖書集成〉研究》，北京：北京圖書館出版社，2001 年版，第30 頁。

〔註3〕趙爾巽等，《清史稿》，北京：中華書局，1977 年版，第 9068～9069 頁（列傳七‧諸王六）。

〔註4〕陶湘，《故宮殿本書庫現存目》，民國二十二年（1933）故宮博物院鉛印本，中冊，類書，第 2 頁。

〔註5〕裴芹，《〈古今圖書集成〉研究》，北京：北京圖書館出版社，2001 年版，第162 頁（《古今圖書集成‧序》注譯）。

　　以上關於《古今圖書集成》編纂原委在陳夢雷的《進〈彙編〉啓》、萬國鼎先生的《〈古今圖書集成〉考略》（《圖書館學季刊》第 2 卷第 2 期，1928 年）、胡道靜《〈古今圖書集成〉的情況、特點及其作用》（《圖書館》1962 年 1 期）、楊玉良《〈古今圖書集成〉考證拾零》（《故宮博物院院刊》1985 年 1 期）等文中闡述得十分清楚，本文只介紹其梗概。雍正皇帝出於政治鬥爭的需要，掩蓋了陳夢雷等人編纂《古今圖書集成》的眞相，但存世的有關檔案史料，爲澄清問題提供了依據。經對相關資料進行研究分析，筆者覺得在《古今圖書集成》的後期刷印、蔣廷錫的重加編校、《古今圖書集成》刷印部數等具體環節上，尚有若干問題値得探討，有作進一步補充和考證的必要。姑列論如下：

一、今本《古今圖書集成》與陳夢雷原本之間的差異

　　前文已述，我們今天所看到的銅活字本《古今圖書集成》是在蔣廷錫主持下完工的。由於陳夢雷的原本已不存在，兩者之間究竟有何差異，無法進行直接比對，只能從相關史料的分析中判斷其大略情形。

（一）銅活字的排印時間與陳夢雷的印刷工作

　　銅活字排印《古今圖書集成》的工作究竟開始於何時？現行各版本學和印刷史著作大都認爲是雍正年間。如李致忠先生《歷代刻書考述》稱：「陳夢雷爲了使《古今圖書集成》最終能夠印行，就曾計劃鑄造銅活字，準備排印。這時康熙駕崩，雍正即位，到雍正三年（1725），便鑄造了這套銅活字開始擺印《古今圖書集成》。」〔註 6〕潘吉星先生在《中國金屬活字印刷技術史》中說：「皇四子胤禛與胤祉等爭奪帝位取勝後即位，改元雍正（1723～1735），是爲清世宗。他將胤祉詞臣陳夢雷逐出，命蔣廷錫（1669～1732）對陳夢雷書稿重編，雍正四年（1726）完成，六年（1728）由武英殿修書處以內府銅活字排印 66 部，名爲《欽定古今圖書集成》。」〔註 7〕張秀民先生在《清代的銅活字》一文中亦說：「（雍正帝）把陳夢雷多年的苦心一筆抹煞，並改名爲《欽定古今圖書集成》，分成一萬卷，目錄四十卷。於雍正四年用銅活字擺印了 66 部，每部 5020 冊。」〔註 8〕上述三家之說雖於印書年代上有所出入，但

〔註 6〕　李致忠，《歷代刻書考述》，成都：巴蜀書社，1990 年版，第 303 頁。

〔註 7〕　潘吉星，《中國金屬活字印刷技術史》，瀋陽：遼寧科學技術出版社，2001 年版，第 94 頁。

〔註 8〕　張秀民，《清代的銅活字》，《張秀民印刷史論文集》，北京：印刷工業出版社，1988 年版，第 251 頁。

其基本意思是清楚的，即《古今圖書集成》是在雍正初年始用銅活字來排印的。這種說法影響較大，近年出版之《活字本》亦稱該書「雍正三年（1725）完成初稿，次年初世宗御製序文，於雍正四年（1726）以銅活字排印成書。」〔註9〕以相關史料與之相印證，其實際情形與此頗有出入。

《四庫全書總目》經部易類收有陳夢雷所著《周易淺述》八卷，書目下有陳氏傳記一則，「夢雷字省齋，閩縣人。……官翰林院編修，緣事謫戍，後蒙恩召還，校正銅板。復緣事謫戍，卒於戍所。」〔註10〕雖寥寥數句，然點明了一個事實，即陳夢雷兩次謫戍之間在北京所做的主要事情是「校正銅板」。四庫館臣們距陳夢雷的時代不遠，所言當有所據，可能陳夢雷用銅活字排印《古今圖書集成》是當時大家所熟知的一個史實。從今本《古今圖書集成》的避諱情況看，其結果亦與此若合符節。今本《集成》中對康熙皇帝名字的避諱較嚴，不僅「玄」字一律諱作「元」，即從「玄」之合體字，如鉉、炫、玹、眩、泫、痃等皆作缺筆處理。而對雍正皇帝的名諱，只將「胤」字諱作「引」，而對從「眞」之字大多未作缺筆處理。這說明印刷《古今圖書集成》的銅活字在製作時已考慮到對康熙名字的避諱，雍正名諱則未作考慮。所以銅活字的製作和開始印刷應該都是康熙年間的事。今本《古今圖書集成》中的雍正諱字，應該是蔣廷錫到館所爲。「胤」字用得不多，故一一作了處理，從「眞」之字太多，就只好從寬了。

《古今圖書集成》的銅活字製作於何時？何時開始印刷？史無明文。考陳夢雷康熙四十五年《進〈彙編〉啓》稱：「恭請御製序文，冠於書首，發付梓人刊刻。」〔註11〕可見他最初的想法是希望此書能刊刻印行的。康熙五十二年（1713）陳夢雷曾用銅活字排印了他的《松鶴山房文集》二十卷《松鶴山房詩集》九卷，這很可能是跟《古今圖書集成》的排印大有關聯的一個舉動。因爲用銅活字排印上萬卷的巨著是史無前例的事，任何一個主事者都不可能不慎重考慮。《松鶴山房文集》、《松鶴山房詩集》的卷數、字數都不多，正是一個理想的試驗對象。先用銅活字來試印一下自己的詩集，也正反映了陳夢雷的謹愼小心之處。有論者指出，排印《詩集》的銅活字與《集成》的

〔註9〕 徐憶農，《活字本》，南京：江蘇古籍出版社，2002 年版，第 139～140 頁。

〔註10〕 永瑢等，《四庫全書總目》，北京：中華書局，1965 年版，1983 年第 3 次印刷，第 39 頁。

〔註11〕 裴芹，《〈古今圖書集成〉研究》，北京：北京圖書館出版社，2001 年版，第 30 頁。

銅活字字型不一致，《詩集》雖爲宋體字，但筆劃較粗，略近顏體；《集成》則爲橫輕豎重的標準方體宋字〔註 12〕。筆者以爲，字型的大小並不妨礙陳夢雷檢測銅活字印刷的效果，很可能正是覺得《詩集》的字體尚有欠缺，才選擇了《集成》最後的字體。至少在康熙五十二年（1713），陳夢雷已對銅活字印刷有了非常明確具體的認識。其時應已確定用銅活字來排印《古今圖書集成》。

　　清《內務府檔案‧硃批諭旨奏摺‧文教圖書類》雍正元年（1723）正月二十七日蔣廷錫、陳邦彥奏摺中有「查康熙五十九年（1720）奉先帝諭旨，《古今圖書集成》刷印六十部」〔註 13〕之語，雍正三年（1725）十二月蔣廷錫的另一奏摺中還提及「查康熙五十八年（1719）四月，誠親王折奏《古今圖書集成》館纂校人員，經署包衣昂邦事海張等議奏，有書完之日比尋常修書之人加等分議等語」〔註 14〕。這說明至康熙五十八年（1719）四月，《古今圖書集成》的編纂工作已接近完成，所以才有誠親王折奏請賞事。康熙五十九年（1720），康熙帝既對印刷的數量作出具體指示，說明其時所有書籍編纂、銅活字製作、印刷紙張諸事都已準備停當，只待印刷。所以《古今圖書集成》的正式印刷時間應該是在康熙五十九年（1720）初。自康熙五十九（1720）至六十一年（1722），近三年的時間裏，陳夢雷等人的工作就是排版刷印《古今圖書集成》。

　　截止至康熙六十一年（1722）底再次被貶，陳夢雷等人的工作究竟進行到什麼程度呢？接替陳夢雷的蔣廷錫在雍正元年（1723）正月初八日到館後，對陳夢雷的印刷成品通部按卷一一作了清點，其正月二十七日奏摺稱，「查得《古今圖書集成》共一萬卷，已刷過九千六百二十一卷，末刷者三百七十九卷。」〔註 15〕這是一個非常具體的數字，筆者經過計算，陳夢雷在不到三年的時間內排版刷印了 9621 卷，已完成了全書的 96.21%。平均每月至少印刷

〔註 12〕 張秀民，《清代的銅活字》，《張秀民印刷史論文集》，北京：印刷工業出版社，1988 年版，第 250 頁。張先生未見《松鶴山房文集》，其實《文集》、《詩集》均爲銅活字排印，今南京圖書館有藏。

〔註 13〕 轉引自楊玉良，《〈古今圖書集成〉考證拾零》，《故宮博物院院刊》，1985 年 1 期，第 33 頁。

〔註 14〕 轉引自楊玉良，《〈古今圖書集成〉考證拾零》，《故宮博物院院刊》，1985 年 1 期，第 33 頁。

〔註 15〕 轉引自楊玉良，《〈古今圖書集成〉考證拾零》，《故宮博物院院刊》，1985 年 1 期，第 33 頁。

267 卷以上。也就是說，再給陳夢雷一個月多一點的時間，全書的排版印刷工作就可全部結束。傾注二十多年心血苦心經營的一項浩大工程眼看就可完工，而突遇非常之變，爲山九仞，功虧一簣，陳夢雷的時運可謂不濟之極，至今思之，尤令人扼腕長歎。

（二）關於蔣廷錫的工作

雍正元年（1723）正月初五日，雍正帝在給蔣廷錫的諭旨中說：「《古今圖書集成》皇考費數十年心力方成是書，今刷印校對之工尙有未完，特派爾爲正總裁，陳邦彥爲副總裁。爾等務期竭心盡力，將通部重行校看，凡訛錯字句及有應刪應添之處，必逐一改正，以成皇考未完之書。」〔註 16〕蔣廷錫奉旨上任後，首先對《古今圖書集成》館的工作人員進行了整頓。由於此前康熙六十一年（1722）十二月雍正諭旨對陳夢雷父子及門生作出了明確的處理意見，「著將陳夢雷父子發遣邊外，或有陳夢雷之門生，平日在外生事者，亦即指明陳奏。」〔註 17〕因此與陳夢雷有關的所有親友全部被從書館清理了出去。其清理結果在蔣廷錫奏摺中有著詳細陳述，「今除陳聖恩、陳聖眷（陳夢雷之子）已經發遣，周昌言現在緝拿，汪漢倬、金門詔已經黜革，其陳夢雷之弟陳夢鵬、侄陳聖瑞、陳聖策應驅逐回籍。林鐔、方僑、鄭寬、許本植四人皆福建人，係陳夢雷之親。林在衡、林在戕二人係已革中書林佶之子，亦應驅逐。李萊已先告假，王之栻從未到館，亦皆行文去。」〔註 18〕被黜革的十六人中有十四人都是陳夢雷的「親屬」和「門生」。可謂是一場相當嚴峻的政治清查。後蔣廷錫又要求從翰林院增選數員來書館分領校對工作。

在完成了對工作人員的重新整合分工後，蔣廷錫立即對陳夢雷的工作進行了數字統計、抽樣調查和實績評估。在給雍正帝的奏摺中，蔣廷錫彙報：「查得《古今圖書集成》共一萬卷，已刷過九千六百二十一卷，未刷者三百七十九卷。……將已刷之書，每人先各分校十卷，一卷之中必有十餘頁錯誤應改印者，是雖名爲將完之書，其未完之工實有十分之四。」〔註 19〕對於蔣

〔註 16〕轉引自楊玉良，《〈古今圖書集成〉考證拾零》，《故宮博物院院刊》，1985 年 1
　　　　期，第 33 頁。

〔註 17〕陶湘，《故宮殿本書庫現存目》，民國二十二年（1933）故宮博物院鉛印本，
　　　　中冊，類書，第 2 頁。

〔註 18〕轉引自楊玉良，《〈古今圖書集成〉考證拾零》，《故宮博物院院刊》，1985 年 1
　　　　期，第 35 頁。

〔註 19〕轉引自楊玉良，《〈古今圖書集成〉考證拾零》，《故宮博物院院刊》，1985 年 1

廷錫的這份彙報，故宮博物院楊玉良研究員認爲：「蔣廷錫的第一次奏報時，說《集成》已刷印『九千六百二十一卷，未刷者三百七十九卷』，二者之比當是百分之四，並非『十分之四』。……因此，蔣氏初次調查和奏報數可能有誤。」〔註20〕對於楊先生的說法筆者不敢苟同。理由是一場空前慘烈的政治風波之後，蔣廷錫承擔新君所賦予的重任，必定勤勉謹慎，全力以赴，彙報情況決不至於出現十倍左右的誤差。經筆者詳細核算，《古今圖書集成》版式爲每頁 18 行，行 20 字。全書 1 萬卷 1.6 億字，約 444000 餘頁。平均每卷 44 頁左右。蔣廷錫的測算是根據抽查結果來估算的，應是個約數。如果每卷有 16 頁左右的錯誤需改印，1 萬卷則有 16 萬餘頁需改印。加上未刷者 379 卷，約 16700 餘頁。則總數爲 177000 頁左右，差不多正占全書的「十分之四」。楊先生可能忽略了蔣氏「一卷之中必有十餘頁錯誤應改印」這句話。從蔣廷錫彙報的措辭來看，他顯然是準備對《古今圖書集成》大動干戈的。在蔣氏看來，陳夢雷近乎完工的《集成》尚有十分之四沒有完成，其中需改印者占到 90%左右，未印者占 10%左右。

讓蔣廷錫沒有想到的是，他的這一工作設想遭到雍正皇帝的斷然否定。雍正在硃批諭旨中明確指示：「改印者不必，恐有後論。將已成好之書改壞，大有所關。如必有不可處，亦當聲聞於眾而行。」〔註21〕這是一個關乎《古今圖書集成》命運的重要批示！它不僅表達了雍正對改印《古今圖書集成》一書的意見，同時也隱約顯示了雍正內心對處置陳夢雷一事的眞實想法。陳夢雷是皇三子允祉的得力詞臣，多年來一直在允祉王府行走。因而不可避免地受到允祉政敵的仇視。在康熙諸子中，允祉年紀較長，有文才，很受康熙帝的重視。「凡行圍、謁陵、皆從。」〔註22〕康熙生前臨幸允祉王府達 18 次之多。允祉還多次參與研究對付準葛爾部策旺阿拉布坦叛亂對策、審理盜發明陵案等重大事件的處理。在康熙晚年的皇位之爭中，允祉是雍正的重要對手。因此雍正上臺後，迅速處置陳夢雷等人是其鞏固皇位、提高威望的必

期，第 33 頁。

〔註20〕 楊玉良，《〈古今圖書集成〉考證拾零》，《故宮博物院院刊》，1985 年 1 期，第 33～34 頁。

〔註21〕 轉引自楊玉良，《〈古今圖書集成〉考證拾零》，《故宮博物院院刊》，1985 年 1 期，第 33 頁。

〔註22〕 趙爾巽等，《清史稿》，北京：中華書局，1977 年版，第 9067 頁（列傳七‧諸王六）。

行之舉，打擊陳夢雷，就是打擊了允祉的勢力，擡高了雍正自己。這是他深謀熟慮的一著棋。雍正帝深知，他強加給陳夢雷的「招搖無忌，不法甚多」的罪名都是莫須有的，把陳夢雷傾注二十多年心血編輯而成的《古今圖書集成》說成是康熙的功勞，終究難以盡掩天下人的耳目，事實真相終有大白於天下的一天。對於後人如何評述這一段公案，雍正帝頗爲忌憚，一句「恐有後論」，折射出他內心深深的憂慮。他顯然不願意承擔隨意刪改《古今圖書集成》這部曠世巨典的惡名，因此他在貶陳夢雷之人，除陳夢雷之名之後，選擇了全陳夢雷之書，明確告誡蔣廷錫「將已成好之書改壞，大有所關。如必有不可處，亦當聲聞於眾而行。」顯示出對陳夢雷原作的尊重和對歷史評述的畏懼。

　　蔣廷錫到館時，陳夢雷所印刷即將完工之《古今圖書集成》共爲 66 部。（下文將述及）既然改印之議遭到雍正的否決，蔣廷錫的原計劃工作量也因此銳減了 90%，剩下的就是對全書文字內容的審查校改和對未印者 379 卷的補印工作了。補印工作所需時日不多，如果文字審查完畢，按照陳夢雷原先的工作進度，只要一個月多一點的時間，就可全部排版補印結束。蔣廷錫的實際工作時間接近三年，其大量的時間應是花在對全書文字內容的審查校改上。任何一個稍有編輯常識的人都知道，在不許重印的前提下，對已印好的清樣進行改動是非常困難的，大段的增刪幾乎不可能。所以陳夢雷已經印好的 9621 卷中能夠改動的只是一些諱字、錯字、訛字和文字量極少的句子。蔣廷錫若想進行大段增刪，恐怕只能在未印之 379 卷中進行。一個很明顯的例證是，今本《集成》中仍然收有楊文言的作品，楊文言是雍正皇帝在流放陳夢雷的諭旨中點名遣責的「耿逆僞相，一時漏網」〔註 23〕，其作品理在刪除之列。有人據此認爲，蔣廷錫審查得不是十分仔細〔註 24〕，其實這正是蔣廷錫忠實執行雍正帝「改印者不必」諭旨的體現。由於陳夢雷所印部分每改易一字，都要重複改動 60 餘次，且不能損壞原印樣，所以這是一項需要細心、耐心，不容易看到明顯成績而又十分繁難的工作。筆者在相關文獻中找到反映蔣廷錫等人工作狀況的幾個例證：一、《書品》1999 年 5 期辛德勇先生在《書林剩話》一文中說：「我收得一冊銅活字《古今圖書集成》零本，其中頗有挖

〔註23〕陶湘，《故宮殿本書庫現存目》，民國二十二年（1933）故宮博物院鉛印本，中冊，類書，第 2 頁。
〔註24〕裴芹，《〈古今圖書集成〉研究》，北京：北京圖書館出版社，2001 年版，第 40 頁。

去重補字迹，俱用原銅活字鈐蓋。詢諸友人，告未聞《古今圖書集成》有印成後挖補者，因此我推測此當爲校樣用試印本。司校對者因捨不得毀棄此印樣，才鄭重挖去誤字，再補上重新鈐蓋的新字。」〔註25〕二、裴芹《〈古今圖書集成〉研究》披露，徐州圖書館王守龍先生、王曉萍女士稱該館所藏《古今圖書集成》中，亦有不少挖補鈐蓋字現象〔註26〕。三、南京圖書館藏有《古今圖書集成》銅活字本三冊，卷端鈐有「皇十一子印章」、「永瑆」收藏印，說明其來自內府，可能是賞賜用書。經筆者詳細辨認，書內多處有挖補痕迹。其中《氏族典》第158卷《宇文姓部‧列傳一》第11頁挖補「社」字，第23頁挖補「厲」字，第25頁挖補「贊」字2處；第159卷《宇文姓部‧列傳二》第14頁挖補「爲」字，第15頁挖補「根」字2處，第18頁挖補「暮」字；《主父姓部‧列傳》第1頁挖補「貸」字。其挖補手法是將原字從字的邊緣小心裁去，再將用銅活字鈐蓋好的正字從印樣的背面小心補上。所補字與原銅活字風格一致，所補紙張與原印樣完全相同。由於歷年已久，不仔細端詳，幾已分辨不出。如果筆者所料不差，此正爲陳夢雷先期所印後爲蔣廷錫所改動者。辛德勇先生所藏的應該就是《古今圖書集成》正本，而非所謂「校樣用試印本」。現今散處世界各地的銅活字印《古今圖書集成》書中應當普遍都存在這種現象，且一本有改動，他本在同一位置應當都有同樣的改動。《古今圖書集成》的特殊際遇，賦予了它獨特的版本特徵。

有一種觀點認爲，陳夢雷初期編輯的《彙編》分三級類——編、志、部，今本《古今圖書集成》改「志」爲「典」，這是蔣廷錫所爲〔註27〕。此說大可商榷。6部32志6109部是陳夢雷在康熙四十五年（1706）時所訂體例，此後陳夢雷又對全書進行了十多年的修訂，其間可能改「志」爲「典」。若陳夢雷所印者體例爲「志」，此字不錯不訛，在雍正帝明確指示不必改印的前提下，蔣廷錫根本沒必要改動。且這一改動波及全書，在《集成》已基本印成的情況下，再改實在是很繁難的。在今本《古今圖書集成》中，「典」字根本就無改動的痕迹，所以改「志」爲「典」應當在陳夢雷手中就已確立，而非蔣廷錫所爲。

〔註25〕 辛德勇，《書林剩話》，《書品》，1999年5期，第58頁。

〔註26〕 裴芹，《〈古今圖書集成〉研究》，北京：北京圖書館出版社，2001年版，第155頁。

〔註27〕 張秀民、韓琦，《中國活字印刷史》，北京：中國書籍出版社，1998年版，第85頁。

　　經過近三年時間的審核校改，蔣廷錫等人總共作了多少文字改動呢？雍正四年（1726）九月二十日御製序中有一個基本統計，「朕紹登大寶，思繼先志，特命尚書蔣廷錫等董司其事，督率在館諸臣重加編校。窮朝夕之力，閱三載之勤，凡釐定三千餘卷，增刪數十萬言。」〔註 28〕這裡的「釐定三千餘卷」之「釐定」是一個伸縮性較大的詞，全文審核並改動部分文字即可稱為「釐定」。據此似可認為全書一萬卷中有七千卷左右基本未做改動或文字改動極少，三千卷左右文字改動稍多。「增刪數十萬言」是一個相對明確的數字，是對所「釐定三千餘卷」更進一步的說明。其中「數十萬」具有一定的不確定性，若為 30 萬字，則占全書 1.6 億字的 0.19%；若為 60 萬字，則占全書的 0.38%；若為 90 萬字，則占全書的 0.56%。也就是說蔣廷錫等人所作文字增刪最多不會超過全書的 0.6%，今本《古今圖書集成》所署「經筵講官戶部尚書臣蔣廷錫等奉敕恭校」一行字，在某種程度上就是其工作內容接近實際情形的表達。

　　綜上所述，筆者得出如下結論：一、今本《古今圖書集成》基本就是陳夢雷所編原貌，其精確率可達到 99.4%以上。認為蔣廷錫對全書進行了重新編輯〔註 29〕，以為今本《集成》「絕非陳夢雷所編之原來面目」〔註 30〕的說法是不正確或不全面的。今本《古今圖書集成》中的挖補鈐蓋字現象是蔣廷錫等人所為，其文字改動量不足以改變原書的基本面貌。二、今本《古今圖書集成》是陳夢雷所主持印刷者與蔣廷錫所主持印刷者的復合體。在全書一萬卷中，陳夢雷所印者占 96%以上，蔣廷錫所印者不足 4%。以為《集成》「雍正三年完成初稿」和開始刷印於「雍正三年」、「四年」、「六年」都是不正確的。三、雍正皇帝對於保全《古今圖書集成》是有一定貢獻的。他對歷史評述的顧忌客觀上給了《古今圖書集成》一條生路。陳夢雷的名字雖然被從書中刪除了，但他傾注二十多年心血編成的巨著基本原樣保存了下來，這不能不歸功於雍正的明智決策。若聽由蔣廷錫改印十分之四，那才真正是千古遺憾。

〔註 28〕 裴芹，《〈古今圖書集成〉研究》，北京：北京圖書館出版社，2001 年版，第
　　　　　164 頁（《古今圖書集成・序》注譯）。
〔註 29〕 潘吉星，《中國金屬活字印刷技術史》，瀋陽：遼寧科學技術出版社，2001 年
　　　　　版，第 94 頁。
〔註 30〕 李致忠，《歷代刻書考述》，成都：巴蜀書社，1990 年版，第 302 頁。

二、關於《古今圖書集成》的刷印部數

《古今圖書集成》當時共印刷了多少部？說法不一。或以為 60 部，或以為 66 部，或以為 64 部，外國學者又有稱 30 部或 100 部者〔註31〕。張秀民、潘吉星二先生在各自的著述中均稱印了 66 部〔註32〕；錢存訓先生則認為是 64 部〔註33〕；近年出版之《活字本》則稱「印成 64 部，另樣書 1 部。」〔註34〕經考索，相關說法的原始依據有以下數條：

1. 雍正元年（1723）正月二十七年蔣廷錫奏報，康熙五十九（1720）年諭旨「刷印六十部，今查得六十部之外，尚多印六部，亦當歸入官書之內。」〔註35〕說明 60 部是康熙諭旨所印數目，66 部是陳夢雷實際所印數目。

2. 雍正三年（1725）十二月蔣氏在全書告竣請賞折中稱：「今雍正三年（1725）十二月纂校已竣，除進呈本已裝潢外，尚有六十三部現在折配，俟完日交與武英殿收管。」〔註36〕這裡所說連同進呈本在內的實際印數為 64 部，較前說相差 2 部。

3. 乾隆四十一年（1776）四月十八日，總管內務府事務大臣多羅質郡王永瑢等在《清查武英殿修書處餘書請監造司庫等官員議處》折中稱：「又有不全《古今圖書集成》一部，內每典缺欠不一，共少六百八十一本。查此一書於雍正六年（1728）刷印六十四部之後，並未重印。今已將各處陳設並頒賞現存《古今圖書集成》數目按冊逐一詳查，與原刷印六十四部之數相符。是此一部或係當時初刷樣本，歷年久遠，遂至散佚不全。」〔註37〕比蔣廷錫所奏 64 部，又多出一部樣本。

〔註31〕張秀民，《清代的銅活字》，《張秀民印刷史論文集》，北京：印刷工業出版社，1988 年版，第 251 頁。

〔註32〕潘吉星，《中國金屬活字印刷技術史》，瀋陽：遼寧科學技術出版社，2001 年版，第 94 頁。

〔註33〕錢存訓，《中國紙和印刷文化史》，桂林：廣西師範大學出版社，2004 年版，第 200 頁。

〔註34〕徐憶農，《活字本》，南京：江蘇古籍出版社，2002 年版，第 140 頁。

〔註35〕轉引自楊玉良，《〈古今圖書集成〉考證拾零》，《故宮博物院院刊》，1985 年 1 期，第 34 頁。

〔註36〕轉引自楊玉良，《〈古今圖書集成〉考證拾零》，《故宮博物院院刊》，1985 年 1 期，第 34 頁。

〔註37〕故宮博物院文獻館，《史料旬刊》，民國十九年（1930）鉛印本，第 14 期，末 2 頁。

　　故宮博物院楊玉良先生在對上述材料分析後認爲：「蔣氏初次到館調查不細，奏報有誤，因而有『六十六部』之數。如其中包括樣書一部，則只多報一部。蔣氏的第二次奏報『六十四部』應是準確的，與乾隆年覆查結果只差一部樣書。因此，可以斷定《集成》正式刷印六十四部是可信的。」〔註38〕對於楊先生的結論，筆者不持異議，最終刷成 64 部之數，既有蔣氏奏明於前，又有永瑢核查於後，應當是確鑿無疑的。對於楊先生的材料分析，筆者則不敢苟同。筆者以爲，在相關史料出現差異或矛盾時，輕易斷言古人出錯恐欠妥當。要知道每一部《古今圖書集成》有 40 多萬頁，在清點部數這個簡單環節上，學前孩童都可完成，蔣廷錫是不可能出錯的，陳夢雷所印者爲 66 部應屬可信。相關數字上的差異可能正是《古今圖書集成》成書過程和蔣廷錫工作步驟的真實反映。

　　前文已述，今本《古今圖書集成》實際上是陳夢雷所印者與蔣廷錫所印者的復合體，係二部分拼接而成。蔣廷錫到館時，陳夢雷所印共 9621 卷，未印者只餘 379 卷。蔣廷錫的工作程序應當是先對全書內容進行審核，然後是對陳夢雷所印部分進行文字校改和對未印部分進行文字增刪，最後才是補印工作。因此陳夢雷所印 66 部中，應當有一部已成爲蔣廷錫的工作底本。在底本上進行文字校改後，其餘 65 部再照此挖補，用銅活字鈐蓋改定。由於雍正明確指示不必改印，因此這項工作應當是十分仔細小心的。從蔣氏最後成書 64 部來看，可知陳夢雷所印部分經校改後只有 64 部尚足 9621 卷之數，故蔣廷錫補印餘下 379 卷時，也只需印足 64 部即可。餘下一部顯然缺失頗多，無法成書，只有裝訂存檔，否則蔣廷錫斷沒有不續成完帙之理。

　　至於這餘下一部《古今圖書集成》不全的原因，筆者以爲原因可能有兩個。第一、陳夢雷的刷印工作是突然中斷的，不可能剛剛好印完 66 部 9621 卷，即被流放。因此其最後一部《集成》可能先天上就不足 9621 卷之數。第二、蔣廷錫等人從事校改時，偶有損壞印樣者，可能會從這不全的一部中進行抽換，由於原版早已拆版，所以一旦抽換，便再也無法補全。永瑢折中所稱「每典缺欠不一」的情況，可能正是這樣造成的。據稱共少 681 本，則所缺內容約占全書的 14%左右。

　　永瑢所稱「初刷樣本」，筆者以爲是不存在的。理由是以銅活字排印《古今

〔註38〕楊玉良，《〈古今圖書集成〉考證拾零》，《故宮博物院院刊》，1985 年 1 期，第 34 頁。

圖書集成》，其情形與傳統雕版印刷者迥異。傳統的雕版印刷，在全書刻竣後，往往會試刷一部全書樣本，以事校改之用。《古今圖書集成》全書 1.6 億字，決無全書排竣後再從事刷印的可能。其工作步驟一定是將全書分爲若干段，分卷分部排版印刷。每排定一部分，則一次性印完所需複本數。然後拆版，歸類，重新排版下一部分。如此滾動下去，方能印完全書。一旦拆版，想多印一頁都不可能。其工作程序就決定了不需要一個覆蓋全書內容的「初刷樣本」存在。加上該書的刷印過程曾經中斷過，後期主持者對前期所印部分進行了詳細的審核校改，還存在一個足本「初刷樣本」的可能性就更小了。蔣廷錫在工作後期明言刷印了 64 部，至永瑢清查時 64 部之數一一相符，就不應該有另外一個足本存在。永瑢所見之不全本，只能是陳夢雷初期所印，復爲蔣廷錫校改抽換成書後所剩餘者。且《古今圖書集成》何等重要!兩代皇帝親自過問，屢發諭旨，成書過程還牽扯著一椿重大的政治事件，所成書內府必定妥善保管。至乾隆四十一年（1776）清查時，不過區區 50 年左右，其間國泰民安，社會安定，整套書散失的概率極小。況其他 64 部俱不缺不失，爲有獨此所謂「樣本」缺失 681 本之理？若眞有所謂「樣本」存在，「樣本」的價值顯然高於其他諸本，應該更加謹愼保管才是。據此，筆者認爲至乾隆年間清查時，《古今圖書集成》並未有任何缺失，永瑢所謂「歷年久遠遂至散佚不全」之論，極有可能是想當然之言。

第二節　清內府其他銅活字印本概述

　　清中央機構用銅活字印刷的書籍，除《古今圖書集成》外，根據文獻記載和實物調查，尚有下述數種。由於乾隆初年內府銅活字即遭毀鑄錢，故這些書籍都集中在康熙後期和雍正朝。

1. **律呂正義四卷**　清允祿等撰　清康熙內府銅活字印本

　按：允祿，清聖祖玄燁第十六子，因太宗第五子碩塞長子親王博果鐸無後，宗人府以允祿過繼之，襲莊親王。精數學，通樂律。乾隆時曾掌工部，管樂部。乾隆三十二年（1767）卒，諡恪。康熙帝對天文、算法、樂律等興趣濃厚，指授允祿、允祉等率儒臣於大內蒙養齋編纂《曆象考成》、《律呂正義》、《數理精蘊》三書，總名曰《律曆淵源》。在編纂過程中《律呂正義》與《曆象考成》（初名《欽若曆書》）

先成，遂於康熙末年用銅活字排版印行。雍正初，三書皆成，又於雍正二年（1724）以總書名刻印一次。是書上編爲「正律審音」，論樂律、管弦的規定；下編爲「和聲定樂」，論樂器製作要點。二編各分上下，頁碼各自起迄，故視爲四卷。全書半頁 9 行，行 20 字，白口，四周雙邊，白雙魚尾。版框高 21.4 釐米，寬 14.8 釐米。書口鐫有「律呂正義」四字。

2. 律呂正義六卷　　清允祿等撰　清康熙内府銅活字印本

按：是書在康熙年四卷本的基礎上又增續編「協均度曲」，亦分上下。記述葡萄牙人徐日升和義大利人德禮格所傳五線譜及音階唱名等。康熙末年用銅活字重新排印。全書半頁 9 行，行 20 字，四周雙邊，白口，雙魚尾。版框高 21.4 釐米，寬 14.8 釐米。

3. 律呂正義五卷　　清允祿等撰　清雍正内府銅活字印本

按：是書内容與康熙年六卷本同，因續編篇幅較少，不再分上下，故爲五卷本。全書半頁 9 行，行 20 字，四周雙邊，白單魚尾。版框高 21.4 釐米，寬 14.8 釐米，書口上方鐫「律呂正義」四字。

4. 御製欽若曆書上編十六卷下編十卷表十六卷　　清康熙内府銅活字印本

按：是書編纂緣起同上。此爲最初的書名，雍正時，與《律呂正義》、《數理精蘊》合刊爲《律曆淵源》時，更此書名爲《曆象考成》。全書半頁 9 行，行 20 字。四周雙邊，白口，單魚尾。版分兩截，上圖下文。版框高 21.2 釐米，寬 14.7 釐米。

5. 御製數理精蘊五十二卷　　清允祉、允祿、梅瑴成等撰　清康熙年内府銅活字印本

按：是書是清代内府除了《古今圖書集成》以外最大的一部銅活字印本。該書的實際主編是梅瑴成，瑴成字玉汝，號循齋，又號柳下居士，安徽宣城人，是著名天文、數學家梅文鼎之孫。是書自康熙二十九年（1690）開始纂輯，至康熙六十年（1721）成書，前後編了 31 年。全書五十三卷分上下兩篇。上篇五卷專講數理，曰：立綱明體；下篇四十卷，分條致用，爲實用數學，並介紹西方數學知識；附表四種八卷。是我國早期的一部數學百科全書。全書半頁 9 行，行 20 字。

四周雙邊，白口，單魚尾，魚尾上記書名，下標卷數、頁次和卷名，無序跋。版框高 21.3 釐米，寬 14.7 釐米。

由於該書正文插圖墨印，句讀朱色，在同一版面出現不同的顏色，近年有專家經考證認爲，清代康熙朝內府銅活字印本《御製數理精蘊》爲銅活字套印本〔註 39〕。如果此結論成立，則此書就是目前所知存世的唯一的一部銅活字套印本。故宮博物院翁連溪研究員認爲書中朱圈不是套印，而是手工鈐印。因爲「要想確定是否爲銅活字套印，就要用同時印刷的兩部書逐頁相較，如果兩部書同一頁碼內，朱圈距離版框上下左右距離相等應爲套印，如果爲手工鈐印的朱圈，每部書每頁與另部書每頁朱圈距離很難相等。……故宮博物院藏此書三部，視其裝潢、紙張、墨色、版框尺寸等，應同爲康熙內府銅活字本。取兩書相同頁內朱圈距離相較，相差很大。……所以是書應爲手工鈐印。」〔註 40〕兩說相較，翁說考察細微，確鑿可信。所以《御製數理精蘊》應當不是銅活字套印書。在中國印刷史上及存世古籍中，有無銅活字套印本，還有待考查發現。

6. **御定星曆考原六卷**　*清李光地等撰　清康熙五十二年（1713）內府銅活字印本*

按：李光地，字晉卿，號厚庵，福建安溪人。康熙九年（1670）進士，累官至文淵閣大學士。長於理學、經術。康熙五十七年（1718）卒。著有《周易通論》、《榕村全集》等書。康熙五十二年（1713），聖祖玄燁以舊有之《選擇通書》及《萬年書》二者未能劃一，時相矛盾，乃並取曹振圭《曆事明原》，敕李光地等重爲考定。全書計分爲「象術本要」、「年神方位」、「月事吉神」、「月事凶神」、「日時總類」、「用事宜忌」六卷，其言吉、凶、宜、忌，相生相剋之說均有依據，對研究中國古代術數、星象之學具有參考價值。版式爲半頁 9 行，行19 字，擡頭行 20 字，四周雙邊，白口、白單魚尾。版框高 21.3 釐米，寬 14.7 釐米。

〔註 39〕 范景中，《銅活字套印本〈御製數理精蘊〉》，《故宮博物院刊》，1992 年 2 期，第 88～91 頁。

〔註 40〕 翁連溪，《清代內府刻書圖錄》，北京：北京出版社，2004 年版，附一，第 45 頁。

7. **妙圓正修智覺永明壽禪師心賦注四卷**　宋釋延壽撰　明趙古蟾注　世

宗胤禎選注　清雍正內府銅活字印本

按：是書所收爲宋代延壽禪師爲弘揚佛法所撰詩文，以及以賦體所撰用
　　來闡明禪理的韻文——心賦。書中有關佛教典故由明趙古蟾注明出
　　處，雍正帝稱讚此書禪理精透，特選錄作注。此書在民國陶湘所編
　　《故宮所藏殿本書目》、《清代殿本書目》中著錄爲刻本，臺灣故宮
　　著錄爲朱墨套印本。經故宮博物院翁連溪研究員考證，此書實爲內
　　府銅活字印本，「書內有朱圈大小兩種句讀，爲細金屬空心棒鈐印。」
　　〔註41〕全書半頁 9 行，行 20 字，小字雙行同，無行格，四周雙邊，
　　版心白口，單魚尾，魚尾上記書名，下標卷數，頁次。版框高 21.3
　　釐米，寬 15.2 釐米。

8. **御製寶筏精華二卷**　清世宗胤禎選　清雍正內府銅活字印本

按：是書爲清世宗爲學佛眾生認識佛理得以入境而選錄的佛偈語及有關
　　詞句。卷首有雍正十一年（1733）御製序。是書《清代內府刻書目
　　錄解題》、《臺灣故宮善本書目》均著錄爲刻本。經翁先生考證，此
　　書亦爲銅活字印本，書中朱圈句讀，亦爲細金屬鈐印。全書半頁 9
　　行，行 19 字，無行格，四周雙邊，白口，單魚尾，魚尾上記書名，
　　下標頁次。版框高 20.4 釐米，寬 14.5 釐米。

9. **金屑一撮不分卷**　清雍正內府銅活字印本

按：是書所收爲闡述佛理的詩句或韻文。《北京圖書館善本書目》、《清代
　　內府刻書目錄解題》著錄此書爲刻書。《清代殿本書》著錄爲十二卷，
　　雍正十一年（1733）刊本，均誤。經考訂亦爲清內府銅活字印本。
　　全書版式同《御製寶筏精華》。

　　以上所列是目前所知清內府所印全部銅活字印本。連同《古今圖書集成》
共計 10 種。由於清康、雍兩朝有關銅活字印書的各類檔案未曾發現，內府銅
活字到底印過多少種書，仍無具體數字。隨著各大圖書館和古籍研究者在實
物考證上的進一步深入，這個數字或許還能再有所增加。

〔註41〕翁連溪，《清代內府刻書圖錄》，北京：北京出版社，2004 年版，附一，第 43
　　　　頁。

第三節　關於清內府銅活字的其他相關問題

一、活字的製作

清內府所印銅活字的具體品種已備述於前，排印這些書籍的銅活字是如何製作出來的。學者們有刻、鑄兩種說法。

鑄字說的主要依據有：

1. 清代吳長元在《宸垣識略》中云：「武英殿活字版向係銅鑄，爲印《古今圖書集成》而設。」〔註42〕

2. 清代龔顯在《亦園脞牘》中云：「康熙中武英殿活字版範銅爲之。」〔註43〕

刻字說的主要依據有：

1. 清高宗在《題武英殿聚珍版十韻》中自注云：「康熙年間編纂《古今圖書集成》，刻銅活字爲版……」〔註44〕

2. 《大清會典事例》記載，武英殿修書處有銅活字庫，「刻銅字人」的工資每人每字工銀二分五釐，比刻木活字的工資幾乎貴幾十倍〔註45〕。銅質比木質堅硬，工價自然倍增。

張秀民先生和盧秀菊先生在各自的著述中均主張內府銅活字是刻成的，而非鑄成的〔註46〕。李致忠先生則認同吳氏說，認爲是鑄成的〔註47〕，著名學者潘吉星先生在近年出版的《中國金屬活字印刷技術史》一書中力主鑄造說，認爲：「就清代而言，鑄字技術已在中國有 400 年以上持續不斷的發展史，已趨於更加完美與成熟，怎麼能想像會突然發生技術大倒退，不用鑄造，反而以手逐個刻成？！這是違反技術發展規律的。」〔註48〕「即令乾

〔註42〕吳長元，《宸垣識略》，北京：北京古籍出版社，1981 年版，第 55 頁。

〔註43〕龔顯，《亦園脞牘》，清光緒四年（1878）誦芬堂木活字本，卷 1，第 14 頁。

〔註44〕慶桂等，《國朝宮史續編》，《續修四庫全書》，上海：上海古籍出版社，1995 年影印本，第 825 冊，第 793 頁。

〔註45〕崑岡等，《欽定大清會典事例》，清光緒二十五年（1899）石印本，卷 1199，第 1 頁上。

〔註46〕張秀民，《清代的銅活字》，《張秀民印刷史論文集》，北京：印刷工業出版社，1988 年版，第 252 頁。盧秀菊，《清代盛世之皇室印刷事業》，《中國圖書文史論集》，北京：現代出版社，1992 年版，第 33～74 頁。

〔註47〕李致忠，《歷代刻書考述》，成都：巴蜀書社，1990 年版，第 303 頁。

〔註48〕潘吉星，《中國金屬活字印刷技術史》，瀋陽：遼寧科學技術出版社，2001 版，第 93 頁。

隆皇帝說『刻銅活字爲活版』，也改變不了鑄活字爲活版的歷史事實。在歷
史上，只有木活字是逐個手刻的，木質材料易於下刀並製成同一規格。將幾
十萬銅活字逐個手刻，既難操作，又費時間，從技術經濟角度觀之，是行不
通的。」〔註49〕

　　筆者以爲潘先生所論值得商榷。首先從歷史記載來看，主張「鑄字說」
的都是一些私人記載，這些作者距離宮廷生活較遠，不大容易看到銅活字印
本，更不可能見到銅活字，所述可能都是以常情度之。相比較之下，乾隆的
說法和官方記載顯然可信度更高。其次，從皇家處事的習慣來看，經濟因素
往往是次要的。雅致、美觀，能夠體現皇家氣派，才是決策者首先考慮的方
面。如果鑄字技術不能達到盡善盡美的程度，只要切實可行，清廷完全可能
不惜人力物力逐個刻銅爲字。第三，從銅刻技術的傳播來看，康熙時，歐洲
銅版鐫刻印刷技術已傳入宮廷，銅版刷印的《御製避暑山莊三十六景圖》、《皇
輿全覽圖》得到康熙帝的稱讚。康熙受西方技術影響，刻銅爲活字的可能性
完全存在。法國學者儒蓮即認爲「康熙由於接受了歐洲傳教士的建議，命刻
銅字。」〔註50〕第四，從清內府銅活字印本的實物分析來看，刀刻的字筆鋒
尖銳、字體規整、立體感強；鑄造的字需打磨修整，字劃筆鋒遲鈍，立體感
差。將內府所印銅活字本與韓國銅活字印本相較（韓國活字爲鑄造），內府印
本明顯具備前一種特徵。第五，從鑄造技術的特點來看，如銅活字爲鑄造，
同一母字所出的字必定相同。故宮博物院翁連溪先生曾在《古今圖書集成》
中找出筆劃簡單字體相同的 30 個「氏字」，經用放大鏡觀察對比，每個字各
成特點，無一字相同。如係鑄造，最少應有幾個相同之字。英國目錄學家波
拉特亦指出，《古今圖書集成》書中同一字有著顯著的區別〔註51〕。綜合這些
因素，應該認爲清內府銅活字是手工鐫刻，而不是鑄造。

　　潘吉星先生爲加強自己的觀點，徵引了朝鮮學者李圭景的一段記載，這
段論述亦有點問題。文曰：「康熙末、雍正初鑄造的這批銅活字的形制，朝鮮
國學者李圭景（字五洲，1788～1862？）作過如下描述：『中原（中國）活字

〔註49〕 潘吉星，《中國金屬活字印刷技術史》，瀋陽：遼寧科學技術出版社，2001 版，
　　　　 第 95～96 頁。
〔註50〕 張秀民，《清代的銅活字》，《張秀民印刷史論文集》，北京：印刷工業出版社，
　　　　 1988 年版，第 252 頁。
〔註51〕 張秀民，《清代的銅活字》，《張秀民印刷史論文集》，北京：印刷工業出版社，
　　　　 1988 年版，第 252 頁。

以武英殿聚珍字爲最，字背不凹而平，鑽孔貫中，故字行間架如出一線，少不橫斜矣。我國字式，則或大或小，又凹字鏃，不鑽不貫，故字行齟齬，開帙自無爾雅之態。』當時出訪中國的朝鮮使團成員與中國官員對話中得知這一情況，李圭景聽到後便記錄下來。」「李朝學者李圭景客觀承認朝鮮官刊銅活字本不及清初殿版銅活字本精良。他所說『武英殿聚珍字』，指排印《古今圖書集成》時所用的銅活字，不是乾隆年排印《武英殿聚珍版叢書》時所用的木活字。」〔註52〕筆者以爲，李圭景生活的年代約在清朝嘉、道間，當時的中國官員根本就沒見過銅活字，內府銅活字在乾隆初年就已毀掉，以此立論，殊難服人。從李圭景對活字的稱謂來看，他所記載的應該就是武英殿木活字，要知道「聚珍」二字是乾隆嫌木活字名不雅馴，特地爲木活字所取的名字。康熙末年銅活字根本就無「聚珍」之名。將乾隆間木活字強指爲康熙末年銅活字，恐有張冠李戴之嫌。關於內府銅活字是如何製造的，李圭景這段話根本就提供不了什麼幫助。

二、銅活字的數量

　　清內府銅活字的數目，學者間亦有不同的意見。清包世臣認爲是百數十萬個〔註53〕；法國漢學家儒連認爲是 25 萬個；麥高文以爲是 23 萬個〔註54〕。潘吉星先生不同意儒連的說法，認爲：「法國漢學家儒連認爲印這部書（指《古今圖書集成》）需活字 25 萬個，這是按乾隆時刊《武英殿聚珍版叢書》用 25.3 萬個木活字而估計的。但這套叢書不足 2400 卷，而《古今圖書集成》達萬卷，因而所需銅活字爲 100～200 萬個，即包世臣所說百數十萬個。」〔註55〕筆者以爲，對內府銅活字數量的估算，要從漢語的規律和漢文書籍實際情形出發，不能主觀臆斷。金簡在乾隆年間主張製作木活字時，曾就排印漢文書籍需要多少活字給乾隆皇帝算過一筆帳，「臣謹按御定《佩文（韻府）》詩韻詳加選擇，除生僻字不常見與經傳者不收集外，計應刊刻者約六千數百餘字。此內

〔註52〕潘吉星，《中國金屬活字印刷技術史》，瀋陽：遼寧科學技術出版社，2001 版，第 96～97 頁。

〔註53〕潘吉星，《中國金屬活字印刷技術史》，瀋陽：遼寧科學技術出版社，2001 版，第 93～94 頁。

〔註54〕張秀民、韓琦，《中國活字印刷史》，北京：中國書籍出版社，1998 年版，第 87 頁。

〔註55〕潘吉星，《中國金屬活字印刷技術史》，瀋陽：遼寧科學技術出版社，2001 版，第 95 頁。

虛字以及常用之熟字，每一字加至十或百字不等，約共需十萬餘字，又預備小注應刊之字，亦照大字每一字加至十字或百字不等，約需五萬餘字，大小合計不過十五萬餘字。」〔註56〕顯然在金簡看來，排印一般書籍 15 萬個活字就夠用了。實際操作中，乾隆又下令增刻了 10 萬個，共計 25 萬餘個。這 25 萬餘個活字共排印了《武英殿聚珍版叢書》中的 134 種，嘉慶年間還陸續排印過一些書籍。雖然《古今圖書集成》的卷數是《武英殿聚珍版叢書》的 4 至 5 倍，但所需銅活字的數量並不需要同比放大。因為排印《古今圖書集成》這樣的巨著一定是將其分為若干段，滾動操動的，拆版後的活字可以反覆使用。卷帙的龐大不過是延長了排版印刷的時間，並不需要增加新的活字。依此推斷，清內府銅活字的數量在 20 餘萬左右比較合理，100 至 200 萬個恐怕離實際情形太遠了。

范景中在《銅活字套印本〈御製數理精蘊〉》一文中稱，他曾經把《數理精蘊》、《星曆考原》、《欽若曆書》、《律呂正義》等內府銅活字本逐一與《古今圖書集成》進行比較，結果發現「不僅在字體、大小、風格上與《古今圖書集成》完全相同，而且行格、字數、書口、魚尾、邊框也全然一致，均為半頁 9 行，行 20 字，四周雙欄，白口，線魚尾，連書框的高廣都如出一轍。」〔註57〕翁連溪先生也作過同樣的比較。據此，我們可以初步認為，到目前為止所發現的清內銅活字本其實都是同一副活字所排印的。張秀民認為內府的銅活字不止一副。理由是康熙五十二年（1713）陳夢雷在北京誠親王胤祉邸，借用內府銅活字印行了他的《松鶴山房詩集》九卷《松鶴山房文集》二十卷，詩文集雖為宋體字，而略近顏體，筆劃較粗，與印《古今圖書集成》的橫輕豎重的標準方體不同，可見武英殿中銅活字不止一副〔註58〕。可惜的是，張先生未注出陳夢雷借用活字印書一說的原始出處，《詩集》中亦無此記載。范景中推測張先生的出處是來自於傅增湘，傅氏在為《故宮殿本書庫現存目》所撰寫的題辭中云：「陳夢雷《松鶴山房文集》亦即此銅活字（按：指《古今圖書集成》銅活字）排印，當是在誠王邸中時所印也。」〔註59〕如果這就是

〔註56〕金簡，《武英殿聚珍版程序》，卷首，見劉托、孟白，《清殿版畫彙刊》，北京：學苑出版社，1998 年影印本，第 12 冊，第 103～104 頁。

〔註57〕范景中，《銅活字套印本〈御製數理精蘊〉》，《故宮博物院刊》，1992 年 2 期，第 88～91 頁。

〔註58〕張秀民，《清代的銅活字》，《張秀民印刷史論文集》，北京：印刷工業出版社，1988 年版，第 250 頁。

〔註59〕陶湘，《故宮殿本書庫現存目》，民國二十二年（1933）故宮博物院鉛印本，

張先生借字說的來源，那麼這個說法顯然是值得商榷的。姑不論傅氏說的錯誤，一個很明顯的事實是，迄今爲止，還沒有發現任何一部銅活字本與《松鶴山房詩集》《松鶴山房文集》用的是同一副活字。如果這副活字確爲內府所制，不可能只印一部小部頭的詩文集就棄置不用了。如果內府還用這副活字印過其他書籍，那麼內府所出者向爲藏書家所珍視，康熙末年距今並不十分久遠，完全絕迹的概率極小，歷代藏書家和版本學家也不可能全無述及。據此，筆者大膽推斷，清內府銅活字其實只有一副。陳夢雷排印《松鶴山房詩集》《松鶴山房文集》在正式印刷《古今圖書集成》之前，這很可能是陳夢雷爲用銅活字排印《古今圖書集成》所做的一個試驗，畢竟用銅活字排印上萬卷的巨著是史無前例的事。此前的銅活字只在民間出現，從未進入宮廷，任何一個主事者都不可能不愼重考慮。用自己的詩集做試驗對象，正反映了陳夢雷的小心之處。《詩集》《文集》的文字量不大，因此所需活字也不需要太多，正是一個理想的試驗對象。這同時也是《詩集》《文集》的活字較粗糙，排版欠規整，遠不如《古今圖書集成》的活字雅致精湛的原因。在正規的內府銅活字出來後，這套試驗品也就完成使命了。

三、清內府銅活字本的鑒別

　　清內府銅活字所印書籍印數既少，當時即已爲珍本。其主要作爲皇家賞賜和各宮殿陳設之用，歷代藏書家都對內府銅活字本視若拱璧。在圖書館古籍鑒定和收藏界中，一般活字本與刻本的鑒別並不困難。因爲活字本究係一個個獨立的活字排列而成，字與字的筆劃之間絕無交叉；排版時常易出現字行不齊、行距不均的狀況；印刷時因字面不平整常出現墨色深淺不一的狀況等。這些都明顯區別於雕版印刷。但像清內府銅活字這樣的製作精良、印刷技術高超的活字本，則與雕版刻本很難分辨，即今行家亦常出錯。《故宮所藏殿本書目》、《清代殿本書目》、《清代內府刻書目錄解題》、《臺灣故宮善本書目》等都有誤將清內府銅活字本著錄爲刻本的例子。（詳見第二節第 7、8、9條）錢存訓先生認爲「銅活字的書法風格一般與同時期的雕版印本並無區別，因此某書被鑒定爲活字本，或爲雕版印本難以確定。至於某書之爲銅活字本抑或爲木活字本，其鑒別更爲困難，有時這種區辨幾乎不可能。」〔註60〕經

　　書首題辭。
〔註60〕錢存訓，《中國紙和印刷文化史》，桂林：廣西師範大學出版社，2000 年版，第 203 頁。

對清內府銅活字印刷實物和相關專家的記述進行研究，筆者總結出以下幾條，或對鑒別清內府銅活字印本有所幫助。

1. 清內府銅活字係刀刻而成，故每一活字的筆劃鋒芒畢露，棱角分明，明顯區別與鑄造活字的圓潤鈍魯。同一書頁某字重複出現時，也有書法筆意上的不同，絕無完全相同之字。

2. 在金屬與紙張接觸較大的版框上，若以放大鏡觀之，能看到金屬紋理的特點。絕無一般雕版常見的斷框或斷字現象。

3. 由於金屬對水墨的吸附力較差，水墨易聚與金屬的邊緣，對於銅活字印本，若仔細審之，常見每一字畫之墨色外比內重。

4. 刀刻的金屬活字較木板鐫刻立體感強，若從紙背觀之，嵌入紙中的痕迹較木板版刻深。

四、清內府銅活字的命運

康熙末年的這批銅活字，在排印了上述書籍之後，貯存在武英殿銅字庫，並設有官員專門管理。他們監守自盜，恐事發被罰，乃乘乾隆初年京師錢貴之際，建議毀銅鑄錢。乾隆九年（1744），將銅字庫殘存的銅字、銅盤銷毀，改鑄銅錢，這一批珍貴的銅活字就此消失了〔註61〕。乾隆皇帝後來對此十分後悔，曾在《武英殿聚珍版十韻》中感慨再三。這實在是中國印刷史上的一件憾事。

〔註61〕慶桂等，《國朝宮史續編》，《續修四庫全書》，上海：上海古籍出版社，1995年影印本，第 825 冊，第 793 頁。

第六章　清代中央機構之木活字印書研究

　　自活字印刷術發明以來，歷朝歷代都有賢能之士從事著這項事業，並促使這項技術不斷發展完善。但相對於傳統的雕版印刷來說，活字印刷一直都處於次要地位，雕版印刷始終佔據著主流。在清代中央機構中，自乾隆初年錯誤地毀銅活字鑄錢後，武英殿刻書事業就一直是傳統的雕版印刷。這種狀況一直持續到乾隆朝中後期。隨著《四庫全書》的編纂，一次大規模的木活字印書活動出現了，這就是著名的《武英殿聚珍版叢書》的排印。其排印的總卷數雖較康、雍間銅活字排印《古今圖書集成》遠為遜色，但其影響與傳播則有過之而無不及。

第一節　《武英殿聚珍版叢書》排印源流

　　《武英殿聚珍版叢書》是伴隨著《四庫全書》的編纂而產生的。乾隆三十八年（1773）二月，清高宗弘曆命儒臣校輯《永樂大典》，指令將其中「實在流傳已少，其書足資啓牖後學、廣益多聞者，即將書名摘出，撮取著書大旨，敘列目錄進呈，俟朕裁定，彙付剞劂。」〔註1〕《四庫全書》正式開館後，總裁大臣即根據乾隆的旨意，具體提出將《永樂大典》中輯出各書「分別應刊、應抄、應刪三項，其應刊、應抄各書，均於勘定後即趕繕正本進呈，將

〔註 1〕　永瑢等，《四庫全書總目》，北京：中華書局，1965 年版，1983 年第 3 次印刷，卷首。

應刊者即行次第刊刻。」〔註2〕並請派武英殿員外郎劉惇、永善辦理有關「絹板、紙片、界畫、裝潢」以及監刻書籍各項事宜，以專責成。由於應刊書籍大都是從《永樂大典》中輯出的罕見珍本，事關乾隆「嘉惠藝林」、「啓牖後學」的文化政策，因此很快得到批准，並且加派總管內務府大臣金簡一同經營「所有武英殿承辦紙絹、裝潢、飯食及監刻各事宜。」〔註3〕從此，這些珍本書籍的刊印工作便作爲《四庫全書》纂修工作的一部分，逐漸在武英殿開展起來。

乾隆三十八年（1773）四月，首批《永樂大典》輯本雕板刷印告竣，計有《易緯》八種十二卷、《漢官舊儀》二卷《補遺》一卷、《魏鄭公諫續錄》二卷、《帝範》四卷等四部書。這四種書的版式均爲半頁 10 行，行 21 字。按通常情形，武英殿的刻書工作本來會照此下去。但隨著《四庫全書》纂修工作的大規模展開，應刊書籍的範圍、數量不斷擴大，不僅《永樂大典》中輯出的珍本需要刊刻，各地所進呈遺書中的秘笈也要雕印，傳統的板刻印刷顯得難以承受。針對此情形，總管內務府大臣金簡經再三考慮，提出製作棗木活字，擺板刷印書籍的建議。他在該年十月二十八日的奏摺中稱：「（臣）奉命管理《四庫全書》一應刊刻、刷印、裝潢等事，臣惟有敬謹遵循，詳愼辦理。今聞中外彙集遺書已及萬種。現奉旨擇其應行刊刻者，皆令鐫板通行，此誠皇上格外天恩，嘉惠藝林之至意也。但將來發刊，不惟所用版片浩繁，且逐部刊刻，亦需時日。臣詳細思惟，莫若刻做棗木活字套板一分，刷印各種書籍，比較刊板，工料省簡懸殊。臣謹按御定《佩文（韻府）》詩韻詳加選擇，除生僻字不常見於經傳者不收集外，計應刊刻者約六千數百餘字。此內虛字以及常用之熟字，每一字加至十字或百字不等，約共需十萬餘字。又預備小注應刊之字，亦照大字每一字加至十字或百字不等，約需五萬餘字。大小合計，不過十五萬餘字。遇有發刻一切書籍，只需將槽板照底本一擺，即可刷印成卷。倘其間尚有不敷應用之字，預備木子二千個，隨時可以刊補。其書頁行款、大小式樣，照依常行書籍尺寸，刊作木槽板二十塊，臨時按底本將木字檢校明確，擺置木槽板內，先刷印一張，交與校刊翰林處詳審無誤，然後刷印。」爲進一步說明此活字排印法的可行與省便，金簡還在奏摺中給乾隆皇帝算了一筆經濟賬，他說：「臣詳加核算，每百字工料需銀八錢，十五

〔註2〕 王重民，《辦理四庫全書檔案》，民國二十三年（1934）國立北平圖書館鉛印本，上冊，第 9 頁（乾隆三十八年三月十一日辦理四庫全書處奏摺）。

〔註3〕 王重民，《辦理四庫全書檔案》，民國二十三年（1934）國立北平圖書館鉛印本，上冊，第 11 頁（乾隆三十八年三月十一日諭）。

萬餘字約需銀一千二百餘兩。此外，成做木槽版、備添空木子以及盛貯木字箱格等項，再用銀一二百兩，已敷置辦。是此項需銀通計不過一千四百餘兩。臣因以武英殿現存書籍核校，即如《史記》一部，計版二千六百七十五塊，按梨木小版例價銀每塊一錢，共該銀二百六十七兩五錢；計寫刻字一百一十八萬九千零，每寫刻百字工價銀一錢，共用銀一千一百八十餘兩。是此書僅一部，已費工料銀一千四百五十餘兩。今刻棗木活字、套板一分，通計亦不過用銀一千四百餘兩，而各種書籍皆可資用。即或刷印經久，字畫模糊，又須另刻一分，所用工價亦不過此數。或尙有堪以揀存備用者，於刻工更可稍爲節省。如此則事不繁而功力省，似屬一勞久便。」〔註4〕乾隆覽奏後，對金簡的建議深表讚賞，批覆道：「甚好，照此辦理。欽此。」不久又下令增刻棗木字十萬個，以備應用。於是武英殿的活字製作工作在金簡的主持下正式開展起來。

　　乾隆三十九年（1774）五月十二日，所有木活字及其附帶應用各物的刊刻製作全部完成。金簡再次具折彙報：「前經臣奏請將《四庫全書》內應刊各書，改爲活板，擺刷通行，擬刻大小木字十五萬個，每百字約計工料銀八錢，並做成槽板及盛貯木字箱格等項，約需銀一千四百餘兩。荷蒙允准。嗣又仰遵訓示，添備十萬餘字，約需銀八百餘兩。通共請領過銀二千二百兩在案。臣督同原任翰林祥慶、筆帖式福昌敬謹辦理。今已刊刻完竣。細加查核，成做棗木子每百個銀二錢二分，刻工每百個銀四錢五分，寫宋字每百個銀二分，共合銀六錢九分。計刻得大小木字二十五萬三千五百個，實用銀一千七百四十九兩一錢五分。備用棗木子一萬個，計銀二十二兩。擺字楠木槽板八十塊，各長九寸五分，寬七寸五分，厚一寸五分，每塊各隨長短夾條一分，工料銀一兩二錢，計銀九十六兩。每塊四角包釘銅片工料銀一錢五分，計銀十二兩。板箱十五個，每個工料銀一兩二錢，計銀十八兩。檢字歸類用松木盤八十個，長一尺八寸，中安格條，每個工料銀三錢五分，計銀二十八兩。套版格子二十四塊，各長一尺，寬八寸，厚一寸，每個工料銀三錢，計銀七兩二錢。成做收貯木子大櫃十二座，各高七尺二寸，寬五尺一寸，進深二尺二寸，每座各安抽屜二百個，實用工料銀三十兩，計銀三百六十兩。抽屜二千四百個，成釘銅眼錢曲須圈子二千四百副，每副銀一分五釐，計銀三十六兩。木板凳十二條，各長五尺，寬一尺，高一尺五寸，每條工料銀九錢五分，計銀十一

〔註 4〕金簡，《武英殿聚珍版程序》，卷首，見劉托、孟白，《清殿版畫彙刊》，北京：學苑出版社，1998 年影印本，第 12 冊，第 103～104 頁。

兩四錢。通共實用銀二千三百三十九兩七錢五分。」金簡以「此項木子器具成造工價事屬初創，並無成例可援，所有請領價值，俱係實用實銷。」因而特別提請「將此次奏准工料價值作為定例，造具清冊，咨送武英殿存案。此後如有刷多模糊及槽版等項應行增添更換之處，即遵照辦理。」〔註5〕

金簡身體力行，親自監督完成了所有木活字及附帶工具的刊刻製造工作，這為《四庫全書》珍本秘笈的陸續刊行，提供了十分重要的條件。乾隆對金簡的工作十分賞識，專門為武英殿聚珍版題御製詩一首，在序中自述其事說：「校輯《永樂大典》內之散簡零編，並搜訪天下遺書不下萬餘種，彙為《四庫全書》。擇人所罕覯，有裨世道人心及足資考鏡者，剞劂流傳，嘉惠來學。第種類多則付雕非易，董武英殿事金簡以活字法為請，既不濫費棗梨，又不久淹歲月，用力省而成功速，至簡且捷。考昔沈括《筆談》，記宋慶曆中有畢昇為活版，以膠泥燒成。而陸深《金臺紀聞》則云：毘陵人，初用鉛字，視版印尤巧便。斯皆活版之權輿。顧埏泥體粗，鎔鉛質軟，俱不及鋟木之工致。茲刻單字計二十五萬餘，雖數百十種之書，悉可取給。而校讎之精，今更有勝於古所云者。第活字版之名不雅馴，因以聚珍名之而繫以詩。」〔註6〕「武英殿聚珍版」從此得名，在中國版本史上成為一個特定的名稱。此後凡使用活字排印的書籍，也往往以「聚珍」名之。

乾隆三十九年（1774）五月，各項準備工作基本就緒，聚珍版各書的排印工作便正式開始。在其後二十多年的時間裏，武英殿陸續排印的經、史、子、集珍本秘笈達 134 種。這些書的底本均出自《四庫全書》，而《四庫》底本主要來源於三個方面：一、《永樂大典》輯出者；二、各省採進與私人進呈本；三、清內府藏本。茲將《武英殿聚珍版叢書》底本情況列表如下：

類　別	永樂大典本	採進本、進呈本	清 代 本	合　　計
經	20 種	10 種	1 種	31 種共 399 卷
史	9 種	13 種	5 種	27 種共 701 卷
子	24 種	9 種		33 種共 251 卷
集	30 種	9 種	4 種	43 種共 1049 卷
合計	83 種	41 種	10 種	134 種共 2400 卷

〔註5〕金簡，《武英殿聚珍版程序》，卷首，見劉托、孟白，《清殿版畫彙刊》，北京：學苑出版社，1998 年影印本，第 12 冊，第 116～120 頁。

〔註6〕慶桂等，《國朝宮史續編》，《續修四庫全書》，上海：上海古籍出版社，1995 年影印本，第 825 冊，第 793 頁。

　　如果加上原用木板雕印的四種，則總數爲 138 種 2421 卷，此爲乾隆內府印《武英殿聚珍版叢書》的總數。

　　《武英殿聚珍版叢書》所收書，其作者的朝代情況爲：漢 4 人；北魏 3 人；晉 5 人；北周 4 人；隋 1 人；唐 7 人；宋 90 人；金 1 人；元 8 人；明 1 人；清 10 人；共 134 人。其中宋人最多，達 90 人，而明朝人的書只一種一卷，即沈繼孫的《墨法輯要》一卷，可見四庫大臣對明人著作選擇的愼重。

　　武英殿這套木活字，在嘉慶年間還印過其他書，目前所知有 8 種〔註 7〕：

1. 《大事記》十二卷《通釋》三卷《解題》十二卷，宋呂祖謙撰，半頁 8 行，行 21 字。

2. 《欽定平苗紀略》五十二卷卷首四卷，清鄂輝等奉敕撰，半頁 7 行，行 20 字。

3. 《畿輔安瀾志》五十六卷，清王履泰撰，半頁 8 行，行 20 字。

4. 《續琉球國志略》五卷卷首一卷，清齊鯤、費錫章輯，半頁 7 行，行 20 字。

5. 《乾隆八旬聖典》一百二十卷卷首一卷，清阿桂等奉敕編，半頁 11 行，行 25 字。

6. 《西巡聖典》二十四卷卷首一卷，清董誥等奉敕編，半頁 8 行，行 20 字。

7. 《欽定重舉千叟宴詩》三十四卷卷首二卷，清乾隆敕編，半頁 11 行，行 25 字。

8. 《吏部則例》五十九卷，清和珅等纂，半頁 9 行，行 20 字。

　　上述諸書雖也是用武英殿木活字擺印，但無「武英殿聚珍版」6 字，行款與金簡所主持的《武英殿聚珍版叢書》有異，彼此間也不相同，故只能作單行本考慮。雖可稱之爲「聚珍版」，但已不能計在《武英殿聚珍版叢書》之列了。

第二節　金簡與《武英殿聚珍版程序》

　　在《武英殿聚珍版叢書》的排印過程中，還產生了我國活字印刷史上的一部重要科技著作，這就是金簡所著的《武英殿聚珍版程序》。該書是我國有

〔註 7〕陶湘，《書目叢刊》，瀋陽：遼寧教育出版社，2000 年版，第 101 頁。

關活字印刷的少數珍貴文獻之一，曾被 R. C. Rudolph 全文譯成英文"A Chinese printing Manual, 1776" 向西方介紹，據說還有德文、日文本〔註8〕。

金簡（？～1794），清滿洲正黃旗人，原隸內務府漢軍鑲黃旗，乾隆三十七年（1772）升至總管內務府大臣，充《四庫全書》副總裁。後歷任戶部侍郎及工部、吏部尚書，卒諡勤恪。聚珍版排印的前三年，共排印了30餘種書籍，作爲主持者的金簡對木活字的運用漸有心得，便把這次製作木活字印書的經過及作法、流程，分別條款，繪圖說明，寫成了一部詳細記錄，題名曰《武英殿聚珍版程序》。

在這部書中，金簡將聚珍版印刷的全過程分爲：成造木子、刻字、字櫃、槽版、夾條、頂木、中心木、類盤、套格、擺書、墊版、校對、刷印、歸類、逐日輪轉辦法等項，每一項均有詳盡的說明。其中成造木子、刻字、字櫃、槽版、夾條、頂木、中心木、類盤、套格九項屬製造方法和功用說明；擺書、墊版、校對、刷印、歸類屬操作程序和流程；逐日輪轉方法則是一套綜合管理與調劑的措施。全書圖文並茂，辭理曉暢。書成後，金簡奏請擺印通行。四庫館總裁永瑢等人奉命審閱之後，認爲採用聚珍版刊印書籍，「施工簡而致用博，最爲良法」，金簡將有關辦理程序「仿《墨法集要》之例，纂輯或編，紀錄頗爲詳備。此後刊書者皆得有所遵循，於秘笈流傳，殊有裨益。應照所請，即將此帙交武英殿擺印通行，仍請於《全書》及《薈要》內各行抄錄一部，用以傳示永遠。」〔註9〕於是，《武英殿聚珍版程序》便作爲《武英殿聚珍版叢書》的一種，廣泛流傳開來。

在我國活字印刷史上，最早系統敘述木活字印刷方法的文獻是元王禎的《造活字印書法》。元大德二年（1298），農學家王禎製造了木活字3萬多個，印成了《旌德縣志》100部。王禎把這次製作活字、排版、印刷的方式方法記錄下來，題名爲《造活字印書法》，附刊在《農書》卷二十六末中。這是一份古代印刷史上的珍貴文獻，使後人得窺木活字印刷技術之梗概。金簡的《武英殿聚珍版程序》所記載的方法和程序與王禎所述有著許多不同，這種區別主要在於以下幾點：

〔註8〕 參見張秀民、韓琦，《中國活字印刷史》，北京：中國書籍出版社，1998 年版，第 64～65 頁。

〔註9〕 金簡，《武英殿聚珍版程序》，卷首，見劉托、孟白，《清殿版畫彙刊》，北京：學苑出版社，1998 年影印本，第 12 冊，第 127 頁。

1. 在活字製作方面，王禎是先在一塊整板上雕字，用細鋸鋸開，再加以修整；金簡則先做一個個獨立的木子，把字樣覆帖於木子上，再刻字。

2. 王禎削竹片為界行；而金簡則先用梨木板按書籍格式每幅刻 18 行格線，名套格，印刷時先印框欄格子，再印文字於套格內。

3. 王禎以各種小竹片來墊板；金簡則改用紙折條。

4. 王禎發明轉輪排字盤，以字就人；金簡則改用字櫃，按《康熙字典》，分子丑寅卯 12 支名，每櫃設抽屜 200 個，每屜分大小 18 格，每格貯大小字母各 4，俱標寫某部某字及畫數於各屜之面，取字時先按偏旁應在何部，則知貯於何櫃，再查畫數，則知何屜。擺板的按書需要某字，即向管字的喊取，管字的聽聲給字。又恐同時擺書，某一類字字數不敷應用，則創為按日輪轉之法，暫排別書，等木字歸類後再接排。

二書相比較，金簡的《武英殿聚珍版程序》比王禎的《造活字印書法》更為詳明具體，操作上也更為合理精到。從對後世的影響來看，王禎的木活字印書只是古代能工巧匠的一個試驗，活字數量只有 3 萬，只印了《旌德縣志》100 部。雖有總結和傳承之功，但對後世的印刷活動未產生什麼太大的影響，連王禎自己所著的《農書》後來也是採用雕版印行的。金簡所主持的則是人類歷史上最大的一次木活字印刷活動，無論是木活字數量還是印書種類之多都是前所未有的。中央機構印書活動所產生的社會影響固非王禎個人行為所可比擬，所謂「上有好之，下必甚焉」，自金簡《武英殿聚珍版程序》印行之後，各地官衙私家紛紛仿傚。地方衙門如江寧藩署、吳門節署、陳州郡署、四川提署、黔南撫署、汀州官署、寧化縣署以及金陵書局、江西官書局、常州曲水書局等，都曾用木活字印行過書籍。私家木活字印書較著名的有成都龍萬育、晉江黃氏梅石山房、漢陽葉氏、海虞張氏愛日精廬、六安晁氏等。書坊如北京的龍威閣、聚珍齋、榮錦書坊、蘇州文學山房、常昭排印局、桐城吳大有堂書局、汀州東壁軒活字印局等，都用木活字印行過不少書籍。在江蘇、浙江、安徽一帶，還出現了以木活字印書為業的流動印匠，攜帶木活字和相關工具走鄉串邑，專為聚族而居的望姓大族排印宗譜。顯然，如果沒有金簡《武英殿聚珍版程序》的總結與流佈之功，清代的木活字印書業是不可能如此興盛的。金簡所主持的聚珍版印書活動，把我國古代活字印刷術推向了發展的高峰，為傳播人類文化，作出了不可磨滅的貢獻。

第三節 《武英殿聚珍版叢書》的版本特徵

金簡《武英殿聚珍版程序》既詳細記載了內府木活字的製作和印刷過程，這就為後人鑑定這些活字本提供了可靠的依據。筆者在南京圖書館工作期間，曾將館藏數百部殿板《武英殿聚珍版叢書》零種詳細編目，最終拼成了四套叢書。將這些實物與金簡所述一一對照，總結出武英殿聚珍版書的若干版本特徵，發現《武英殿聚珍版叢書》除了像一般活字本那樣具有字體大小不一、排列不甚整齊、墨色濃淡不勻等特點外，還有以下幾個獨特之處：

（一）版框完整

一般活字印刷，四邊版框乃後來拼湊上去的，故版框四角開裂，明顯看出由四條邊組成。而武英殿活字係套印而成，版框預先刻印好，印刷時分二次或三次套印，故其版框完整，四角相連屬。若仔細察看，常能看到版框或欄線與正文字畫重疊的現象。如：南京圖書館藏內府印聚珍版《寶真齋法書贊》卷十五第三頁下方「佳」、「文」、「寓」三字即與版框重疊。

（二）版框重複使用

從金簡乾隆三十九年（1774）奏摺中可以看出，武英殿印書的套板格子（即書中版框）只有 24 塊，所以在印書時必須重複使用。我們在現存《武英殿聚珍版叢書》中常常能發現不同版片用同一塊版框的情況。如：南京圖書館藏《夏侯陽算經》卷中第 11 頁與卷下第 11 頁所用的就是同一個版框，其斷版完全一致。（按：聚珍版印書因係活字擺印，所以其板框可能有斷痕，但絕不會斷到字，此即所謂「斷版不斷字」者。）

（三）專人校對

乾隆三十九年（1774）四月二十六日王際華、英廉、金簡奏摺云：「……其原書樣本尤須校對詳慎，應請即於每頁後幅版心下方印某人校字樣，俾益專其責成校對，自更不敢草率。」〔註10〕由此可見武英殿對校對的重視。現存《武英殿聚珍版叢書》均留有校對者姓名，其亦分兩種情況：一種是分頁校對者，由一人校對一頁或數頁，即於該頁版心下方印上「□□□校」字樣，如《考古質疑》等書。另一種是分卷校對者，由一人校對一卷或數卷，其版心則不署校者姓名，而於該卷的末頁末行下方題「臣□□□恭校」。如《元豐

〔註10〕金簡，《武英殿聚珍版程序》，卷首，見劉托、孟白，《清殿版畫彙刊》，北京：學苑出版社，1998 年影印本，第 12 冊，第 114 頁。

九域志》等書。

（四）版心嵌字

金簡《武英殿聚珍版程序》「套格」條云：「⋯⋯按現行書籍式樣，每幅刻十八行格線，每行寬四分，版心亦寬四分。即將應擺之書名、卷數、頁數暨校對姓名先另行刊就，臨時酌嵌版心。」〔註11〕可知武英殿的 24 塊版框，其版心都是無字的。現存《武英殿聚珍版叢書》版心均為：上題書名，中標卷數，下為頁碼及校對者姓名。這些字均非活字，乃預先刻好，印某書，某人校時，臨時嵌入所致。

（五）前配「御題十韻」

乾隆皇帝不僅為武英殿活字取名「聚珍版」，還特地為此題了一首十韻詩。詩曰：「稽古搜四庫，於今突五車。開鎪思壽世，積板或充閭。張帖唐院集，周文梁代餘。因為製活字，用以印全書。精越鶡冠體，富過鄴架儲。機園省雕氏，功倍謝鈔胥。聯腋事堪例，埏泥法似疏。毀銅昔悔彼，刊木此慚餘。既復羨梨棗，還教慎魯魚。成編示來學，嘉惠志符初。」為了昭示皇上「稽古右文」、「嘉惠來學」的用心，《武英殿聚珍版叢書》各書前均有此「御題十韻」並序，計二頁。此兩頁亦非活字擺印，乃事先刻好，裝訂時置於各書之前的。

（六）紙張特別

乾隆三十九年（1774）十二月二十六日王際華、英廉、金簡奏摺：「⋯⋯《鶡冠子》一書現已排印完竣，遵旨刷印連史紙書五部，竹紙書十五部，以備陳設。謹各裝潢樣本一部恭呈御覽。」〔註12〕據此可知，《武英殿聚珍版叢書》的用紙有兩種：一為連史紙，白色。一為竹紙，黃色。今世間所存者多為黃紙本，筆者在南京圖書館古籍部曾見部分連史紙本，每冊上均鈐有四個朱印：「避暑山莊五福五代堂寶」、「煙雨樓寶」、「避暑山莊」、「避暑山莊勤政殿寶」。印刷精好，裝訂劃一，字跡較黃紙本清晰，版框幾無斷痕。應是行宮陳設之書。

〔註11〕 金簡，《武英殿聚珍版程序》，見劉托、孟白，《清殿版畫彙刊》，北京：學苑出版社，1998 年影印本，第 12 冊，第 153 頁。

〔註12〕 金簡，《武英殿聚珍版程序》，卷首，見劉托、孟白，《清殿版畫彙刊》，北京：學苑出版社，1998 年影印本，第 12 冊，第 121 頁。

綜上所述,可知《武英殿聚珍版叢書》的排印乃是將活字、套板、雕版等多種印刷術綜合運用而成,在校對、用紙、刷印等方面都有特殊的講究,堪稱是我國古代印刷術的集大成者。

第四節　外聚珍及其版本鑒別

在《武英殿聚珍版叢書》的刊印、流傳過程中,還有所謂「內聚珍」和「外聚珍」的差別。其起因蓋與武英殿聚珍版書太受歡迎、供不應求有關。據黃愛平在《〈四庫全書〉纂修研究》中介紹,「武英殿聚珍版各書刊印的數量,按照慣例,一般每書先用上等連四紙刷印二十部,以備宮內各處陳設,然後再用竹紙刷印三百部,或頒發各省,或定價通行。」〔註13〕「由於刊行各書均繫《四庫全書》珍本秘笈,社會上流傳較少,再加上殿本樣對詳晰,刊刻精美,裝禎富麗,價格低廉,因此,各地士子聞風而至,紛紛購買,區區三百部之數很快銷售一空。要想滿足社會需要,只有增加印書數量。但武英殿聚珍版各書在刷印完畢後,都已拆版歸字,無法再版通行,即便現印各書,要增加印數,也勢必影響到整個刊印進度。」〔註14〕在這種情況下,四庫大臣們經再三考慮,想出了一個兩全其美的辦法。乾隆四十二年(1777)九月十日武英殿總裁大學士董誥上了一道奏摺,稱:「江南、江西、浙江、福建、廣東五省向來刊行書籍頗多,刻工版料,亦較他處為便」,奏請「將現已擺印各書,每省發給一分,如有情願刊行者,聽其翻版通行。」〔註15〕如此,既不影響武英殿刊書速度,又可滿足社會實際需求。乾隆准奏後,先期印好的部分武英殿聚珍版書便被分批發往東南五省,五省據此陸續照本翻刻。民間將這些武英殿以外的官府翻刻本,習慣上稱為「外聚珍」,而武英殿所印的活字本則稱為「內聚珍」。「外聚珍」全是刻本,僅有「聚珍」之名,並無「聚珍」之實。

東南五省翻刻「內聚珍」的數量多寡不一,筆者在南京圖書館古籍部工作期間,曾將館藏數百種「外聚珍」詳細編目比對,基本理清了五省翻刻本

〔註13〕黃愛平,《〈四庫全書〉纂修研究》,北京:中國人民大學出版社,1989年版,第233頁。
〔註14〕黃愛平,《〈四庫全書〉纂修研究》,北京:中國人民大學出版社,1989年版,第234頁。
〔註15〕王重民,《辦理四庫全書檔案》,民國二十三年(1934)國立北平圖書館鉛印本,上冊,第49頁。

的源流，並通過相互比較，總結出了它們在版本鑒別上的特徵。「外聚珍」之五種版本是指：蘇州刻本、杭州刻本、江西書局刻本、福建布政使署刻本、廣雅書局刻本。（以下簡稱爲：蘇刻、浙刻、贛刻、閩刻、粵刻）其中蘇刻、浙刻均刻於乾隆年間；閩刻初刻於乾隆，後經道光、同治歷代重修、增修，一直延續到光緒二十年（1894）；粵刻乃光緒二十五年（1899）廣雅書局依閩刻所刻；贛刻爲同治十三年（1874）江西書局所刻。

「內聚珍」的特點已詳述於前，因其大部分內容究係活字排印，特點明顯，與「外聚珍」容易區別。但五種「外聚珍」同是刻本，且行款均仿「內聚珍」，所以它們彼此間常常容易混淆。今分述其異同如下：

（一）浙刻與蘇刻

浙刻與蘇刻均爲袖珍式，與其他種類區別明顯。二者在目錄或題要下均題「武英殿聚珍本原本」八字，每種書後多有當時杭州府、蘇州府所刻「恭紀」。其督刻者分別爲當時所任杭州府知府與蘇州府知府。二者雖同爲袖珍式，大小並不完全一樣，蘇州本的版框比杭州本要略大一些，杭州本約 19.5cm（寬）×12.5cm（高），蘇州本約 19.5cm（寬）×14cm（高）；浙刻版框爲左右雙邊，書前扉頁四周單邊；蘇刻版框爲四周雙邊，書前扉頁亦爲四周雙邊；從字體看，浙刻字體略扁，蘇刻字體略顯瘦長。稍加辯認，能發現兩者的不同。

浙刻 39 種 286 卷，書目詳見《中國叢書綜錄》，蘇刻《武英殿聚珍版叢書》，《中國叢書綜錄》未載，各家對其表述不一。清光緒二十年（1894）福建布政使張國正跋福建重修本曰：「……江南所刊，板式同浙，共計若干，未睹其全……」〔註16〕；陶湘《聚珍版書目》則明確著錄爲 8 種，李致忠《歷代刻書考述》亦沿用陶說〔註17〕。今筆者在南京圖書館古籍部所見蘇刻《武英殿聚珍版叢書》已達 18 種，相信實際刊刻種數遠不止此數，陶湘之誤是顯而易見的。據筆者推斷蘇刻種數應與浙刻在伯仲之間，從浙刻書後「恭紀」可看出，浙刻是爲迎接皇帝南巡，裝點行宮所刻。蘇州爲南巡所經，其刻書目的應與浙江相同。之所以只刻 39 種，是因爲內府印《武英殿聚珍版叢書》是陸續頒發的，當時只頒發 39 種，故只能翻刻此數。《武英殿聚珍版叢書》

〔註16〕清光緒二十年（1894）福建重修《武英殿聚珍版叢書》書末之福建布政使張國正跋。

〔註17〕李致忠，《歷代刻書考述》，成都：巴蜀書社，1989 年版，第 310 頁。

為欽頒書，翻刻此書是奉命遵行，裝點行宮則無疑帶有邀功迎合之意，作為地方官是斷不敢多刻一種或少刻一種的。古今官場同理，讀者鑒今自可知古。今謹將南京圖書館所藏蘇刻《武英殿聚珍版叢書》18 種列目於後，以供專家指正：

禹貢指南四卷	〔宋〕毛晃撰	絜齋毛詩經筵講義四卷	〔宋〕袁燮撰
儀禮識誤三卷	〔宋〕張淳撰	水經注四十卷	〔後魏〕酈道元撰
嶺表錄異三卷	〔唐〕劉恂撰	麟臺故事五卷	〔宋〕程俱撰
漢宮舊儀二卷補遺一卷	〔漢〕衛宏撰	直齋書錄解題二十二卷	〔宋〕陳振孫撰
帝范四卷	〔唐〕李世民撰	農桑輯要七卷	〔元〕司農司撰
海島算經一卷	〔晉〕劉徽撰	夏侯陽算經三卷	〔□〕夏侯陽撰
饗牖閒評八卷	〔宋〕袁文撰	考古質疑六卷	〔宋〕葉大慶撰
澗泉日記三卷	〔宋〕韓淲撰	老子道德經上下篇	〔晉〕王弼注
茶山集八卷	〔宋〕曾幾撰	浩然齋雅談三卷	〔宋〕周密撰

（二）贛刻、閩刻與粵刻

贛刻、閩刻與粵刻，這三種刻本的版式行款均與前述「內聚珍」相同，故彼此間較難分別。其中尤以閩刻源流最為複雜。閩刻初刻於乾隆後期，當時共刻 123 種，其後經道光八年（1828）、二十七年（1847）、同治七年（1868）三次重修，同治十年（1871）又改刻三種，光緒重修時又增刻若干種，至光緒二十一年（1895）竣工時，總數已達 149 種 2940 卷，比內府印《武英殿聚珍版叢書》還多出 11 種。這 11 種分別是：《春秋集傳纂例》十卷、《新唐書糾謬》二十卷、《畿輔安瀾志》五十六卷、《河朔訪古記》三卷、《幸魯盛典》四十卷、《四庫全書總目》二百卷、《唐史論斷》三卷、《白虎通義》四卷、《帝王經世圖譜》十六卷、《小畜集》三十卷《外集》十三卷、《傅子》五卷。閩刻「外聚珍」每次重修、增修均重新刷印一次，故民間流傳者以閩刻最多。大體道光所補刊者多於版心中題「道光十年補刊」、「道光二十七年修」字樣，或將主修者題於所修卷之末頁，如南京圖書館藏《拙軒集》卷一末頁題「道光八年五月福建布政使南海吳榮光重修」。而光緒年間所增修者多於版心下方題「光緒十九年補刊」、「光緒二十年補刊」字樣。讀者如於書中某頁見到上述字樣，定為福建本無疑。

江西所刻共 54 種 420 卷，為同治十三年（1874）江西書局所刻，未見重

修。贛刻的具體種數詳見《中國叢書綜錄》，54 種之外概非江西所刻。粵刻乃廣雅書局於光緒二十五年（1899）依福建本所刻，故與閩刻極爲相似，種數亦與閩刻相同，達 149 種 2940 卷。

三者在版本上的主要區別有：（1）從字體上看，贛刻字體秀挺工整，閩刻、粵刻字體開張，粗細不勻；從行氣上看，贛刻、粵刻係手寫上版，一次完成，故行氣流暢；閩刻係多次重修，筆劃呆板，前後常不一致。（2）從整版特徵來看，贛刻版框刻劃較細緻，閩刻、粵刻版框多粗而黑；贛刻版心下多有一橫線，閩刻、粵刻則沒有；閩刻因刷印次數多，斷版較嚴重，有些地方有明顯的修版痕迹。（3）從紙張特徵來看，贛刻用紙較白淨，墨色清晰；粵刻多用本地土產南扣紙和本槽紙刷印，南扣紙較黃，本槽紙較白；閩刻用紙最差，多用本地土產竹紙刷印，簾紋較寬，字迹呈漫漶，墨色亦無光澤。（4）從全書特徵來看，粵刻書前多附有「御題十韻」詩，有朱印、墨印兩種，閩刻、贛刻常常沒有；粵刻每個零種前多有扉頁，上題書名，其扉頁版框爲正文版框一半大，閩刻、贛刻一般多無扉頁，但閩刻之光緒重修者增有扉頁，其扉頁版框與正文同大，不同於粵刻之扉頁。

綜上所述，《武英殿聚珍版叢書》的各種翻刻本，其源頭都是內府所頒之活字本。由於各種書都刻有「武英殿聚珍版」字樣，且源流複雜，子目眾多，古籍工作人員不經過大量的實例觀察，精審細辨，往往便會出現鑒定錯誤；收藏界亦出現過以翻刻本冒充活字本，以清末本冒充乾隆本的例子，故有詳細辯明的必要。

第五節　殿本《武英殿聚珍版叢書》目錄訂誤

前文已述，《武英殿聚珍版叢書》的版本分爲兩大系統：一、殿本系統，二、翻刻本系統。殿本爲乾隆年間武英殿刻書處所印刷，該工程爲我國歷史上最大的一次木活字印刷工程，共印書 138 種，其中初刻本 4 種，木活字本 134 種。翻刻本即東南五省據殿本所翻刻者。翻刻本不僅在紙張、墨色及裝幀的精美程度等方面均無法與「內聚珍」相比擬，即內容上也有不少差異。由於「內聚珍」的出版時間延續較長，每排成一版後隨印隨拆，印數又多寡不一，故數百年來整套叢書鮮有能窺其全貌者。民國年間著名藏書家陶湘著有《武英殿聚珍版叢書目錄》一書，並於民國十四年（1925）以鉛印本印行。該書將「內聚珍」子目詳細羅列，除初刻本 4 種外，計有經部 31 種 399 卷、

史部 38 種 729 卷、子部 32 種 224 卷、集部 43 種 950 卷。上海古籍出版社 1982年版《中國叢書綜錄》著錄該叢書情況爲：經部 31 種 402 卷、史部 26 種 602卷、子部 34 種 341 卷、集部 43 種 1039 卷。二書略有不同。筆者將南京圖書館（下簡稱「南圖」）所藏殿本「內聚珍」詳細編目，所得又異乎二書所載。今謹將二書所誤者逐一辨正於後。

一、陶湘之誤

1. 「寶真齋法書贊二十八卷」，陶入史部。（P.6）

按：此書從內容看，應入子部。《四庫》及《中國叢書綜錄》均入子部藝術類，當據改。

2. 「農書二十二卷」，陶作「農書三十六卷」。（P.7）

按：南圖藏「內聚珍」本前有《欽定四庫全書農書提要》作「農書二十二卷」，《中國叢書綜錄》亦著明「殿本二十二卷」。外聚珍」之福建本、廣雅本作三十六卷，陶湘將閩、粵翻刻本作爲「內聚珍」收錄，誤。

3. 「鶡冠子三卷」，陶作「鶡冠子注二卷」。（P.7）

按：《四庫全書總目‧子部雜家類》作「鶡冠子三卷」，「外聚珍」之福建本、廣東本均作三卷。《四庫全書》與「聚珍版」同源，福建本、廣東本據「內聚珍」所翻刻，三者俱作三卷，「內聚珍」斷不會爲二卷。陶誤。

4. 「南陽集六卷」，陶作「南陽集六卷拾遺一卷」；「文恭集四十卷」，陶作「文恭集四十卷拾遺一卷」；「文苑英華辨證十卷」，陶作「文苑英華辨證十卷拾遺一卷」。（P.8～11）

按：上述三書所附拾遺，均爲清勞格所輯。勞格生於清嘉慶二十五年（1820），卒於清同治三年（1864），其所輯三書拾遺斷不會印入乾隆朝「內聚珍」之中，陶湘之誤明矣。查光緒二十一年（1895）福建增刻本，其目錄部分於「南陽集六卷」與「文恭集四十卷」下注「新增拾遺」。於「文苑英華辨證十卷」下注「新增拾遺一卷」。可證此三種拾遺於光緒間始增入福建本中。

5. 「尚書詳解二十六卷首一卷」，陶作「尚書詳解二十六卷」。（P.4～12）

按：陶著所錄卷數多爲正文卷數，如「首一卷」、「末一卷」、「附錄一卷」
之類，陶氏時而著錄，時而不著錄，沒有一定之規，致使全書統計
不盡準確。此類情況尚有：「吳園周易解九卷附錄一卷」，陶氏未錄
「附錄一卷」；「郭氏傳家易說十一卷總論一卷」，陶氏未錄「總論一
卷」；「春秋繁露十七卷附錄一卷」，陶氏未錄「附錄一卷」；「琉球國
志略十六卷首一卷」，陶氏未錄「首一卷」；「水經注四十卷附御製文
一卷」，陶氏未錄「御製文一卷」；「漢宮舊儀二卷補遺一卷」，陶氏
未錄「補遺一卷」；「絳帖平六卷總錄一卷」，陶氏未錄「總錄一卷」；
「項氏家說十卷附錄二卷」，陶氏未錄「附錄二卷」；「雲谷雜記四卷
首一卷末一卷」，陶氏未錄「首一卷末一卷」；「牧庵集三十六卷附牧
庵年譜一卷」，陶氏未錄「牧庵年譜一卷」。今當一一據實以錄。

二、《中國叢書綜錄》之誤（以下簡稱《綜錄》）

1. 「吳園周易解九卷附錄一卷」，《綜錄》謂「殿本無附錄」。（P.128）

按：《四庫全書總目》云：「《吳園周易解》九卷……末有《序語》五篇、
《雜說》一篇，皆論繫辭，於經義頗多發明。」〔註18〕可知四庫館
臣所見是有附錄的。今以南圖所藏實物相印證，「內聚珍」之目錄、
正文均有附錄一卷，其內容與《提要》所言正相符，足證《綜錄》
之誤。

2. 「郭氏傳家易說十一卷總論一卷」，《綜錄》謂「殿本無總論」。（P.128）

按：該書目錄後紀昀乾隆四十年（1775）所撰該書提要曾引用郭雍語，「雍
之言曰：『《易》之爲書，其道其辭，皆由象出，未有忘象而知《易》
者。』」此言正出於總論，可知紀昀曾詳讀過總論，「內聚珍」斷不
會無總論一卷。今以南圖所藏證之，亦然。

3. 「水經注四十卷附御製文一卷」，《綜錄》謂「殿本無御製文」。（P.129）

按：所謂御製文者，即乾隆親撰《御製熱河考》與《御製灤河濡水源考
證》。「內聚珍」刊於乾隆年間，且爲乾隆所倡導，殿本斷不敢刪去
乾隆的著作。《四庫全書總目》卷六十九云：「……御製《熱河考》、

〔註18〕永瑢等，《四庫全書總目》，北京：中華書局，1965年版，1983年第3次印刷，
第7頁。

《瀦源考證》諸篇，爲之抉摘舛謬，條分縷擘，足永訂千秋耳食沿訛。謹錄弁簡端，永昭定論。」〔註19〕可證四庫館臣是將御製文放在篇首最重要位置的。

4. 「鄭志三卷拾遺一卷附校勘記一卷」，《綜錄》謂「殿本、江西本無校勘記」。（P.129）

按：殿本拾遺、校勘記二者並無。光緒二十一年（1895）福建增修本於「鄭志三卷」條下有一行小字注曰「新增拾遺一卷校勘記一卷」，可證二者此時始同時增入「外聚珍」中。

5. 「項氏家說十卷附錄二卷」，《綜錄》謂「殿本無附錄」。（P.130）

按：《四庫全書總目》卷九十二論及是書附錄時道：「……今檢《永樂大典》，但有《孝經說》、《中庸臆說》二書，而詩篇次、邱乘圖未經收入，疑當時即已散佚，無可考補。謹據其存者，仍各合爲附錄二卷，次之於末，以略還原書之舊焉。」〔註20〕可知四庫館臣將該書從《永樂大典》中輯出時是含附錄二卷的，殿本斷不會刪去。另「外聚珍」之福建本亦含該書，福建本據殿本所翻刻，歷次重修時均於其所後增者一一注明，此附錄二卷未標明爲後加，蓋即殿本所舊有。

6. 「牧庵集三十六卷附年譜一卷」，《綜錄》謂「殿本無年譜」。（P.132）

按：該書目錄後四庫館臣按語云：「臣等謹案，《牧庵集》三十六卷，元姚燧撰……謹排比編次，釐爲三十六卷，以存其概。劉致《年譜》一卷，亦附於後。」明言年譜之存在。今以南圖所藏相印證，一一吻合，足證《綜錄》之誤。

〔註19〕永瑢等，《四庫全書總目》，北京：中華書局，1965 年版，1983 年第 3 次印刷，第 610 頁。

〔註20〕永瑢等，《四庫全書總目》，北京：中華書局，1965 年版，1983 年第 3 次印刷，第 786 頁。

第七章 清代盛世文化政策與中央機構出版成就

　　「盛世」是我國歷史上對國家統一、政權穩固、人民安居樂業、社會繁榮發展的歷史時期的特定稱謂。清代康熙、雍正、乾隆三帝在位期間，開創了我國封建社會最後一個盛世，史稱「康乾盛世」。這一盛世局面的出現，與康、雍、乾三帝的統治思想與文化選擇是有密切關係的，作為一個以滿洲貴族為主體，滿漢地主階級聯合專政的政權，在構建其統治體系時，選擇並確立何種思想學說作為官方正統學術，藉以統一思想、維繫人心，凝聚知識界和全社會，是十分關鍵而迫切的任務。特別是滿族以少數民族入主中原，面對自身相對落後的民族傳統和漢族先進的封建文化之間的矛盾，其文化政策的選擇與確立就顯得更為重要。清代盛世時期中央機構所刻印書無疑是這一時期文化政策與統治方略最直接的體現，它們與這一時期盛行的「文字獄」一道，構成了統治者文化政策中「一手硬、一手軟」的兩個方面，明確向世人昭示著統治者提倡什麼，禁止什麼，規範並引領著這一時期學術文化發展的方向。而以武英殿為主體的中央刻書機構在完成其政治使命的同時，也因此創造了我國古代官方出版史上的又一座高峰。

第一節　刻書視角下的清代盛世文化政策與統治方略

　　清代康、雍、乾三朝中央機構刻印書逾 500 種，其數量之多、內容之廣都是以前各代所不可比擬的，從對統治者文化政策與統治方略的體現來考察，以下幾方面是其主流。

一、經書刊印——尊孔崇儒，以程朱理學爲核心的官方哲學的確立

在清代盛世中央機構刊印書籍中，儒家經典佔有相當大的比重。在清初激烈的滿漢文化衝突中，清統治者通過對儒家經典的刊刻和闡發，選擇了以正統儒學，特別是程朱理學作爲清王朝的官方哲學和統治思想，確立了一代封建王朝「崇儒重道」的基本文化國策。這種文化政策在康熙朝得以基本確立，並在雍正、乾隆朝得到進一步的繼承和鞏固。

康熙初年，鼇拜等四大臣輔政，推行一系列的「率復祖制，咸復舊章」的落後措施，不僅加劇了滿漢之間衝突，而且造成了與專制皇權之間不可調和的矛盾。康熙帝爲加強專制統治，也爲大清王朝的長治久安，採取果斷措施，清除了鼇拜集團，加緊接受漢族傳統文化，全面推進清王朝的封建化進程。康熙八年（1669）康熙帝採納漢官的建議，在諸王、大臣的陪同下，親詣太學祀孔。於欞靈門外步行進大成門，至孔子位前，行三跪六叩首之禮。康熙十年（1671）三月，清廷行經筵典禮，通過與講官講論儒家經籍，君臣討論帝王治國之道，從聖賢的教誨中學習爲君之道。禮部侍郎熊賜履被康熙任命爲日講官，進講於弘德殿達五年之久。康熙每日聽政後即到弘德殿聽講，從不間斷。康熙二十三年（1684）南巡，過曲阜，謁孔廟，召集官吏儒生，講論經義，以天子之尊向孔子行三跪九叩首之禮。並特書「萬世師表」匾額，懸掛於大成殿中。對歷代重要的儒家代表人物都優禮有加，爲他們建祠廟，立牌坊，賜匾額。康熙尊孔崇儒的至誠態度，令漢族士人備感親切，客觀上緩和了滿漢文化衝突。

在諸儒中，康熙帝尤爲尊崇朱熹，推重程朱理學。明確表示：「宋儒朱子，注釋群經，闡發道理，凡所著作及編纂之書，皆明白精確，歸於大中至正。經今五百年，學者無敢疵議。朕以爲孔孟之後，有裨斯文者，朱子之功，最爲弘鉅。」〔註1〕爲擡高朱子的地位，康熙帝特別諭令把朱熹從原列孔廟東廡的先賢之位中擡出，陞於大成殿十哲之次，使其成爲第十一哲。在清王朝對全國的統治基本穩固，經濟逐漸恢復，社會趨於安定的情況下，統治者的文化選擇，無疑直接關係到清朝發展的前途和命運。康熙帝對儒學的倡導和對程朱理學的推崇，可以說標誌著這一重大問題的基本解決。自此而後，康熙帝儼然以儒學道統的當然繼承者自任，強調以儒家的四書五經來治理國家，統馭萬民，形成了一套富有帝王色彩的理學治國思想，並付之於實踐。

〔註 1〕《清聖祖實錄》，北京：中華書局，1985 年影印本，卷 249，第 8 頁。

　　從清盛世中央機構刻書內容來觀之，康、雍、乾三朝「崇儒重道」的基本文化國策得到了一以貫之的施行。在康熙年間，康熙十一年（1672）刊《大學衍義》四十三卷；十二年（1673）重修《性理大全書》七十卷；十六年（1677）刊《日講四書解義》二十六卷；十九年（1680）刊《日講書經解義》十三卷；二十二年（1683）刊《日講易經解義》十八卷《筮儀》一卷；二十九年（1690）刊《孝經衍義》一百卷首二卷；五十三年（1714）刊《淵鑒齋御纂朱子全書》六十六卷；五十四年（1715）刊《御纂周易折中》二十二卷首一卷；同年刊《御纂性理精義》十二卷；六十年（1721）刊《欽定春秋傳說彙纂》三十八卷首二卷。此外康熙內府還刊刻有《欽定篆文六經四書》六十三卷、《周易本義》十二卷《易圖》一卷《五贊》一卷《筮儀》一卷、《四書章句集注》二十八卷、《四書講章》、《大學章句》一卷《論語集注》十卷《孟子集注》七卷《中庸章句》一卷等書。中央政府對儒家經典著作的一再刊印，使得儒家學說以一種最權威的方式確立了自身的統治地位，從而在理論上決定了清代政治文化的發展方向。

　　雍正朝儒、佛、道並行，而儒學始終居於首位。配合著施政的需要，儒家經典的刊刻一直是中央機構出版活動中的一項重要任務。雍正元年（1723）刊《喪葬婚嫁之儀禮》；五年（1727）刊《欽定詩經傳說彙纂》二十一卷首二卷序二卷、《孝經集注》一卷、《小學集注》六卷；八年（1730）刊《欽定書經傳說彙纂》二十一卷首二卷《書序》一卷；十一年（1733）刊《詩經》二十卷；此外還刊有《五經四書讀本》七十七卷、《四書章句集注》二十二卷、《大禮記注》二十卷、《五子近思錄輯要》十四卷、《駁呂留良四書講義》八卷等書。這些均可視為對康熙所確定的文化政策的承繼和沿續。

　　乾隆在總結乃祖乃父統治經驗及政策得失的基礎上，在文化建設和思想控制方面費力尤多，於尊孔崇儒、提倡程朱理學方面十分熱心。其中最可稱道者是《十三經注疏》的刊刻。順、康、雍三朝九十餘年間，清政府始終未能彙刻十三經。至乾隆，乃「命大臣保薦經術之士，輦至都下，課其學之醇疵。特拜顧棟高為祭酒，陳祖範、吳鼎等皆授司業。又特刊《十三經注疏》頒佈學宮。」〔註2〕這就是乾隆四年（1739）武英殿校刻的《十三經注疏》三百六十一卷。以政府的名義刊佈了《十三經注疏》的定本，作為天下儒生的讀經範本，使得儒學的地位得到進一步的鞏固和加強。乾隆朝刊印的其他儒

〔註 2〕昭槤，《嘯亭雜錄》，北京：中華書局，1980 年版，第 16 頁。

學類書籍還有：乾隆二年（1737）刊《日講春秋解義》六十四卷《總說》一卷；五年（1740）刊《欽定四書文》；六年（1741）刊《御製翻譯四書》六卷；十四年（1749）刊《日講禮記解義》六十四卷；十九年（1754）刊《欽定三禮義疏》一百七十八卷；二十年（1755）刊《御纂周易述義》十卷、《御纂詩義折中》二十卷、《御覽經史講義》三十卷；二十三年（1758）刊《御纂春秋直解》十二卷；二十五年（1760）刊《御製翻譯書經集傳》六卷；三十三年（1768）刊《御製翻譯詩經》八卷；四十八年（1783）刊《御定仿宋相臺岳氏本五經》九十六卷；五十二年（1787）刊《論語集解義疏》十卷；五十七年（1792）刻石拓印《高宗御定石經》一百六十五卷；五十九年（1794）刊《御製翻譯春秋》六十四卷《綱領》一卷等等。這些儒學經典的刊刻流佈，使得儒家的封建倫理綱常名教觀念得到進一步的強化，在控制思想、穩定社會方面收到了很大的成效。

值得一提的是，在康、雍、乾三朝所刊印的儒學書籍中，凡屬重要著作，均刻滿文、漢文兩種版本，或滿漢合壁本。這在一定程度上反映了滿族統治者的良苦用心。一方面皇帝對儒學的尊崇，儒家經典的大量刻印，使漢族士人產生了強烈的文化認同感，激烈的民族矛盾隨之趨於緩和；另一方面滿洲貴族和士人對儒家經典的學習，使得儒學逐漸成為滿漢民族共同的文化信仰。正是在滿漢官僚的共同努力下，清朝社會才因此得到快速的發展和壯大。可以說，清統治者「尊孔崇儒」政策推行，為一代封建王朝的興盛奠定了深厚的思想文化基礎。

二、史書編印——對歷代興衰經驗的吸收與希冀長治久安的圖謀

在康、雍、乾三朝的中央機構刻印書活動中，史書的刊印一直是滿清統治者十分敏感和備加關注的一個問題。言其敏感，是因為明以前諸史書中涉及遼東及女直、女眞諸衛字樣時，常有不少違礙字句，不利於滿清的統治。「文字獄」盛行期間，不少士人正是因此而罹禍。乾隆帝統治期間一再指示儒臣們重譯修訂遼、金、元史的名詞稱謂，也正是這種敏感心態的反映。但從資政角度講，史書中所包含的歷代王朝興亂治衰的統治經驗，較之於他書，顯然更具有借鑒意義。在這種矛盾心態的驅使下，康、雍、乾三帝對刊印史書採取了不同的態度：雍正帝在位時間短，只有 13 年，忙於整肅吏治、維護秩序、整飭風俗，統治期間幾乎沒有刊印史書；在位時間長的康、乾二帝都比較注重從中國歷史興衰中吸收統治經驗，積極學史、評史和修史，通過考鑒

古今來闡明清統治者對中國歷史興衰的觀念和態度，尤其是乾隆朝，大規模刊印了《二十四史》，經史並重，蔚爲大觀。

康熙帝親自讀史、評史，尤其重視對《資治通鑒》一書的評述。他以一年零九個月的時間，讀完了宋人金履祥的《資治通鑒綱目前編》、朱熹的《資治通鑒綱目》和明人商輅的《續資治通鑒綱目》三書，親加評點、批註、增補於書眉和字裏行間，多達 107 則。於康熙四十六年（1707）合編爲《御批資治通鑒綱目全書》一百九卷，交宋犖校刻於蘇州。康熙四十四年（1705）南巡時，有人進呈馬驌所撰《繹史》一百六十卷，康熙特予青睞，命將版片收歸內府，刷印行世。康熙五十二年（1713），張廷玉請旨刊刻《諸史提要》。康熙五十四年（1715），王之樞刊《歷代紀事年表》一百卷《歷代三元甲子編年》一卷，版呈內府。所有這幾種史書的刊刻，都可看出康熙帝對史書資政價值的重視。

《明史》的纂修是清初至盛世時期的一件大事。設館於順治二年（1645），直至乾隆四年（1739）始告成刊刻，歷時 95 年，是中國官修史書中時間最長的一部。其間，康、乾二帝就明史中的許多具體問題作過明確指示和評述。在《明史》刊刻的同時。乾隆帝又命儒臣以明北監本爲底本，校刊《二十一史》，各卷之後附儒臣的考證。加上已成之《明史》，形成《二十二史》。後晉劉昫撰《舊唐書》因歐陽修等撰《新唐書》行世而不顯，乾隆認爲可以與《新唐書》相輔，令武英殿刊行，列名正史。乾隆時編《四庫全書》，從《永樂大典》中輯出已失傳的《舊五代史》，乾隆四十九年（1784）由武英殿刻印，亦列名正史。至此，形成了殿本《二十四史》，計 3242 卷目錄 11 卷。《二十四史》的刊刻規模宏大、卷帙浩繁，是清代中央出版活動中的一項大工程，反映了統治者經史並重，用以治世的理念，也是封建「盛世」時期文化繁榮的表徵。

乾隆朝是清代社會發展的鼎盛時期，伴隨著武功的勝利和國力的不斷強盛，統治者的政治目標和文化政策也發生了相應的變化。擁有天下已經是不爭的事實，如何讓子孫後代永久的保有這份基業，成了統治者縈繞心中的問題。乾隆曾諭令群臣說：「朕惟保天下者，求久安長治之規，必爲根本切要之計。」〔註3〕他的「根本切要之計」之一就是徹底消除歷代史籍中不利於清統治者的文字記載，尤其是明末清初野史稗乘中的詆毀之詞，不給以後的反清者以任何口實。借編纂《四庫全書》之機，他廣集天下遺書，實則寓禁於徵，

〔註 3〕《清高宗實錄》，北京：中華書局，1986 年影印本，卷146，第22～23 頁。

展開了一場觸目驚心的查繳、銷毀所謂「違礙」、「悖逆」書籍的活動。不僅記載清入關前史實，敘述明末清初史事的著作被列爲主要查禁對象，而且宋、元、明、清時期所有具有民族思想以及反清意識的書籍，都在重點查繳範圍。一時橫遭禁燬的書籍不計其數，使我國古代文化典籍遭受了一次前所未有的巨大浩劫。對於涉及滿清歷史較多又無法迴避的遼、金、元三史，乾隆帝尤爲重視。諭令館臣對三史所涉及的名詞稱謂重新詳晰釐定，究其本音，分類箋釋，說明其本來意義。分別編成《欽定遼史語解》十卷、《欽定金史語解》十二卷、《欽定元史語解》二十四卷三書，於乾隆四十六年（1781）合刊爲《欽定遼金元三史語解》四十六卷，頒行天下。嗣後，殿本《二十四史》及《四庫全書》中的遼、金、元三史均奉旨照此一一改正。在這場粉飾歷史、消弭隱患的文化大清查中，乾隆帝連本朝所刊《明史》和其祖父批註的著作都未放過。乾隆四十二年（1777）五月十三日特頒諭旨，因《明史》內於蒙古人名、地名、音譯未眞，特命館臣照遼、金、元三史之例查核改訂；又念有些記述有果無因，史實不詳，而「本紀」爲全史綱領，命英廉、劉墉等，將《明史》本紀部分逐一考覈添修，重刊頒行。於是有乾隆四十二（1777）武英殿刻《明史本紀》二十四卷。《御批資治通鑑綱目全書》本爲康熙所批史書，於康熙年間由宋犖刊行，乾隆仍不放心，再次詳加「鑒閱」，結果發現其書不僅在遼、金、元三朝人名、地名譯音上多有訛舛鄙俚之處，而且更嚴重的是書後所附周禮撰《發明》、張時泰撰《廣義》各條中「於遼、金、元三朝時事多有議論偏謬及肆行詆毀者。」乾隆藉口「《通鑑》一書關係前代治亂興衰之迹，至《綱目》祖述麟徑，筆削惟嚴，爲萬世公道所在，不可稍涉偏私。」〔註4〕下令將原書一概查刪。於是，乾隆四十八年（1783）以後，全國各地紛紛捲入了查繳、刪改《資治通鑑綱目全書》的活動，所謂的「御批」書籍竟也成了查禁的主要對象。配合著構建大清帝國「億載基業」的長遠目標的施行，乾隆帝又指示清內府先後編撰、刊印了《欽定滿洲源流考》二十卷、《欽定蒙古源流》八卷、《皇清開國方略》三十三卷、《御批資治通鑑綱目三編》四十卷等書。希冀通過這些書籍的刊印，滿清統治者的歷史能以一種比較光彩的形象出現在後世的史書中，可謂用心良苦。

綜上所述，清代盛世時期中央機構對史書的刊印，體現了統治者在不同

〔註 4〕中國第一歷史檔案館，《纂修四庫全書檔案史料》，稿本，乾隆四十七年十一月七日諭。

階段的兩種政治意圖。其一是希望通過對歷代興衰經驗的吸收與借鑒，來裨益政治，鞏固統治。這主要表現在康熙朝和乾隆初期。其二是希冀通過對歷史的粉飾來消滅史書中不利於滿清統治者的文字記載，以確保大清帝國的「億載基業」。這主要表現在乾隆中後期。

正經正史的刊印是整個清代盛世時期中央機構刻書活動中最重要的內容，它是「康乾盛世」的思想文化基石，也是統治者政治意圖與文化政策最爲集中的體現。

三、典章制度、律令、則例的刊印——從政經驗的系統總結與政務依據

在清中央機構刻印書中，典章制度、律令則例等政書的刊印佔了較大的比重，它們不僅是統治者從政經驗的系統總結，有些直接就是政務標準和執法依據。從輔政功用講，它們更爲具體而實用，是整個國家機器正常運轉的保障。隨著不同時期政務需要的變化，這類書往往不斷續修、增補和完善，刊頒全國遵照執行。並且代代相沿，從不中輟。

早在滿洲人入關後不久，清政府就於順治三年（1646）修成了《大清律》，四年（1647）刊板頒行全國。這是清朝的第一部成文法典，其實不過是《明律》的翻版，很多規定與清初的實際情況脫節，對滿族官吏更無約束力。順治十二年（1655）又參前朝會典，編爲《簡明則例》。康熙三年（1664）將現行則例附入《大清律》，補刻頒行。同時於每篇正文後加注，疏解律義，以便更能約束實際。雍正即位後，積極整頓內政，繼續修訂律令。雍正三年（1725）完成了《大清律集解》，並正式頒行。乾隆五年（1740）又重修律例，編成了一部比較完整的《大清律例》四十七卷，並於乾隆三十三年（1768）由武英殿刊行，乾隆五十五（1790）再次刊行。至此我們可以清晰地看出，清初近百年間，經過順、康、雍、乾四朝不懈的努力，才使《大清律》逐漸完善起來，成爲「康乾盛世」期間的法律標準。

在完善法律的同時，爲了總結國家行政活動的經驗，提高官吏的統治效能，從康熙時候起就仿照《大明會典》的程序，製定《大清會典》，以爲行政法規。康熙二十九年（1690），武英殿刊印了清代第一部《大清會典》一百六十二卷，其後屢經增修。雍正十年（1732）又纂刻《大清會典》二百五十卷。乾隆二十九年（1764）武英殿又刊刻《欽定大清會典》一百卷《欽定大清會典則例》一百八十卷。此後的嘉慶、光緒朝，《大清會典》又有增修和印行，

足見清統治者對行政法規的重視。

除法律、會典外，清統治者還專門為蒙古族、回族、藏族、維族等少數民族製定了《蒙古律》、《回律》、《番律》、《西寧番子治罪條例》等律令。現存武英殿於乾隆年間刊印的《蒙古則例》十二卷，便是這方面的明證。

此外，各部屬衙門刊印的則例、條例還有：康熙十五年（1676）刊《兵部督捕則例》一卷；康熙內府刊《銓選滿洲則例》一卷《漢則例》一卷；雍正三年（1725）刊《欽定吏部則例》五十八卷；乾隆六年（1741）刊《欽定科場條例》四卷、《翻譯考試條例》一卷；乾隆七年（1742）刊《欽定吏部則例》六十六卷、《欽定兵部事務則例》三十一卷、《欽定兵部處分則例》七十六卷、《欽定宮中現行則例》二卷、《欽定八旗則例》十二卷；乾隆十四年（1749）刊《欽定工部則例》五十卷；乾隆三十四年（1769）刊《欽定戶部鼓鑄則例》十卷、《欽定戶部旗務則例》十二卷；乾隆三十七年（1772）刊《欽定國子監則例》三十卷；乾隆三十八年（1773）刊《欽定禮部則例》一百九十四卷；乾隆四十二年（1777）刊《欽定太常寺則例》一百十四卷等等。這些書雖係典章制度方面的政書，但也常有一定的法規性質，它們與《大清律》、《大清會典》一起組成了整個「康乾盛世」的法律體系和政務依據。

四、清帝著作的刊印——整肅吏治、教化臣民與統治者的君主形象

康、雍、乾三帝都是中國歷代帝王中的傑出人物。他們勤政、好學，在統治時期重視書籍刊刻的過程中，其本人亦有不少有關道德、研究經史之作或詩文作品面世，成為清盛世時期中央政府刊印書中的重要內容。這些書籍主要表現為聖訓、上諭和詩文別集等類別，在整肅吏治、教化臣民方面發揮了重要作用，同時也通過其作品讓世人領略到這三位君主的個性魅力，在著力塑造一個秉承中國歷代傳統文化的君主形象方面發揮了一定作用。

清統治者在奪取江山之後，為整飭吏治、教化臣民、鞏固皇權，初期的幾位皇帝都親自編書，頒行全國。順治帝在位時，即纂輯有《勸善要言》、《御注孝經》、《資政要覽》、《內則衍義》等書。康熙帝統治期間，在大力提倡程朱理學的同時，又親自撰文，把理學家大力鼓吹的儒學倫理綱常的說教，具體化為人們日常的行為準則，其內容為：「敦孝悌以重人倫，篤宗族以昭雍睦，和鄉黨以息爭訟，重農桑以足衣食，尚節儉以惜財用，隆學校以端士習，黜異端以崇正學，講法律以儆愚頑，明禮讓以厚風俗，務本業以定民志，訓子弟以禁非為，息誣告以全良善，誡窩逃以免株連，完錢糧以省催科，聯保甲

以彌盜賊，解仇忿以重身命。」〔註5〕這就是著名《聖諭十六條》，它後來成為清廷治國安邦的基本準則。雍正帝即位後，為強化皇權，鞏固統治，又對《聖諭十六條》進行逐條解釋，闡發其中義理，引申發揮為萬言廣訓。是為《聖諭廣訓》，雍正二年（1724）刊刻頒行。雍正帝還詔令將訓諭刊行至直省州縣，由各地學官於每月朔望日向士庶宣講，使群黎百娃家喻戶曉。乾隆即位後，秉承了其父、祖的做法，並推而廣之，於乾隆初期將清列祖列宗的聖訓都刊刻了一遍。計有：乾隆四年（1739）刊《太祖高皇帝聖訓》四卷、《太高文皇帝聖訓》六卷、《世祖章皇帝聖訓》六卷；乾隆六年（1741）刊《聖祖仁皇帝聖訓》六十卷、《世宗憲皇帝聖訓》三十六卷等。乾隆以後的皇帝都效法乾隆的做法，由後朝刊刻前朝的聖訓，代代相沿，未嘗中輟。這些舉措在教化臣民、整肅吏治的同時，客觀上強化了皇權，鞏固了統治。

在康、雍、乾三帝中，訓諭類著作刊行最多的是雍正皇帝。雍正帝是在康熙末年殘酷的儲位之爭中奪得帝位的，終其一朝，帝位合法性危機的疑雲始終籠罩在他身上。這種狀況，不僅直接影響刻雍正時期的政治，而且也影響到其思想觀念和文化政策，決定了其不同於前朝的獨具特色的統治方略。康熙末年廢立太子前後，一些滿族大員結集黨羽，侵犯皇權，打擊賢良，干擾朝政，時稱「朋黨之爭」。雍正繼位後，深感朝臣結黨對統治的不利，親撰《御製朋黨論》一書，大論為臣之道，頌揚儒家「君子不黨」之義，要求朝臣棄朋黨而至大公，並於雍正三年（1725）刊刻頒行。為約束諸皇族，雍正帝親自編選刊行了《聖祖仁皇帝庭訓格言》一書，以追念父祖的名義，教導兄弟子孫們如何修身處事。為顯示自己對古代帝王聖心聖學的繼承，雍正帝敕命儒臣採錄經史子集所載古代帝王的功德謨訓、名臣奏章和儒家聖賢的語錄，親加刪定為《執中成憲》八卷。雍正六年（1728），湖南人曾靜受呂留良《四書講義》等書的影響，決意反對滿清，派其弟子張熙入陝，投書川陝總督岳鍾琪，試圖策動岳鍾琪反清。案發後，曾靜、張熙入獄。雍正認為曾靜之所以倡亂，是受了力主「華夷之分」的呂留良學說的影響，為此一方面將呂氏子孫、門生及刻書藏書之人全部治罪，一方面發表長篇議論，大講中外一家，華夷無別。並將他的諭旨、議論及曾靜悔悟後的供辭彙為《大義覺迷錄》一書，於雍正八年（1730）刊發全國。雍正十年（1732），為示臣屬其勤於政事，雍正特檢選自己即位以來親筆批閱群臣的奏章，彙為《殊批諭旨》

〔註5〕 《清聖祖實錄》，北京：中華書局，1985 年影印本，卷 34，第 11 頁。

一書，交付刊印。此外，其論旨涉及八旗及旗務者，彙編爲《上諭八旗》十三卷、《上諭旗務議覆》十二卷、《諭行旗務奏議》十三卷，刊佈行世。其論旨與內閣有關者，彙印爲《上諭內閣》一百五十九卷；其訓諭科道人員的上諭，刊印爲《上諭翰詹科道》；其論儒、釋、道三教的諭旨，刊印爲《上諭儒釋道三教》。一系列訓諭類著作的刊印，確實幫助雍正走出了帝位合法性危機的陰影，但也使其君主形象受到了一定的影響，滿漢臣僚在對其敬畏有加的同時，怨謗亦隨之，這也是後世多以嚴苛評述其爲政的一個原因。

詩文類著作的刊印主要集中在康、乾二帝身上，而以乾隆帝最多。雍正帝的詩文著作，只有其所輯《悅心集》四卷和乾隆三年（1738）所刊印《清世宗御製文集》三十卷，這與其崇尚嚴猛政治，無暇詩文有關。康、乾二帝都愛好文學，深諳「文武之道，一張一弛」，爲政主張寬嚴相濟。政事之餘，常以詩文自遣，或與群臣唱和。康熙帝的文學類作品有：康熙二十四年（1685）刊康熙所選文章總集《古文淵鑒》六十四卷；康熙四十二年（1703）宋犖刻《御製詩初集》十卷、《二集》十卷；康熙五十年（1711）刊《御製文一集》四十卷《總目》五卷、《二集》五十卷《總目》六卷、《三集》五十卷《總目》六卷；康熙五十一年（1712）刊《御製避暑山莊詩》二卷（有沈嵛繪圖、戴天瑞繪圖二種版本）；康熙五十五年（1716）李煦刊《御製詩三集》八卷；雍正十年（1732）刊《御製文四集》三十六卷《總目》四卷等。乾隆帝的著作有：乾隆元年（1736）刊《日知薈說》十四卷；乾隆二年（1737）刊《樂善堂全集》四十卷；乾隆十三年（1748）刊《御製盛京賦》；乾隆二十四年（1759）刊《樂善堂全集定本》三十卷；乾隆十四年（1749）至嘉慶五年（1800）武英殿刊《御製詩初集》四十四卷《目錄》四卷、《二集》九十卷《目錄》十卷、《三集》一百卷《目錄》二十四卷、《四集》一百卷《目錄》十二卷、《五集》一百卷《目錄》十二卷、《餘集》二十卷《目錄》三卷；乾隆二十九（1764）年至嘉慶五年（1800）武英殿刊《御製文初集》三十卷《目錄》二卷、《二集》四十四卷、《三集》十六集、《餘集》二卷；乾隆四十四年（1779）刊《御製擬白居易新樂府》（有于敏中寫刻、王杰寫刻、姚頤寫刻、劉墉寫刻、彭元瑞寫刻、徐立綱寫刻六種版本）、《御製全韻詩》（有于敏中寫刻、劉墉寫刻、彭元瑞寫刻三種版本）及乾隆年刊《御製月令七十二候詩》四卷、《御製冰嬉賦》一卷、《圓明園四十景詩》二卷、《定武敷文》一卷、《御製詠左傳詩》二卷、《御製古稀說》一卷等。通過這些作品的刊印，康、乾二帝向世人展現了一

個深受中國傳統文化薰陶的、博學好古、雅好詩文的君主形象，客觀上對穩固統治，增強知識份子的凝聚力和文化認同感，起到了一定作用。

五、佛道經典與少數民族文字書籍的刊印——多宗教、多民族國家維持統治穩定的重要手段

清朝最鼎盛時期的三位皇帝均十分重視全國各地以佛教為主的宗教勢力。我國幅原遼闊，宗教信徒眾多，加上西北邊疆又是政教合一的管理體制，因而組織譯刻佛、道大藏及高僧的撰著，頒發全國主要寺觀供奉，成為籠絡宗教勢力，維護國家民族統一的重要手段。在康、雍、乾三朝的一百多年間，清中央政府主持譯刻了蒙、藏、漢、滿四種文字的《大藏經》及多種單譯經，康、乾二帝還分別為之作序，闡明譯刻緣起及其對佛教宗派的態度。這在中國封建社會官刻大藏史上居於首位。

《大藏經》乃一切佛教經典的總匯。漢文《大藏經》分為經、律、論三部。佛的教法稱為經，佛的教誡稱為律，佛弟子研習經律之著述稱為論，統稱三藏。藏文、蒙文《大藏經》則分為《甘珠爾》、《丹珠爾》兩部分。《甘珠爾》是釋迦牟尼講述的佛教教義，是佛教的原始經典；《丹珠爾》是佛教大師們的著作，是對佛教教義的闡述。清代盛世時期刊刻的第一部大藏是藏文《甘珠爾經》，始刻於康熙二十二年（1683），完成於康熙三十九年（1700）。康熙五十五年（1716）又開刻了蒙文《甘珠爾經》，歷經三年完成。康熙六十年（1721）續刻藏文《丹珠爾經》，約五年左右完成。雍正十一年（1733），雍正帝又下令以明代漢文《北藏》為底本，刊刻漢文《大藏經》，乾隆十三年（1748）完成，又稱《龍藏》。乾隆七年（1742）至十四年（1749）刊刻了蒙文《丹珠爾經》。乾隆三十七年（1772）至五十九年（1794），以蒙文《大藏經》為主，兼以漢文、藏文、梵文《大藏經》為底本，翻譯刊刻了滿文《大藏經》。至此，清宮共刊刻了四種文字完整的《大藏經》。每一種《大藏經》的刊刻都是一個相當大的工程。以《龍藏》為例，全藏共收經 1670 種，7240 卷，分作 724 函。刊刻過程中共用經板 78200 餘塊，先後動用的校對、刊刷、裝潢人員達千人以上。如此浩繁的大藏刊刻，沒有強大的財才支撐是辦不到的。清朝嘉、道以後，隨著國力的衰退，再也沒有開刻過大藏，只能利用舊板重刷。由此亦可看出國力的盛衰對刻書事業的影響。

康、雍、乾三帝中，最熱衷於佛學的是雍正皇帝。他信佛、崇佛，喜讀佛家典籍，對佛學的禪理思辨尤感興趣。不僅自稱和尚，時常坐禪，還親自

說法，與人辨難。他所撰寫的《御選語錄》、《御錄宗鏡大綱》等書俱收在了《龍藏》中，並另有單刻本行世。清盛世時期內府刊刻的佛教典籍還有：康熙六十年（1721）刊《聖祖御書金剛般若波羅密經》；雍正五年（1727）刊《圓通妙智大覺禪師語錄》二十卷；雍正十一年（1733）刊《萬善同歸集》六卷、《御選序文》；清雍正十三年（1735）刊《二十八經同函》一百四十七卷；乾隆十年（1745）刊《大悲心懺》；乾隆三十六年（1771）刊《佛母寶德藏般若波羅密經》三卷；乾隆四十八年（1783）刊《御製大雲輪請雨經》一卷等。據李致忠先生稱，雍正朝開刻《龍藏》，主要是針對明末清初刊刻的《徑山藏》而行的。《徑山藏》中收入了一些明末遺民鼓動抗清情緒，啓迪反清思想的著作，不利於滿清統治。「作爲標榜崇信佛教的雍正皇帝，不好對釋家大藏《徑山藏》狠下毒手，於是發端刻印自己的大藏經《清藏》，又稱爲《龍藏》，以便以皇家大藏取代、壓倒民間刻印的《徑山藏》，從而消弭其中的反清思想。」〔註6〕由此可見，清統治者刊刻佛教經典是有著鮮明的政治目的的。

佛教自漢代傳入中國，經過歷代的傳佈、翻譯、彙集、闡發，久已成爲中國文化不可缺少的重要組成部分，是我國各民族共同的精神寶藏。清盛世時期對佛教經典的大規模刊印，客觀上對保持中央政府的向心力，維護國家民族統一和社會穩定，起到了積極作用。

清中央機構刊刻的道教著作不多，僅《道德寶章》、《太上洞玄靈寶高上玉皇本行集經》、《無上玉皇心印妙經》、《御注太上感應篇》等數種。這蓋與其時道教的社會影響遠沒有佛教的社會影響大有關。

六、文學藝術圖書與相關工具書的編印——政權穩固、社會繁榮時期的精神需求與文化引導

在清代盛世中央機關刊印書中，內府所編刊的文學藝術類圖書和相關工具書占到相當數量。這固然康、乾二帝都喜愛文學有關，同時也是統治者「稽古右文」文化政策在刻書事業上的反映；即是清皇室成員滿足精神文化生活的需要，也是盛世時期統治者對知識階層所作的某種文化引導。

清盛世時期在系統整理歷朝詩文總集方面的成果有：康熙二十四年（1685）刊《古文淵鑒》六十四卷；康熙四十五年（1706）刊《御定全唐詩錄》一百卷、《御定歷代賦彙正集》一百四十卷《外集》二十卷《逸句》二卷

〔註 6〕李致忠，《歷代刻書考述》，成都：巴蜀書社，1990 年版，第 299～300 頁。

《補遺》二十二卷《目錄》三卷；康熙四十六年（1707）刊《全唐詩》九百卷《目錄》十二卷、《欽定歷代題畫詩類》一百二十卷、《佩文齋詠物詩選》四百八十六卷；康熙四十八年（1709）刊《御選宋金元明四朝詩》三百二卷首二卷；康熙五十年（1711）刊《御定全金詩增補中州集》七十二卷首二卷；康熙五十二年（1713）刊《御選唐詩》三十二卷《目錄》三卷；康熙年刊《歷代閨雅》十二卷；雍正十一年（1733）刊《古文約選》；乾隆三年（1738）刊《御選唐宋文醇》五十八卷；乾隆十六年（1751）刊《御選唐宋詩醇》四十七卷《目錄》二卷等。這些書基本系統反映了先秦以來各個時期的文學發展水平及其風格流派，對於繁榮清代的文學事業起到了一定的推動作用。別集類刊刻的都是清帝及極少數皇室成員的詩文，這反映了武英殿等刻書機構的御用性質。

清內府刊詞曲類著作有：康熙四十六年（1707）刊《御選歷代詩餘》一百二十卷；康熙五十四年（1715）刊《詞譜》四十卷；康熙年刊《曲譜》十二卷；乾隆十一年（1746）刊《新定九宮大成南北詞宮譜》八十一卷《總目》三卷《閏集》一卷；乾隆武英殿刊《勸善金科》二十卷首一卷等。這類書大都為滿足清室文化生活的需要所編，一定程度上反映了清統治者的藝術情趣。

為推動學術發展，繁榮本朝文化，清盛世時期編刊了不少重要的語言文字工具書和大型類書。語言文字類書籍最著名的是康熙五十五年（1716）刊印的《康熙字典》四十二卷。此外尚有：雍正六年（1728）刊《音韻闡微》十八卷《韻譜》一卷；乾隆十五年（1750）刊《欽定叶韻彙輯》十卷、《欽定同文韻統》六卷；乾隆三十六年（1771）刊《御製增訂清文鑒》三十二卷；乾隆三十七年（1772）刊《欽定清漢對音字式》一卷；乾隆年刊《西域同文志》二十四卷、《五譯合璧集要》二卷等。類書除著名的《古今圖書集成》外，尚有：康熙四十九年（1710）刊《淵鑒類函》四百五十卷《目錄》四卷；康熙五十一年（1712）至五十二年（1713）揚州書局刊《佩文韻府》一百六卷；康熙五十九年（1720）刊《韻府拾遺》一百六卷；康熙六十一年（1722）刊《分類字錦》六十四卷；雍正五年（1727）刊《子史精華》一百六十卷；雍正六年（1728）刊《御定駢字類編》二百四十卷等。這些書都是儒臣、學子們研經誦讀和撰著詩文不可或缺的參考工具書，至今仍有較高的使用價值，對於推動清代學術文化的發展產生了重要作用。

七、自然科學類圖書的編印——對歷代科技成果的總結與吸收西方先進科技成果的努力

清康、乾二帝對自然科技均十分重視，在總結中國古代科技成果的同時，還注意吸收西方文化中的精華——科學技術知識，爲鞏固自己的統治服務。在盛世時期的清代中央機構中，有不少來自西方的學有專長的傳教士在宮廷中任職。他們或任欽天監官員；或在內閣擔任翻譯；或在內府充當醫生、畫師；或爲皇帝講授天文、地理、數學、音樂、人體解剖等方面的知識，爲清代科技的發展和文化的繁榮作出了貢獻。在清代中央機構所刻印書中，有不少具有總結性的科技著作。它們分別代表了清代在農業、天算、醫藥、音樂、水利、輿圖測繪和印刷技術等方面的先進水平，同時也顯示了康、乾二帝在廣泛吸收和傳播西方先進科學技術知識方面所作出的努力。

清廷所印最重要的科學著作當推《御製律曆淵源》一百卷。全書由《曆象考成》四十二卷、《數理精蘊》五十三卷、《律呂正義》五卷三部書組成。《曆象考成》是一部天文曆法書，德國人戴進賢參加編纂。在系統總結中國古代天文學知識的同時，還闡述了西方關於天體運行軌跡的理論，並通過具體實測修正了黃赤交角等錯誤資料。《數理精蘊》由數學家梅瑴成主編，在論述我國秦漢以來的數學理論的同時，還解說了法國數學家巴蒂的《實用和理論幾何學》中的主要知識。實爲一部介紹中西方數學知識的數學百科全書。《律呂正義》爲音樂著作。其上下兩篇共四卷，評述了中國音樂六律六呂之原理及樂器製作要領；續篇一卷介紹了葡萄牙人徐日升和義大利人德里格所傳的西洋樂理、樂器知識及其在這方面與中國的異同。三書均編成於康熙後期，在康熙年間以銅活字分別排印過，雍正二年（1724）又合刊頒行。該書的編纂反映了當時的中國在這些領域的最高水準。該書刊行之後廣爲流傳，對中西文化的交流和貫通，產生了重大而積極的影響。

此外，清盛世時期內府所刊農業方面的著作有：康熙年間刊《耕織圖》（有三十五年、五十一年兩種版本）；康熙四十七年（1708）刻《佩文齋廣群芳譜》一百卷；乾隆七年（1742）刊《欽定授時通考》七十八卷。工程製造方面的著作有：乾隆元年（1736）武英殿刊《工程做法》七十四卷附《簡明做法冊》一卷、《內廷工程做法》八卷附《工部簡明做法冊》一卷；乾隆十四年刊《乘輿儀仗做法》二卷。天算方面的著作還有：康熙十三年（1674）刊《新制儀象圖》一百十七幅；康熙年間刊《數表》、《對數廣運》；乾隆七年（1742）刊

《御製曆象考成後編》十卷；乾隆二十一年（1756）刊《欽定儀象考成》三
十卷及欽天監所印歷年時憲書。醫學方面的著作有：乾隆五年（1740）刊《律
例館校正洗冤錄》四卷；乾隆七年（1742）刊《醫宗金鑑》九十卷首一卷。
水利方面的著作有乾隆年工部刊《南河成案》五十四卷。印刷技術方面的著
作有金簡的《武英殿聚珍版程序》。值得一提的還有清盛世時期在輿圖測繪方
面的成就，康熙年間組織了包括皇子在內的由中外人員組成的測繪隊伍，對
全國領土進行了大面積的實地測繪工作，歷時三十多年繪成了《皇輿全覽
圖》，並由內府在康、雍、乾年間多次刊印頒行。該項成果不僅在中國是首次，
在亞洲也是創舉，不僅奠定了中國地理學、測繪學的基礎，而且也是對世界
地理學的一大貢獻。

　　康、乾二帝在統治期間，對中國歷代科技成果的系統總結，對西方先進
科技知識的廣泛吸收和利用，體現了一代盛世君主的遠見卓識和廣闊胸懷。
清盛世以後的歷代統治者對西方科技基本採取一種排斥態度，加上閉關鎖國
政策的施行，阻斷了東西方文明的交流，使得中國的科學水平與西方的差距
越來越大，這也是造成中國近代社會發展遠遠落後於西方國家的原因之一。

八、武功、慶典類圖書的刊印——強大國力的炫示與盛世之音的回響

　　經過清前期幾位皇帝的勵精圖治，清代社會發展至乾隆時期達到頂峰階
段。文治武功，俱一時之盛，相對於「文治」的成就，清統治者對自己的「武
功」更為自得。為達到威攝宇內、四夷賓服的政治目的，清統治者著力誇耀
自己在「武功」上的成就。乾隆皇帝就得意地自號「十全老人」，顯示自己在
位期間十次主要征戰的戰績。清中央機構一系列關於戰爭方略、得勝圖的刊
印，便是統治者這種耀武心態的具體體現。慶典類書籍是清統治者為營造和
平盛世景象而編印的書籍。記錄了清帝巡幸、壽宴的盛大場面和君臣唱和、
百官頌德的歌舞升平景象。在清中央機構刻印書中，這兩類書籍是最能顯現
其盛世特徵的。

　　清廷所印武功類書籍有：康熙四十七年（1708）刊《御製親征朔漠紀略》
一卷、《親征平定朔漠方略》四十八卷，記述了康熙二十九年（1690）、三十
五（1696）、三十六年（1697）康熙帝親自帶兵平定噶爾丹叛亂的情況；乾隆
十七年（1752）刊《平定金川方略》二十六卷，乾隆年刊《平定兩金川方略》
一百三十六卷首八卷《紀略》一卷《藝文》八卷及《平定兩金川得勝圖》，記

述了乾隆十二年（1747）、二十年（1755）平定大、小金川叛亂的戰事經過及大臣所作詩文；乾隆三十五年（1770）刊《平定準噶爾方略前編》五十四卷《正編》八十五卷《續編》三十二卷《紀略》一卷、乾隆三十年（1765）至三十九年（1774）銅版印《平定準噶爾回部得勝圖》，記錄了乾隆時期平定準噶爾部達瓦齊叛亂及平定天山南路大小和卓木叛亂的戰爭情況；乾隆四十六年（1781）刊《欽定剿捕臨清逆匪紀略》十六卷，記錄了乾隆三十九年（1774）平定山東清水教徒起義的情況；乾隆五十三年（1788）刊《欽定平定臺灣紀略》六十五卷首五卷、《平定臺灣得勝圖》，記述了乾隆五十一（1786）至五十二年（1787）平定林爽文、莊大田起義的經過；乾隆年刊《欽定蘭州紀略》二十卷首一卷，記錄了乾隆四十六年（1781）平定甘肅回民起義的戰事；乾隆六十年（1795）刊《欽定廓爾喀紀略》五十四卷首四卷、《平定廓爾喀得勝圖》，記載了乾隆五十六（1791）至五十七年（1792）廓爾喀人入侵的經過及歸順入貢事宜；乾隆六十年（1795）刊《平定苗疆得勝圖》，記述了乾隆六十年（1795）平定四川、貴州苗民起義的戰事等。這些書籍中顯示宏大戰爭場面的得勝圖有部分是由外國傳教士繪製，並送往國外製作的。以《平定準噶爾回部得勝圖》為例，該圖冊由當時供奉清廷的義大利畫家郎士寧、法國畫家王致誠繪成後，送往法國雕刻銅版，歷時十餘年始製成回國，所費甚巨。清統治者不惜工本印製這些精美的戰圖，並送往國外製作，也隱含了其誇示強大國力，揚威於異域的政治意圖。

慶典類書籍主要有：康熙四十九年（1710）刊《萬壽記》，記錄了皇太后七十大壽情形；康熙五十年（1711）刊《幸魯盛典》四十卷，記錄了康熙二十三年（1684）康熙帝東巡山東、臨幸闕里，親祀孔廟的經過；康熙五十四（1715）至五十六年（1717）刊《萬壽盛典初集》一百二十卷，記述了康熙帝六十大壽的盛況；康熙六十一年（1722）刊《千叟宴詩》四卷，彙集了康熙帝七十壽辰時君臣唱和詩作；乾隆三十六年（1771）刊《南巡盛典》一百二十卷，記述乾隆四次南巡的盛況；乾隆五十年（1785）刊《千叟宴詩》三十四卷首一卷，彙集了乾隆效法其祖父舉辦千叟宴，君臣唱和的詩作；乾隆五十七年（1792）刊《八旬萬壽盛典》一百二十卷首一卷，記述了乾隆帝八旬慶典的盛況。這些書大多圖文並茂，主題都是歌頌清帝的仁德和盛世政績。此外，還有一部《皇清職貢圖》亦比較典型，該書刊於乾隆年間，其時國家正值全盛之期，幅原遼闊，屬國及外國使節紛紛來朝。乾隆帝好大喜功，命將境內

不同民族及域外與清王朝有交往的國家和民族，各繪其圖象，編成此書。全書共繪製了 300 種不同民族和地區的人物，每種皆繪男女二幅，共 600 幅。簡要介紹其與清王朝的關係及所居住地區和特徵。體現了一個國力強大的盛世君主在面對四方來朝時的自得心態。

　　武功類、慶典類書籍的刊印和傳播，誇示了清盛世君主的統治成就，同時也增強了普通百姓作為一個泱泱大國臣民的自信心和民族自豪感，對於穩固統治，消弭不安定因素，也具有一定效用。

　　總之，清康、雍、乾三朝中央機構所刊印的書籍種類繁多，遠軼前代。正是通過這些書籍的刊刻流佈和相關政治措施的施行，清統治者成功地緩解了建國初期滿漢文化之間的劇烈衝突，穩固了風雨飄搖的新政權，確立了本朝的文化政策和治國方略，凝聚了全社會尤其是知識階層的力量，指明了社會文化和學術研究的發展方向，在此基礎上，拓展疆土，發展經濟，我國封建社會也由此步入了最後一個盛世時代。

第二節　清盛世時期中央機構刻書成就及其影響

　　清代盛世時期中央機構刻書活動，是統治者封建文化政策的一個有機組成部分。清統治者以異族入主中原，要想消弭漢人的民族意識，並獲得讀書人的擁護，沒有合適的文化政策是行不通的。因此在奠定國基之後，清康、雍、乾三帝都大力提倡以右文為治，不遺餘力地編刊書籍。當時來中國的法國傳教士白晉在回國向路易十四彙報時，這樣評論康熙帝鑽研學問、編刻書籍的工作，「康熙皇帝渴望復興燦爛的文化，而達到這一目的的最好方法，則是著手重視各種學問。康熙皇帝為了國內重新發展科學和藝術，從而使自己統治的時代成為太平盛世，除了以勤奮鑽研學問和藝術的行動垂範於萬民，並宣傳這種精神，此外別無良策。」〔註 7〕這應當是清中央機構大規模刊刻書籍最主要的原因。清統治者文化政策的另一方面是屢興「文字之獄」，企圖以高壓政策來徹底消滅所有不利於滿清統治的文字，約束並規範學術研究和文化事業的發展方向，清康、雍、乾三朝，讀書人以著書立說，文字涉及忌諱而慘遭殺戮的不在少數。然而，儘管清代的「文字獄」不可謂不殘酷，清代盛世時期所編刊的書籍仍是中國圖書史上一份極為厚重的珍貴資產。本書所考

〔註 7〕白晉撰、趙晨譯，《康熙皇帝》，哈爾濱：黑龍江人民出版社，1981 年版，第
　　　　39 頁。

察的對象是清代盛世中央機構刻印書活動，因而在考述了刻書機構、刻書內容，並對最典型的幾項出版活動進行分類研究之後，筆者姑得出如下結論，以作全書之結。

一、清代盛世中央機構刻印書活動，從本質上講是爲政治服務的。它宣揚和突出最高統治者，圍繞鞏固統治，實施治國綱領的目的而展開。無論是經史、典律、佛經的刊刻，還是大型文學藝術和自然科學圖書的編印，都是統治者思想意識和個人情趣的體現，反映了清廷對全國文教和學術流派的政策精神。它是統治者加強思想控制的工具，也是指導全國圖書出版和文化發展的風向標。

二、清代盛世中央機構刻印書活動，在系統整理、保存古籍和清代國家文獻檔案方面，做出了重大貢獻。清廷編刊書籍時，充分發揮和利用了全國著名學者的研究成果，不少著作代表了當時學術發展的最高水準。而以中央政府之力，大量印行當代的御纂、欽定及典章制度等圖書，亦爲中國歷史上所罕見。就帝王的著作刊印數量而言，任何一個歷史時期都無法與之相比。

三、清代盛世中央機構刻書活動，是中國印刷史上的一座里程碑，是歷代官刻史上的一座高峰。從刻書數量講，它品種繁多，遠超前代；從刻書風格講，它一改明末粗拙板滯之風，不少書籍爲軟體精寫精刻，當時人就已與宋版相提並論；從刻印藝術講，它的版畫與套印精麗工巧，居於有清一代雕刻工藝的前列；從外在形式講，它崇尚典雅、裝幀堂皇，舉凡前代所有的刻印裝潢形式和技術在殿版中都有運用；從活字印刷講，它第一次把活字印刷技術引入宮廷，創造了世界上最大的銅活字印刷工程和木活字印刷工程，爲中國印刷史抒寫了光輝燦爛的一頁。總之，清代盛世中央機構刻書活動，在大多數環節上都超越了前代，在一百多年的時間裏，取得了如此大的成績，爲此前的印刷史所未見，亦爲此後的官刻史所未有。

清代盛世中央機構刻書活動在自身取得巨大成就的同時，對有清一代的思想和學術發展產生了舉足輕重的影響。昭槤在《嘯亭雜錄》卷一中曾這樣論述康、乾之際學術空氣的興衰：「仁皇帝（康熙）夙好程、朱，深談性理……嘗出《理學眞僞論》以試詞林，又刊定《性理大全》、《朱子全書》等書，特命朱子配祠十哲之列。故當時宋學昌明，世多醇儒耆學，風俗醇厚，非後所能及也。」〔註8〕「上（乾隆）初即位時，一時儒雅之臣，皆帖括之士，罕有

〔註 8〕 昭槤，《嘯亭雜錄》，北京：中華書局，1980 年版，第 6 頁。

通經術者。上特下詔，命大臣保薦經術之士，輦至都下……又特刊《十三經注疏》頒佈學宮，命方侍郎苞、任宗承啓運等衷《三禮》，故一時耆儒夙學，布列朝班。而漢學始大著。齷齪之儒，自蹏足而退矣。」〔註9〕這段論述眞實地揭示了清中央機構刻書對時代學術風氣的引導作用和深刻影響。這些影響有的是積極的，有的是消極的；有的來自統治者編刻這些書籍的意圖，有的來自這些書籍的本身內容。

　　積極的影響主要體現在促進學術門類的發展，推動學術研究的深入和保護文化典籍等方面。在最高統治者的主持下，清代盛世時期的中央機構曾經對一些重要的學術門類進行了系統的整理研究工作，如經學、小學、天文、數學、樂律、文學、藝術、目錄學等等，編纂了一些總結性的學術著作，集中反映了當時學術研究的成果和水平。這些書籍經中央機構刊刻後向社會傳播，使得有清一代的學術研究在深度和廣度上都得到很大的發展。以《律曆淵源》一書爲例，該書的編纂刊印代表了當時的中國在天文曆法、音樂、數學領域所達到的高度。康熙帝並親自垂範，積極向周圍的歐洲傳教士學習西方自然科學知識，有力地推動了天文、數學、藝術等學科的發展，並對中西文化的交流與貫通，產生了深遠而積極的影響。又如乾隆時因編纂《四庫全書》而產生的《四庫全書總目提要》，代表了當時目錄學所取得的成就，長期以來一直被認爲是治學之津逮，二百餘年間風行不衰。清代中央機構刻書活動，在保存文化典籍方面亦有其歷史功績，如《永樂大典》輯佚書的刊印，使得一些業已滅絕或瀕臨滅絕的書籍得以重新在社會上流通傳播，對學術研究裨益非淺，同時也有力地促進了清代輯佚學的發展。

　　消極的影響主要體現在對學術思想的箝制和學術禁區的設立上。前文已述，清代盛世中央機構刻書活動，主要目的並不是爲了從事學術研究，其政治意義始終是第一位。由於清統治者通過中央政府的刻書活動在相關學術領域樹立了官方的標準，在專制高壓時代，這一點對清代的學術發展起到了束縛和箝製作用。終清一代，學術的繁榮一直局限在「文字獄」和官方標準兩塊夾板之內，文字忌諱不能碰，官方標準亦不容挑戰。以字書爲例，《康熙字典》是欽定的官方標準，儘管此書在編纂上有不少疵漏，學者們都有所顧忌，不敢批評。乾隆間，江西人王錫侯撰《字貫》六十卷，頗有糾正《康熙字典》的地方。乾隆四十二年（1777）被人告發，說此書有譏諷《康熙字典》之嫌，

〔註 9〕 昭槤，《嘯亭雜錄》，北京：中華書局，1980 年版，第 15～16 頁。

書中多訕議之詞。結果王錫侯全家處死，地方官革職治罪，《字貫》的書版和
王錫侯的其他著作也一併銷毀。這種儆示，使得學者們戰戰兢兢，不敢再對
中央政府所確立的標準妄議一辭。武英殿所校勘的《十三經》、《二十四史》
不完善的地方很多。乾隆以後，古籍版本學的研究大有進展，許多學者以宋
元舊版讎校經史，成績斐然。但所糾正的本子大多止於汲古閣本和明監本，
有意迴避殿本，在萬不得已必須提到時，也都閃爍其辭地以「時本」、「別本」
名之。即使在文網稍疏的清末，學者也仍然心有餘忌。比較謹慎的人大都小
心翼翼，不敢輕易越雷池一步。著名藏書家陸心源曾打算作書訂正《四庫全
書總目提要》，俞樾力勸其易轍，以免賈禍。清代中央政府通過刻書活動所確
立的所謂「官方標準」對學術的束縛與箝製作用於此可見一斑。

　　公允而論，清代盛世時期中央機構所刊印書籍，是當時國內第一流的專
家學者進行研討、讎校而付刻的產物，這些書是清代文化典籍中的重要組成
部分，代表了清代封建文化高度發展的水平，也是中華民族文化寶庫中的珍
品。時至今日，對於清代中央機構刻印書的研究和評述，再也沒有顧忌，在
經學、史學、文獻學、科技史等領域，這些書仍是學者從事學術研究的重要
資料，無論是學術性還是文物資料性都得到充分肯定。尤其是一些總結性的
學術著作和類書，在沒有更好的同類著作取代它們之前，仍有重要的參考價
值。民國陶湘在評述這一特殊的出版物群體時說：「康、乾兩朝百二十年間，
殿板之書匪微卑視元、明，抑且跨越兩宋。今而後，吾炎黃子孫如竟不讀中
國之書斯亦已矣，苟非然者，吾取斷此殿板諸書直將互百千年而不敝也。」
〔註10〕如果拋開其中充溢的遺老懷舊因素，那麼這個評價是有一定的合理成
份的。

─────────────────

〔註10〕陶湘，《清代殿板書始末記》，《武進陶氏書目叢刊》，民國二十二年（1933）
　　　　鉛印本，第4頁。

參考文獻

一、著作類

1. 白濱，西夏史論文集，西寧：寧夏人民出版社，1984 年版。

2. 白晉撰、趙晨譯，康熙皇帝，哈爾濱：黑龍江人民出版社，1981 年版。

3. 北京圖書館，北京圖書館古籍善本書目，北京：書目文獻出版社，1987 年版。

4. 北京圖書館，中國版刻圖錄，北京：文物出版社，1961 年版。

5. 畢沅，續資治通鑒，北京：中華書局，1957 年版。

6. 曹之，中國古籍版本學，武漢：武漢大學出版社，1992 年版。

7. 長澤規矩也，《和漢書の印刷とその歷史》，東京：吉川弘文館，1992 年版。

8. 戴南海，版本學概論，成都：巴蜀書社，1989 年版。

9. 董誥等，全唐文，清光緒二十七年（1901）廣雅書局刻本。

10. 方苞，方苞集，上海：上海古籍出版社，1983 年版。

11. 故宮博物院明清檔案部，關於江寧織造曹家檔案史料，北京：中華書局，1975 年版。

12. 故宮博物院明清檔案部，李煦奏摺，北京：中華書局，1976 年版。

13. 故宮博物院明清檔案部，康熙朝漢文硃批奏摺彙編，北京：檔案出版社，1984 年版。

14. 故宮博物院圖書館、遼寧省圖書館，清代內府刻書目錄解題，北京：紫禁城出版社，1995 年版。

15. 故宮博物院文獻館，史料旬刊，民國十九年（1930）鉛印本。

16. 顧炎武，日知錄，四庫全書，臺灣：臺灣商務印書館，1982 年影印文淵

閣本。

17. 龔顯，亦園脞牘，清光緒四年（1878）誦芬堂木活字本。

18. 胡應麟，少室山房筆叢，北京：中華書局，1958 年版。

19. 黃愛平，《四庫全書》纂修研究，北京：中國人民大學出版社，1989 年版。

20. 黃貫勉，綠意詞一卷秋屏詞續編一卷，清康熙五十二年（1713）刻雍正二年（1724）續刻本。

21. 黃裳，清刻本，南京：江蘇古籍出版社，2002 年版。

22. 黃佐，南雍志，首都圖書館，太學文獻大成，北京：學苑出版社，1996 年影印明刻本。

23. 金簡，武英殿聚珍版程序，劉托、孟白，清殿版畫彙刊，北京：學苑出版社，1998 年影印本。

24. 金埴，不下帶編巾箱說，北京：中華書局，1997 年版。

25. 崑岡等，欽定大清會典事例，光緒二十五年（1899）鉛印本。

26. 李東陽等，大明會典，揚州：江蘇廣陵古籍刻印社，1989 年影印明刻本。

27. 李心傳，建炎以來朝野雜記，叢書集成新編，臺灣：新文豐出版公司，1985 年影印本。

28. 李有棠，遼史紀事本末，續修四庫全書，上海：上海古籍出版社，1995 年影印本。

29. 李致忠，歷代刻書考述，成都：巴蜀書社，1990 年版。

30. 李致忠，古書版本學概論，北京：書目文獻出版社，1990 年版。

31. 梁啟超，清代學術概論，上海：上海古籍出版社，2000 年版。

32. 劉昫等，舊唐書，北京：中華書局，1975 年版。

33. 劉若愚，酌中志，北京：北京古籍出版社，1994 年版。

34. 毛春翔，古書版本常談，上海：上海人民出版社，1977 年版。

35. 裴芹，《古今圖書集成》研究，北京：北京圖書館出版社，2001 年版。

36. 潘吉星，中國金屬活字印刷技術史，瀋陽：遼寧科學技術出版社，2001 年版。

37. 潘天禎，潘天禎文集，北京圖書館出版社、上海科學技術文獻出版社，2002 年版。

38. 錢存訓，中國紙和印刷文化史，桂林：廣西師範大學出版社，2000 年版。

39. 清高宗弘曆，清高宗（乾隆）御製詩文全集，北京：中國人民大學出版社，1993 年版。

40. 清高宗實錄，北京：中華書局，1986 年影印本。

41. 清聖祖實錄，北京：中華書局，1985 年影印本。

42. 慶桂等，國朝宮史續編，續修四庫全書，上海：上海古籍出版社，1995 年影印本。

43. 沈括撰、胡道靜校注，夢溪筆談校證，上海：上海出版公司，1956 年版。

44. 施閏章，施愚山先生學餘文集二十八卷詩集五十卷，清康熙四十七年（1708）曹寅刻本。

45. 宋濂等，元史，北京：中華書局，1976 年版。

46. 宋犖，綿津山人詩集，清康熙中宋犖自刻本。

47. 宋犖，西陂類稿，清康熙刻本。

48. 蘇天爵，元文類，清光緒十五年（1889）江蘇書局刻本。

49. 臺北故宮博物院，國立故宮博物院普通舊籍目錄，臺北：臺北故宮博物院，1970 年版。

50. 陶湘，清代殿版書始末記，武進陶氏書目叢刊，民國二十二年（1933）鉛印本。

51. 陶湘，故宮殿本書庫現存目，民國二十二年（1933）故宮博物院鉛印本。

52. 陶湘，武英殿聚珍版叢書目錄，民國十四年（1925）鉛印本。

53. 陶湘，書目叢刊，瀋陽：遼寧教育出版社，2000 年版。

54. 脫脫等，宋史，北京：中華書局，1977 年版。

55. 脫脫等，金史，北京：中華書局，1975 年版。

56. 王溥，五代會要，北京：中華書局，1998 年版。

57. 王重民，辦理四庫全書檔案，民國二十三年（1934）國立北平圖書館鉛印本。

58. 王讜，唐語林，上海：上海古籍出版社，1978 年版。

59. 王國維，五代兩宋監本考，海寧王靜安先生遺書，民國二十九年（1940）商務印書館石印本。

60. 王士點，秘書監志，廣倉學窘叢書，民國五年（1916）上海倉聖明智大學鉛印本。

61. 魏隱儒，古籍版本鑒賞，北京：北京燕山出版社，1997 年版。

62. 文慶、李宗昉等，欽定國子監志，北京：北京古籍出版社，2000 年版。

63. 翁連溪，清代內府刻書圖書，北京：北京出版社，2004 年版。

64. 吳長元，宸垣識略，北京：北京古籍出版社，1981 年版。

65. 徐憶農，活字本，南京：江蘇古籍出版社，2002 年版。

66. 嚴佐之，古籍版本學概論，上海：華東師大出版社，1989 年版。

67. 楊鍾義，雪橋詩話續集，民國六年（1917）吳興劉氏求恕齋刻本。

68. 姚伯岳，版本學，北京：北京大學出版社，1993 年版。

69. 永瑢等，四庫全書總目，北京：中華書局，1965 年版，1983 年第 3 次印刷。

70. 于敏中等，日下舊聞考，北京：北京古籍出版社，1981 年版。

71. 查慎行，敬業堂文集三卷別集一卷，上海：中華書局，民國鉛印本。

72. 昭槤，嘯亭雜錄，中華書局，1980 年版。

73. 趙爾巽等，清史稿，北京：中華書局，1977 年版。

74. 章乃煒，清宮述聞，北京：紫禁城出版社，1990 年版。

75. 張德澤，清代國家機關考略，北京：中國人民大學出版社，1981 年版。

76. 張廷玉等，明史，北京：中華書局，1974 年版。

77. 張秀民，中國印刷史，上海：上海人民出版社，1989 年版。

78. 張秀民，張秀民印刷史論文集，北京：印刷工業出版社，1988 年版。

79. 張秀民、韓琦，中國活字印刷史，北京：中國書籍出版社，1998 年版。

80. 張玉書等，佩文韻府，上海：上海古籍書店，1983 年版。

81. 中國第一歷史檔案館，纂修四庫全書檔案史料，稿本。

82. 中國第一歷史檔案館，康熙朝滿文硃批奏摺全譯，北京：中國社會科學出版社，1996 版。

83. 中國第一歷史檔案館，康熙朝漢文硃批奏摺彙編，北京：檔案出版社，1985 年版。

84. 中國第一歷史檔案館，雍正朝漢文硃批奏摺彙編，南京：江蘇古籍出版社，1989 年版。

85. 中國第一歷史檔案館，雍正朝漢文諭旨彙編，桂林：廣西師大出版社，1999 年版。

86. 中國第一歷史檔案館，乾隆上諭檔，北京：中國檔案出版社，1998 年版。

87. 中國古籍善本書目編輯委員會，中國古籍善本書目，上海：上海古籍出版社，1996 年版。

88. 周弘祖，古今書刻，俞文林、林國華，叢書集成續編，上海：上海書店，1994 年版。

89. 朱彭壽，安樂康平室隨筆，民國二十八年（1939）鉛印本。

二、論文類

1. 竇秀豔，清代刻書家曹寅，魯行經院學報，2001 年第 5 期。

2. 范景中，銅活字套印本《御製數理精蘊》，故宮博物院刊，1992 年 2 期。

3. 費劼，試淪康熙的文化政策，江漢論壇，1998 年第 2 期。

4. 韓文寧，曹寅和揚州詩局及其刻書，圖書與情報，1998 年第 4 期。

5. 胡道靜，《古今圖書集成》的情況特點及其作用，圖書館，1962 年第 1 期。

6. 黃愛平，清代康雍乾三帝的統治思想與文化選擇，中國社會科學院研究生院學報，2001 年第 4 期。

7. 江慶柏，陶湘與圖書收藏，四川圖書館學報，2000 年第 4 期。

8. 金良年，清代武英殿刻書述略，文史，第 31 輯。

9. 李國強，康熙朱印藏文《甘珠爾》談略，故宮博物院院刊，1999 年第 4 期。

10. 李海生，論順康兩朝的文化政策及其對漢族知識份子的影響——兼論清代學問由經世之用轉向考據之實，上海行政學院學報，2001 年第 2 期。

11. 李明傑，清代國子監刻書，江蘇圖書館學報，2000 年 5 期。

12. 柳詒徵，南監史談，江蘇省立國學圖書館年刊，3 期（1921 年）

13. 盧秀菊，清代盛世之皇室印刷事業，中國圖書文史論集，北京：現代出版社，1992 年版。

14. 倪愛山，雍正思想述論，徐州師大學報，第 26 卷第 1 期。

15. 潘天禎，康熙武英殿刻書的實錄——重讀御製佩文韻府序，北京圖書館館刊，1999 年第 1 期。

16. 龐月光，康熙皇帝與古今圖書集成，外交學院學報，2003 年第 1 期。

17. 王鍾翰，康熙與理學，歷史研究，1994 年第 3 期。

18. 翁連溪，清代內府銅版畫刊刻述略，故宮博物院院刊，2001 年第 4 期。

19. 翁連溪，乾隆版滿文大藏經刊刻述略，故宮博物院院刊，2001 年第 6 期。

20. 翁連溪，談清代內府的銅活字印書，故宮博物院院刊，2003 年第 3 期。

21. 謝國楨，從清武英殿談到揚州詩局的刻書，故宮博物院院刊，1981 年 1 期。

22. 肖力，清代武英殿刻書初探，圖書與情報，1983 年第 2、3 期。

23. 辛德勇，書林剩話，書品，1999 年 5 期，58。

24. 楊玉良，《古今圖書集成》考證拾零，故宮博物院院刊，1985 年 1 期。

25. 楊玉良，清代中央官纂圖書發行淺析，故宮博物院院刊，1993 年第 4 期。

26. 趙萬里，中國印本書籍發展簡史，文物，1952 年第 4 期。

27. 張秀民，清代的銅活字，文物，1962 年第 1 期。

28. 張秀民，清代的木活字，圖書館，1962 年第 2 期。

29. 張宗茹、宋忠芳，論清代武英殿聚珍版印書之鑒定，山東師範大學學報，2000 年第 4 期。

30. 周蓉，淺談武英殿聚珍版叢書的異同，圖書館論壇，1998 年第 2 期。

31. 朱賽虹，記清內府套印本——兼述古代套印技術的後期發展，故宮博物院院刊，1992 年第 4 期。

32. 朱賽虹，武英殿刻書數量的文獻調查及辨析，故宮博物院院刊，1997 年第 3 期。

33. 朱賽虹，從裝潢看版本——以清代皇家書籍爲典型，故宮博物院院刊，2000 年第 2 期。

附　錄

清康熙朝中央機構刻印書一覽表

年 代	書　　名	版　　本	收　藏
3 年	1. 大清律三十卷附則例新例	清順治四年刻康熙三年補刻本	國圖
	2. 綱鑑彙纂不分卷	清康熙三年內府刻滿文本	故宮
8 年	大清康熙九年七政經緯躔時憲曆一卷	清康熙八年欽天監刻本	臺灣央圖
9 年	1. 繹史一百六十卷世系圖一卷年表一卷	清康熙九年馬驌刻內府後印本	故宮　遼寧
	2. 大清律集解附例三十卷	清康熙九年內府刻滿文本	故宮
	3. 刑部新定現行例二卷	清康熙九年內府刻滿文本	國圖
11 年	1. 大學衍義四十三卷	清康熙十一年內府刻滿文本	遼寧
	2. 大學衍義四十三卷	清康熙十一年內府刻滿漢合璧本	故宮
12 年	1. 文獻通考三百四十八卷	明嘉靖三年司禮監刻清康熙十二年內府重修本	故宮
	2. 性理大全書七十卷	明永樂年司禮監刻清康熙十二年內府重修本	故宮　遼寧
13 年	1. 新制儀象圖一百十七幅	清康熙十七年內府刻本	遼寧
	2. 新法曆書二十六種一百卷	清崇禎年刻清順治二年、康熙十三年、十七年欽天監補刻本	故宮
14 年	大清康熙十五年歲次丙辰時憲曆一卷	清康熙十四年欽天監刻本	國圖
15 年	1. 滿洲品級考一卷漢品級考五卷時漢軍品級考	清康熙十五年內府刻本	故宮
	2. 兵部督捕則例一卷	清康熙十五年內府刻本	國圖

16年	1. 日講四書解義二十六卷	清康熙十六年內府刻本	故宮	遼寧
	2. 日講四書解義二十六卷	清康熙十六年內府刻滿文本	故宮	遼寧
17年	1. 新法曆書二十六種一百卷	明崇禎年刻清順治二年、康熙十三年、十七年欽天監補刻本	故宮	
	2. 新法曆書七種三十卷	明崇禎年刻清順治二年、康熙十七年、二十二年欽天監補刻本	故宮	
19年	1. 通志堂經解一百三十九種一千八百四十五卷	清康熙十九年納蘭性德刻乾隆五十年武英殿重修本	故宮	
	2. 日講書經解義十三卷	清康熙十九年內府刻本	故宮 南京	遼寧
	3. 日講書經解義十三卷	清康熙十九年內府刻滿文本	遼寧	
22年	1. 日講易經解義十八卷筮儀一卷朱子圖說一卷	清康熙二十二年內府刻本	故宮	遼寧
	2. 日講書經解義十八卷筮儀一卷圖說一卷	清康熙二十二年內府刻滿文本	故宮	遼寧
	3. 新法曆書七種三十卷	明崇禎年刻清順治二年、康熙十七年、二十二年欽天監補刻本	故宮	
	4. 出使交趾紀事一卷	清康熙二十二年內府刻滿文本	一檔	
24年	1. 欽定選擇曆書十卷	清康熙二十四年欽天監刻本	遼寧	
	2. 古文淵鑒六十四卷	清康熙二十四年內府刻四色套印本	故宮	遼寧
25年	清太祖高皇帝聖訓四卷	清康熙二十五年內府刻滿文本	民研	
26年	御製古文淵鑒六十四卷	清康熙二十六年內府刻滿文本	遼寧	
29年	1. 大清會典一百六十二卷	清康熙二十九年內府刻本	故宮	遼寧
	2. 大清會典一百六十二卷	清康熙二十九年內府刻滿文本	國圖	
	3. 孝經衍義一百卷二卷	清康熙二十九年內府刻本	故宮	遼寧
30年	資治通鑒綱目一百十卷	清康熙三十年內府刻滿文本	一檔	
35年	御製耕織圖	清康熙三十五年內府刻本	故宮	
39年	甘珠爾經	清康熙三十九年內府刻藏文本	故宮	
40年	1. 清涼山新志十卷	清康熙四十年內府刻蒙文本	臺灣故宮	
	2. 清涼山新志十卷	清康熙四十年內府刻藏文本	臺灣故宮	
	3. 清涼山新志十卷	清康熙四十年內府刻滿文本	臺灣故宮	
42年	清聖祖御製詩初集十卷二集十卷三集八卷	清康熙四十二年宋犖刻康熙五十五年李煦增刻本	故宮	遼寧
43年	1. 皇輿表十六卷	清康熙四十三年宋犖刻進呈本	故宮	遼寧
	2. 黃石公素書一卷	清康熙四十三年內府刻滿漢合璧本	一檔	
45年	1. 御定歷代賦彙正集一百四十卷外集二十卷逸句二卷補遺二十二卷目錄三卷	清康熙四十五年陳元龍刻進呈本	故宮 南京	遼寧
	2. 御定全唐詩錄一百卷	清康熙四十五年徐倬刻進呈本	故宮	遼寧
	3. 大清律集解附例三十卷附律附	清康熙四十五年刻本	上海	

46年	1. 御批資治通鑑綱目全書一百九卷	清康熙四十六年宋犖刻進呈本	故宮　遼寧
	2. 欽定歷代題畫詩類一百二十卷	清康熙四十六年陳邦彥刻進呈本	故宮　遼寧 南京
	3. 佩文齋詠物詩選四百八十六卷	清康熙四十六年高輿校刻進呈本	故宮　遼寧 南京
	4. 全唐詩九百卷目錄十二卷	清康熙四十六年揚州詩局刻本	故宮　遼寧
	5. 御選歷代詩餘一百二十卷	清康熙四十六年王奕清刻進呈本	故宮　遼寧 南京
	6. 潘氏總論一卷	清康熙四十六年內府刻滿漢合璧本	一檔
47年	1. 御製親征朔漠紀略一卷	清康熙四十七年內府刻本	故宮　遼寧
	2. 新征平定朔漠方略四十八卷	清康熙四十七年內府刻本	故宮　遼寧 南京
	3. 菜根譚二卷	清康熙四十七年內府刻滿漢合璧本	故宮
	4. 佩文齋書畫譜一百卷	清康熙四十七年內府刻本	故宮　遼寧 南京
	5. 佩文齋廣群芳譜一百卷	清康熙四十七年內府刻本	故宮　遼寧
	6. 讀書記數略五十四卷	清康熙四十七年宮夢仁刻進呈本	故宮
	7. 御製清文鑑二十卷總綱四卷序一卷	清康熙四十七年內府刻滿文分類本	遼寧
	8. 御製清文鑑二十卷總綱四卷序一卷	清康熙四十七年內府刻滿漢分類本	故宮　遼寧
	9. 范忠誠公文集四卷	清康熙四十七年內府刻滿文本	遼寧
48年	1. 御選宋金元明四朝詩三百二卷首二卷姓名爵里十二卷	清康熙四十八年張豫章刻進呈本	故宮　遼寧
	2. 親征平定朔漠方略四十八卷目錄一卷	清康熙四十八年內府刻滿文本	故宮　遼寧
49年	1. 萬壽記不分卷	清康熙四十九年內府刻本	故宮
	2. 淵鑑類函四百五十卷目錄四卷	清康熙四十九年內府刻本	故宮　遼寧 南京
	3. 寧壽宮萬壽記載一卷	清康熙四十九年內府刻滿文本	故宮
50年	1. 幸魯盛典四十卷	清康熙五十年孔毓圻刻進呈本	故宮　遼寧
	2. 佩文韻府一百六卷	清康熙五十年內府刻本	國圖
	3. 御定全金詩增補中州集七十二卷首二卷	清康熙五十年郭元釪刻進呈本	故宮　遼寧
	4. 清聖祖御製文一集四十卷總目五卷二集五十卷總目六卷三集五十卷總目六卷四集三十六卷總目四卷	清康熙五十年、雍正十年內府刻本	故宮　遼寧 南京

51 年	1. 太上洞玄靈寶高上玉皇本行集經三卷無上玉皇心印妙經一卷	清康熙五十一年內府刻本	故宮		
	2. 御製耕織圖	清康熙五十一年內府刻本	故宮		
	3. 御製避暑山莊詩二卷（戴天瑞繪圖）	清康熙五十一年內府刻朱墨套印本	故宮	遼寧	
	4. 御製避暑山莊詩二卷（沈嵛繪圖）	清康熙五十一年內府刻朱墨套印本	故宮		
	5. 御製避暑山莊詩二卷	清康熙五十一年內府刻滿文本	遼寧		
52 年	1. 諸史提要十五卷	清康熙五十二年張廷玉請旨刻本	故宮	遼寧	
	2. 御定星曆考原六卷	清康熙五十二年內府銅活字印本	故宮	遼寧	
	3. 御選唐詩三十二卷目錄三卷	清康熙五十二年內府刻朱墨套印本	故宮	遼寧	
	4. 佩文韻府一百六卷	清康熙五十二年揚州書局刻本	故宮 南京	遼寧	
53 年	淵鑑齋御纂朱子全書六十六卷	清康熙五十三年內府刻本	故宮 南京	遼寧	
54 年	1. 御纂周易折中二十二卷卷首一卷	清康熙五十四年武英殿刻本	故宮 南京	遼寧	
	2. 御定歷代紀事年表一百卷歷代三元甲子編年一卷	清康熙五十四年王之樞刻內府印本	故宮 南京	遼寧	
	3. 御定歷代紀事年表一百卷歷代三元甲子編年一卷	清康熙五十四年內府刻乾隆補刻本	遼寧		
	4. 御纂性理精義十二卷	清康熙五十四年內府刻本	故宮 南京	遼寧	
	5. 詞譜四十卷	清康熙五十四年內府刻朱墨套印本	故宮	遼寧	
	6. 大清律集解附例三十卷附一卷	清康熙五十四年刻本	東洋文庫		
55 年	1. 康熙字典四十二卷	清康熙五十五年內府刻本	故宮 南京	遼寧	
	2. 月令輯要二十四卷圖說一卷	清康熙五十五年內府刻本	故宮	遼寧	
	3. 清聖祖御製詩初集十卷二集十卷三集八卷	清康熙四十二年宋犖蘇州刻五十五年蘇州詩局增刻本	故宮	遼寧	
56 年	1. 萬壽盛典初集一百二十卷	清康熙五十四至五十六年武英殿刻本	故宮	遼寧	
	2. 御製滿蒙文鑒二十卷綱綱四卷	清康熙五十六年內府刻本	故宮	遼寧	
	3. 御纂性理精義十二卷	清康熙五十六年內府刻滿文本	遼寧		
58 年	國學禮樂錄二十卷	清康熙五十八年國子監刻本	遼寧		
59 年	韻府拾遺一百六卷	清康熙五十九年內府刻本	故宮	遼寧	

60 年	1. 欽定春秋傳說彙纂三十八卷首二卷	清康熙六十年內府刻本	故宮　　遼寧南京
	2. 聖祖御書金剛般若波羅密經不分卷	清康熙六十年內府刻本	故宮
61 年	1. 御書般若波羅密多心經不分卷	清康熙六十一年內府刻本	故宮
	2. 分類字錦六十四卷	清康熙六十一年內府刻本	故宮　　遼寧
	3. 千叟宴詩四卷	清康熙六十一年內府刻本	故宮　　遼寧南京
不詳	1. 欽定篆文六經四書六十三卷	清康熙內府刻本	故宮　　遼寧南京
	2. 周易本義十二卷易圖一卷五贊一卷筮儀一卷	清康熙內府仿宋咸淳元年吳革刻本	故宮　　遼寧南京
	3. 四書章句集注二十八卷	清康熙內府影元刻本	故宮　　遼寧
	4. 四書講章不分卷	清內府刻滿文本	臺灣故宮
	5. 大學章句一卷論語集注十卷孟子集注七卷中庸章句一卷	清康熙內府刻本	故宮
	6. 律呂正義四卷	清康熙內府銅活字印本	故宮
	7. 律呂正義六卷	清康熙內府銅活字印本	遼寧
	8. 皇輿全覽圖	清康熙年內府刻本	故宮
	9. 皇輿全覽圖	清康熙年內府刻本	故宮
	10. 御製欽若曆書上編十六卷下編十卷表十六卷	清康熙內府銅活字印本	遼寧
	11. 御製數理精蘊五十三卷	清康熙年內府銅活字印本	故宮　　遼寧南京
	12. 數表一卷	清康熙年內府刻朱墨套印本	故宮　　遼寧
	13. 數表一卷度數表一卷	清康熙年內府刻朱墨套印本	故宮　　遼寧
	14. 對數廣運不分卷	清康熙年內府刻本（袖珍本）	遼寧
	15. 道德寶章不分卷	清內府重刻趙孟頫寫刻本	故宮
	16. 佩文詩韻五卷	清內府刻袖珍本	故宮　　遼寧
	17. 佩文詩韻刪注五卷	清內府刻袖珍本	故宮　　遼寧
	18. 古文淵鑒六十四卷	清康熙年內府刻五色套印本	故宮　　南京
	19. 歷朝閨雅十二卷	清康熙年內府刻本	故宮　　遼寧
	20. 曲譜十二卷首一卷末一卷	清康熙年內府刻朱墨套印本	遼寧
	21. 銓選滿洲則例一卷漢則例一卷	清康熙年內府刻本	東京大學
	22. 中樞政考	清康熙年刻本	國圖

	23. 五燈全書	清康熙年內府刻本	故宮
	24. 七本頭書	清康熙年內府刻滿漢合璧本	一檔
	25. 續資治通鑑綱目二十卷	清康熙年內府刻滿文本	一檔
	26. 大清康熙時憲書	清康熙年內府刻滿文本	故宮
	27. 大清康熙恒星黃道經緯度表	清康熙年內府刻滿文本	故宮
	28. 大藏經	清康熙年內府刻蒙文本	熱河祐順寺
1～61	大清康熙歷年時憲曆	清康熙元年至六十一年欽天監刻本	故宮　國圖　臺圖

雍正朝中央機構刻印書一覽表

年　代	書　　名	版　　本	收　藏
元年	1. 大清律例總類六卷大清律集解附例三十卷	清雍正元年刻本	上海
	2. 喪葬婚嫁之禮儀	清雍正元年內府刻滿漢合璧本	國圖
2 年	1. 聖諭廣訓一卷	清雍正二年內府刻本	故宮　遼寧
	2. 聖諭廣訓一卷	清雍正二年內府刻滿文本	一檔
	3. 聖諭廣訓一卷	清雍正二年內府刻滿漢合璧本	故宮　遼寧
	4. 聖諭廣訓一卷	清雍正二年內府刻滿蒙合璧本	遼寧
	5. 聖諭廣訓一卷	清雍正二年內府刻滿蒙漢合璧本	故宮
	6. 御製律曆淵源一百卷	清雍正二年內府刻本	故宮　遼寧
	7. 御製曆象考成上編十六卷下編十卷表十六卷	清雍正二年內府刻本	南京
	8. 御製數理精蘊上編五卷下編四十卷表八卷	清雍正二年武英殿刻本	南京
3 年	1. 御製朋黨論一卷	清雍正三年內府刻本	遼寧
	2. 御製朋黨論一卷	清雍正三年內府刻滿漢合璧本	遼寧
	3. 大清律集解附例三十卷首一卷律例總類一卷	清雍正三年內府刻本	國圖
	4. 大清律集解附例三十六卷	清雍正三年內府刻滿文本	國圖
	5. 欽定吏部則例五十八卷	清雍正三年內府刻滿文本	故宮
	6. 皇輿十排全圖	清雍正三年內府刻本	故宮
4 年	1. 欽定古今圖書集成一萬卷目錄四十卷	清雍正四年內府銅活字印本	故宮　遼寧　南京
	2. 欽定古今圖書集成圖（一百一十冊）	清雍正四年內府刻本	歷博
	3. 名教罪人不分卷	清雍正四年內府刻本	故宮

5年	1. 欽定詩經傳說彙纂二十一卷首二卷序二卷	清雍正五年內府刻本	故宮　遼寧南京
	2. 孝經集注一卷	清雍正五年內府刻本	故宮　遼寧
	3. 孝經合解不分卷	清雍正五年內府刻滿文本	遼寧
	4. 孝經一卷	清雍正五年內府刻滿漢合璧本	故宮
	5. 小學集注六卷	清雍正五年武英殿刻本	故宮　遼寧南京
	6. 小學合解六卷（亦名小學集注）	清雍正五年內府刻滿文本	遼寧
	7. 黃石公素書一卷	清雍正五年內府刻滿漢合璧本	故宮
	8. 圓通妙智大覺禪師語錄二十卷	清雍正五年內府刻本	故宮
	9. 子史精華一百六十卷	清雍正五年內府刻本	故宮　遼寧南京
6年	1. 音韻闡微十八卷韻譜一卷	清雍正六年武英殿刻本	故宮　遼寧南京
	2. 御定駢字類編二百四十卷	清雍正六年內府刻本	故宮　遼寧南京
7年	1. 上諭翰詹科道不分卷	清雍正七年內府刻朱印本	故宮
	2. 皇輿十排全圖	清雍正七年內府刻本	故宮
8年	1. 欽定書經傳說彙纂二十一卷首二卷書序一卷	清雍正八年內府刻本	故宮　遼寧南京
	2 欽定訓飭州縣規條二卷	清雍正八年內府刻本	故宮　遼寧
	3. 大義覺迷錄四卷	清雍正八年內府刻本	故宮　遼寧
	4. 聖祖仁皇帝庭訓格言一卷	清雍正八年內府刻本	故宮　遼寧
	5. 庭訓格言二卷	清雍正八年內府刻滿文本	故宮　遼寧
9年	1. 世宗上諭八旗十三卷	清雍正九年內府刻乾隆六年武英殿續刻本	故宮　遼寧南京
	2. 上諭旗務議覆十二卷	清雍正九年內府刻乾隆六年武英殿續刻本	故宮　遼寧南京
	3. 諭行旗務奏議十三卷	清雍正九年內府刻乾隆六年武英殿續刻本	故宮　遼寧南京
	4. 世宗上諭內閣一百五十九卷	清雍正九年內府刻乾隆六年武英殿續刻本	故宮　遼寧
	5. 軍令一卷	清雍正九年內府刻滿漢合璧本	國圖
10年	1. 大清會典二百五十卷	清雍正十年武英殿刻本	故宮　遼寧
	2. 硃批諭旨不分卷	清雍正十年至乾隆三年內府刻套印本	故宮　遼寧
	3. 三流道里表不分卷	清雍正十年內府刻本	見《國朝宮史》

11 年	1. 萬善同歸集六卷	清雍正十一年內府刻本	遼寧	南京
	2. 御選語錄十九卷	清雍正十一年內府刻本	故宮南京	遼寧
	3. 御製序文十九卷	清雍正十一年內府刻本	故宮	
	4. 古文約選不分卷	清雍正十一年果親王允禮刻本	遼寧	
	5. 詩經二十卷	清雍正十一年內府刻滿文本	遼寧	
	6. 大清會典二百五十卷	清雍正十一年內府刻滿文本	遼寧	
	7. 古文約選不分卷	清雍正十一年果親王允禮刻進呈本	故宮	
12 年	1. 欽定吏部銓選則例五十八卷	清雍正十二年內府刻本	故宮	
	2. 御錄宗鏡大綱二十卷	清雍正十二年內府刻本	故宮	遼寧
	3. 交輝園遺稿一卷	清雍正十二年內府刻本	遼寧	
13 年	1. 上諭儒釋道三教不分卷	清雍正末年內府刻本	故宮	
	2. 龍藏經一千六百七十種七千二百四十卷	清雍正十三年至乾隆十三年內府刻本	故宮	
	3. 二十八經同函一百四十七卷	清雍正十三年內府刻本	故宮南京	遼寧
	4. 宗鏡錄一百卷附音釋	清雍正十三年內府刻本	故宮南京	遼寧
	5. 御錄經海一滴六卷	清雍正十三年內府刻本	故宮南京	遼寧
不詳	1. 五經四書讀本七十七卷	清雍正國子監刻本	故宮	遼寧
	2. 四書章句集注二十一卷	清內府刻本	故宮	
	3. 四書章句集注二十四卷	清內府刻袖珍本	遼寧	
	4. 駁呂留良四書講義八卷	清雍正內府刻本	遼寧	
	5. 律呂正義五卷	清雍正內府銅活字印本	故宮	
	6. 文獻通考紀要二卷	清武英殿刻本	故宮	遼寧
	7. 大禮記注二十卷	清雍正內府刻本	故宮	遼寧
	8. 五子近思錄輯要十四卷	清雍正國子監刻本	遼寧	
	9. 教束法數摘要十二卷	清雍正年內府刻本	故宮	遼寧
	10. 翻譯名義集選一卷	清雍正年刻本	故宮	
	11. 妙圓正修智覺永明壽禪師心賦選注四卷	清雍正內府銅活字印本	故宮	
	12. 御選寶筏精華二卷金屑一撮一卷	清雍正年內府銅活字印本	遼寧	
	13. 御製揀魔辨異錄八卷	清雍正內府刻本	遼寧	
	14. 悅心集四卷	清雍正年內府刻本	故宮	遼寧
	15. 和碩怡賢親王行狀一卷	清雍正年內府刻滿漢合璧本	遼寧	

	書　名	版　本	收藏
	16. 清世宗上諭八旗十三卷	清雍正年內府刻滿漢合璧本	國圖
	17. 清世宗上諭八旗十三卷	清雍正年內府刻滿文本	遼寧
	18. 清世宗上諭旗務議覆十二卷	清雍正年內府刻滿漢合璧本	遼寧
	19. 清世宗諭行旗務奏議十三卷	清雍正年內府刻滿漢合璧本	遼寧
	21. 四體翻譯心經	清雍正年內府刻本	遼寧
	22. 金屑一撮不分卷	清雍正內府銅活字印本	故宮

清乾隆朝中央機構刻印書一覽表

年代	書　名	版　本	收藏
元年	1. 日知薈說四卷	清乾隆元年武英殿刻本	故宮　遼寧　南京
	2. 日知薈說四卷	清乾隆元年武英殿刻滿漢合璧本	國圖
	3. 欽定執中成憲八卷	清乾隆元年武英殿刻本	故宮　遼寧　南京
	4. 九卿議定物料價值四卷續四卷	清乾隆元年武英殿刻本	故宮　遼寧
	5. 內廷工程做法八卷附工部簡明做法冊一卷	清乾隆元年武英殿刻本	故宮　遼寧
	6. 工程做法七十四卷附簡明做法冊一卷	清乾隆元年武英殿刻本	故宮
2年	1. 日講春秋解義六十四卷總說一卷	清乾隆二年武英殿刻本	故宮　遼寧　南京
	2. 日講春秋解義六十四卷總說一卷	清乾隆二年武英殿刻滿漢合璧本	故宮　遼寧
	3. 樂善堂全集四十卷目錄四卷	清乾隆二年武英殿刻本	故宮　遼寧
	4. 太上洞玄靈寶高上玉皇帝本行集經三卷無上玉皇心印妙經一卷	清乾隆二年內府刻本	故宮　遼寧
3年	1. 清世宗御製文集三十卷目錄四卷	清乾隆三年武英殿刻本	故宮　遼寧
	2. 御選康宋文醇五十八卷	清乾隆三年武英殿刻四色套印本	故宮　遼寧
	3. 交輝園遺稿一卷	清乾隆三年武英殿刻本	故宮　遼寧
4年	1. 清太祖高皇帝聖訓四卷	清乾隆四年武英殿刻本	故宮　遼寧
	2. 清太祖高皇帝聖訓四卷	清乾隆四年武英殿刻滿文本	遼寧
	3. 清太宗文皇帝聖訓六卷	清乾隆四年武英殿刻本	故宮　遼寧
	4. 清太宗文皇帝聖訓六卷	清乾隆四年武英殿刻滿文本	遼寧
	5. 清世祖章皇帝聖訓六卷	清乾隆四年武英殿刻本	故宮　遼寧
	6. 清世祖章皇帝聖訓六卷	清乾隆四年武英殿刻滿文本	遼寧
	7. 八旗通志初集二百五十卷目錄二卷	清乾隆四年武英殿刻本	故宮　遼寧

	8. 八旗通志初集二百五十卷	清乾隆四年武英殿刻滿文本	遼寧	
	9. 十三經注疏三百四十八卷附考證	清乾隆四年至十二年武英殿刻本	故宮　遼寧南京	
	10. 二十四史三千二百四十二卷目錄十一卷	清乾隆四年至四十九年武英殿刻本	故宮　遼寧	
	11. 陳書三十六卷	清乾隆四年武英殿刻道光十六年重修本	故宮	
	12. 北齊書五十卷	清乾隆四年武英殿刻道光十六年重修本	故宮	
5 年	1. 欽定四書文不分卷	清乾隆五年武英殿刻本	故宮　遼寧南京	
	2. 大清律續纂條例總類二卷	清乾隆五年武英殿刻本	故宮	
	3. 大清律續纂條例總類二卷	清乾隆五年武英殿刻滿文本	故宮　遼寧	
	4. 律例館校正洗冤錄四卷	清乾隆五年武英殿刻本	遼寧	
	5. 欽定康濟錄四卷附錄一卷	清乾隆五年武英殿刻本	故宮　遼寧南京	
	6. 大清律例四十七卷	清乾隆五年刻本	東洋文庫	
	7. 大清律例四十一卷	清乾隆五年武英殿刻滿文本	一檔	
	8. 清世宗憲皇帝聖訓三十六卷	清乾隆五年武英殿刻滿文本	遼寧	
6 年	1. 欽定科場條例四卷翻譯考試條例一卷	清乾隆六年武英殿刻本	遼寧	
	2. 欽定大清律例四十七卷	清乾隆六年武英殿刻三十三年增修本	故宮　遼寧	
	3. 清聖祖仁皇帝聖訓六十卷	清乾隆六年武英殿刻本	故宮　遼寧	
	4. 清聖祖仁皇帝聖訓六十卷	清乾隆六年武英殿刻滿文本	遼寧	
	5. 清世宗憲皇帝聖訓三十六卷	清乾隆六年武英殿刻本	故宮　遼寧	
	6. 欽定協紀辨方書三十六卷	清乾隆六年武英殿刻朱墨套印本	故宮　遼寧南京	
	7. 御製避暑山莊三十六景詩二卷	清乾隆六年武英殿刻本	故宮	
	8. 御製翻譯四書六卷	清乾隆六年武英殿刻滿文本	故宮　遼寧	
7 年	1. 欽定吏部則例六十六卷	清乾隆七年武英殿刻本	故宮　遼寧	
	2. 欽定吏部則例六十六卷	清乾隆七年武英殿刻滿文本	故宮　遼寧	
	3. 欽定授時通考七十八卷	清乾隆七年武英殿刻嘉慶十三年增刻本	故宮　遼寧	
	4. 醫宗金鑒九十卷首一卷	清乾隆七年武英殿刻本	故宮　遼寧南京	
	5. 御製曆象考成後編十卷	清乾隆七年武英殿刻本	遼寧	
	6. 欽定宮中現行則例二卷	清乾隆七年武英殿刻本	故宮	

	7. 大清律續纂條例二卷	清乾隆七年武英殿刻滿文本	國圖	
	8. 欽定兵部事務則例三十一卷	清乾隆七年武英殿刻滿文本	一檔	
	9. 欽定兵部處分則例七十六卷	清乾隆七年武英殿刻滿文本	民院	
	10. 欽定中樞政考三十一卷	清乾隆七年武英殿刻滿文本	故宮	遼寧
	11. 欽定中樞政考十五卷	清乾隆七年武英殿刻本	南京	
	12. 欽定八旗則例十二卷	清乾隆七年武英殿刻滿文本	遼寧	
8 年	1. 欽定中樞考三十一卷	清乾隆八年武英殿刻本	故宮	遼寧
	2. 欽定八旗則例十二卷	清乾隆八年武英殿刻本	故宮	遼寧
	3. 欽定軍衛道里表十八表	清乾隆八年武英殿刻本	故宮	遼寧
	4. 大清律續纂條例六卷	清乾隆八年武英殿刻十一年、十六年續刻本	故宮	遼寧
	5. 三流道里表不分卷	清乾隆八年武英殿刻本	故宮	遼寧
	6. 督捕則例二卷	清乾隆八年武英殿刻本	故宮	遼寧
	7. 兵部督捕則例二卷	清乾隆八年武英殿刻滿文本	遼寧	
	8. 滿蒙文鑒總綱八卷	清乾隆八年武英殿刻本	故宮	遼寧
	9. 御製滿蒙文鑒二十卷	清乾隆八年武英殿刻本	故宮	
	10. 御製盛京賦一卷	清乾隆八年武英殿刻本	南京	
9 年	1. 八旗滿洲氏族通譜八十卷	清乾隆九年武英殿刻本	故宮	遼寧
	2. 八旗滿洲氏族通譜八十卷	清乾隆九年武英殿刻滿文本	遼寧	
	3. 大清一統志三百五十六卷	清乾隆九年武英殿刻本	故宮	遼寧
10 年	1. 大悲心懺一卷	清乾隆十年武英殿刻本	遼寧	
	2. 圓明園四十景詩二卷	清乾隆十年武英殿刻朱墨套印本	故宮	遼寧
	3. 御製冰嬉賦一卷	清乾隆十年武英殿刻朱墨套印本	故宮	遼寧
11 年	1. 御製律呂正義後編一百二十卷上論奏議二卷	清乾隆十一年武英殿刻套印本	故宮	遼寧
	2. 御撰資治通鑒綱目三編二十卷	清乾隆十一年蘇州詩局刻本	故宮　遼寧南京	
	3. 稽古齋全集八卷	清乾隆十一年武英殿刻本	故宮	
	4. 新定九宮大成南北詞宮譜八十一卷綱目三卷閏集一卷	清乾隆十一年樂部刻朱墨套印本	故宮	遼寧
12 年	1. 通典二百卷	清乾隆十二年武英殿刻本	故宮	遼寧
	2. 通志二百卷	清乾隆十二年武英殿刻本	故宮	遼寧
	3. 文獻通考三百四十八卷	清乾隆十二年武英殿刻本	故宮	遼寧
	4. 皇清文穎一百卷卷首二十四卷目錄六卷	清乾隆十二年武英殿刻本	故宮　遼寧南京	
	5. 欽定滿洲祭神祭天典禮六卷	清乾隆十二年武英殿刻滿文本	遼寧	

13 年	1. 詞林典故八卷	清乾隆十三年武英殿刻本	故宮　遼寧南京
	2. 御製盛京賦一卷	清乾隆十三年武英殿刻朱墨套印本	故宮　遼寧南京
	3. 御製盛京賦三十二卷附篆文緣起	清乾隆十三年武英殿刻三十二體篆文本	故宮　遼寧
	4. 御製盛京賦三十二種	清乾隆十三年武英殿刻滿文楷篆合璧本	遼寧
	5. 欽定古香齋袖珍十種九百三卷	清乾隆十三年武英殿刻本	故宮　遼寧
14 年	1. 日講禮記解義六十四卷	清乾隆十四年武英殿刻本	故宮　遼寧
	2. 乘輿儀仗做法二卷	清乾隆十四年武英殿刻本	故宮　遼寧
	3. 平定金川藝文不分卷	清乾隆十四年武英殿刻本	故宮
	4. 清高宗御製詩初集四十四卷目錄四卷二集九十卷目錄十卷三集一百卷目錄二十卷四集一百卷目錄十二卷五集一百卷目錄十二卷餘集二十卷目錄三卷	清乾隆十四年至嘉慶五年武英殿刻本	故宮　遼寧南京
	5. 欽定工部則例五十卷	清乾隆十四年刻本	東京大學
	6. 欽定工部則例五十卷乘輿儀仗做法二卷	清乾隆十四年刻嘉慶十四年增刻本	國圖
15 年	1. 欽定?韻彙輯十卷	清乾隆十五年武英殿刻本	故宮　遼寧南京
	2. 欽定同文韻統六卷	清乾隆十五年武英殿刻套印本	故宮　遼寧南京
	3. 大清律續纂條例六卷	清乾隆十五年武英殿刻滿文本	遼寧
16 年	1. 御選唐宋詩醇四十七卷目錄二卷	清乾隆十六年武英殿刻四色套印本	故宮　遼寧
	2. 西湖志纂十三卷	清乾隆十六年奉敕重修本	故宮
17 年	1. 平定金川方略二十六卷圖說一卷	清乾隆十七年武英殿刻本	故宮　遼寧
	2. 平定金川方略二十六卷	清乾隆十七年武英殿刻滿文本	遼寧
19 年	1. 欽定三禮義疏一百七十八卷	清乾隆十九年武英殿刻本	故宮　遼寧
	2. 欽定各郊壇廟樂章一卷	清乾隆十九年武英殿刻本	遼寧　上海
20 年	1. 御纂周易述義十卷	清乾隆二十年內府刻本	遼寧　南京
	2. 御纂詩義折中二十卷	清乾隆二十年武英殿刻本	故宮　遼寧南京
	3. 盤山志十六卷首五卷	清乾隆二十年武英殿刻本	故宮　遼寧
	4. 御覽經史講義三十卷首一卷目錄一卷	清乾隆二十年武英殿刻本	故宮　遼寧
	5. 西清古鑒四十卷附錢錄十六卷	清乾隆二十年武英殿刻本	故宮　遼寧
	6. 大清乾隆二十一年歲次丙子時憲書一卷	清乾隆二十年欽天監刻朱墨套印本	臺灣央圖

21 年	1. 欽定軍器則例（存十九卷）	清乾隆二十一年工部刻本	遼寧
	2. 欽定儀象考成三十卷首二卷	清乾隆二十一年武英殿刻本	故宮　遼寧
	3. 大清乾隆二十二年歲次丁丑時憲書一卷	清乾隆二十一年刻本	歷博
23 年	1. 御纂春秋直解十二卷	清乾隆二十三年武英殿刻本	故宮　遼寧南京
	2. 大清乾隆二十四年歲次乙卯時憲書一卷	清乾隆二十三年刻本	臺灣央圖
24 年	1. 樂善堂全集定本三十卷目錄一卷	清乾隆二十四年武英殿刻本	故宮　遼寧南京
	2. 欽定工部續增則例九十五卷	清乾隆二十四年武英殿刻本	故宮
25 年	1. 皇輿全圖	清乾隆二十五年內府銅版初印本	故宮
	2. 欽頒磨勘簡明條例二卷	清乾隆二十五年武英殿刻本	東洋文庫
	3. 御製翻譯書經集傳六卷	清乾隆二十五年武英殿刻滿漢合璧本	故宮　遼寧
	4. 大清律續纂條例總類二卷	清乾隆二十五年武英殿刻滿文本	遼寧
26 年	1. 大清律續纂條例二卷	清乾隆二十六年武英殿刻本	故宮　遼寧
	2. 大清律續纂條例二卷	清乾隆二十六年武英殿刻滿文本	遼寧
	3. 大清律續纂條例總類二卷	清乾隆二十六年武英殿刻本	故宮　遼寧
	4. 欽定吏部則例六十六卷	清乾隆二十六年武英殿刻本	故宮
	5. 大清乾隆二十七年歲次壬午時憲書一卷	清乾隆二十六年欽天監刻朱墨套印本	國圖
	6. 御製翻譯四書六卷	清乾隆二十六年武英殿刻滿漢合璧本	故宮　遼寧
28 年	1. 國朝詩別裁集三十二卷	清乾隆二十八年尹繼善、沈德潛刻武英殿刷印袖珍本	故宮　遼寧
	2. 大清乾隆二十九年歲次甲申時憲書一卷	清乾隆二十八年刻本	臺灣央圖
29 年	1. 欽定大清會典一百卷欽定大清會典則例一百八十卷	清乾隆二十九年武英殿刻本	故宮　遼寧
	2. 欽定中樞政考三十一卷	清乾隆二十九年武英殿刻本	南博
	3. 欽定中樞政考三十一卷	清乾隆二十九年武英殿刻三十九增修本	遼寧
	4. 欽定中樞政考三十一卷	清乾隆二十九年武英殿刻滿文本	故宮
	5. 欽定八旗則例十二卷	清乾隆二十九年武英殿刻三十九年續修本	故宮　遼寧
	6. 欽定八旗則例十二卷	清乾隆二十九年武英殿刻滿文本	故宮
	7. 清高宗御製文初集三十卷目錄二卷二集四十四卷三集十六卷餘集二卷	清乾隆二十九年至嘉慶五年武英殿刻本	故宮　遼寧
	8. 大清乾隆三十年歲次乙酉時憲書一卷	清乾隆二十九年欽天監刻本	臺灣央圖

30年	1. 宗室王公功績表傳六卷	清乾隆三十年武英殿刻本	故宮　遼寧南京
	2. 宗室王公功績表傳六卷	清乾隆三十年武英殿刻滿文本	一檔
	3. 平定伊犁四部得勝圖	清乾隆三十年至三十九年內府銅版印本	故宮
	4. 大清乾隆三十一年歲次丙戌時憲書一卷	乾隆三十年刻本	臺灣央圖
31年	1. 皇朝禮器圖式十八卷目錄一卷	清乾隆三十一年武英殿刻本	故宮　遼寧
	2. 御製翻譯周易四卷	清乾隆三十一年武英殿刻滿漢合璧本	故宮
	3. 欽定大清會典一百卷	清乾隆三十一年武英殿刻滿文本	故宮　遼寧
	4. 大清會典則例一百八十卷	清乾隆三十一年武英殿刻滿文本	故宮　遼寧
32年	1. 欽定五軍道里表十八卷	清乾隆三十二年武英殿刻本	遼寧
	2. 大清乾隆三十三年歲次戊子時憲書一卷	清乾隆三十二年欽天監刻本	臺灣央圖
33年	1. 御批歷代通鑒輯覽一百十六卷	清乾隆三十三年武英殿刻套印本	故宮　遼寧
	2. 物料價值則例二十四卷（直隸省）	清乾隆三十三年刻本	國圖
	3 物料價值則例十五卷（浙江省）	清乾隆三十三年刻本	東洋文庫
	4. 大清乾隆三十四年歲次己丑時憲書一卷	清乾隆三十三年刻本	臺灣央圖
	5. 御製翻譯詩經八卷	清乾隆三十三年武英殿刻滿漢合璧本	遼寧
	6. 大清律例四十七卷	清乾隆三十三年武英殿刻滿文本	遼寧
	7. 御製翻譯名義集二十卷	清乾隆三十三年武英殿刻滿漢蒙藏合璧本	北大
34年	1. 欽定戶部鼓鑄則例十卷	清乾隆三十四年武英殿刻本	故宮　遼寧
	2. 欽定戶部旗務則例十二卷	清乾隆三十四年武英殿刻本	故宮　遼寧
	3. 大清乾隆三十五年歲次庚寅時憲書一卷	清乾隆三十四年刻朱墨套印本	歷博
	4. 欽定戶部旗務則例十二卷	清乾隆三十四年武英殿刻滿文本	故宮　遼寧
35年	1. 平定準噶爾方略前編五十四卷正編八十五卷續編三十二卷紀略一卷	清乾隆三十五年武英殿刻本	故宮　遼寧南京
	2. 平定準噶爾方略一百七十一卷	清乾隆三十五年武英殿刻滿文本	遼寧
	3. 漕運則例纂二十卷	清乾隆三十五年刻本	東洋文庫
	4. 射的說	清乾隆三十五年武英殿刻滿漢合璧本	遼寧
	5. 清話條口射的	清乾隆三十五年武英殿刻滿漢合璧本	民院

36 年	1. 御製增訂清文鑒三十二卷總綱八卷補編四卷補編總綱二卷	清乾隆三十六年武英殿刻本	故宮　遼寧南京
	2. 評鑒闡要十二卷	清乾隆三十六年武英殿刻本	故宮　遼寧
	3. 南巡盛典一百二十卷	清乾隆三十六年高晉等刻進呈本	故宮　遼寧
	4. 佛母寶德藏般若波羅密經三卷	清乾隆三十六年武英殿刻本	故宮
	5. 大清乾隆三十七年歲次壬辰時憲書一卷	清乾隆三十六年刻本	國圖
37 年	1. 欽定清漢對音字式一卷	清乾隆三十七年武英殿刻本	遼寧
	2. 欽定國子監則例三十卷首二卷	清乾隆三十七年武英殿刻本	遼寧
	3. 欽定吏部則例六十八卷	清乾隆三十七年武英殿刻滿文本	遼寧
	4. 國子監則例三十卷	清乾隆三十七年武英殿刻滿文本	故宮　遼寧
	5. 大清律纂修條例二卷	清乾隆三十七年武英殿刻滿文本	遼寧
38 年	1. 欽定吏部則例六十八卷	清乾隆三十八年武英殿刻本	遼寧
	2. 欽定禮部則例一百九十四卷宴圖一卷服製圖一卷	清乾隆三十八年武英殿刻本	遼寧
	3. 欽定禮部則例一百九十四卷首一卷	清乾隆三十八年武英殿刻四十九年增修本	故宮
	4. 大清律纂修條例二卷	清乾隆三十八年武英殿刻本	故宮　遼寧
	5. 欽定武英殿聚珍版書一百三十八種二千四百十六卷	清乾隆三十八年武英殿至乾隆末年武英殿活字印本	故宮　遼寧南京
	6. 大藏經全咒	清乾隆三十八年武英殿刻滿漢蒙西西番合璧本	故宮
	7. 楞嚴經	清乾隆三十八年武英殿刻滿漢蒙土伯忒合璧本	故宮
39 年	1. 欽定學政全書八十卷	清乾隆三十九年武英殿刻本	遼寧
	2. 欽定中樞政考三十一卷	清乾隆三十九年武英殿刻滿文本	故宮
	3. 欽定八旗則例十二卷	清乾隆三十九年武英殿刻滿文本	遼寧
40 年	1. 光錄寺則例八十卷首一卷	清乾隆四十年武英殿刻本	故宮
41 年	1. 欽定戶部則例一百二十六卷	清乾隆四十一年武英殿刻本	故宮
	2. 大清乾隆四十二年歲次丁酉時憲書一卷	清乾隆四十一年欽天監刻朱墨套印本	國圖
	3. 恩封宗室王公表不分卷	清乾隆四十一年武英殿刻滿文本	國圖
42 年	1. 明史本紀二十四卷	清乾隆四十二年武英殿刻本	故宮　遼寧南京
	2. 欽定蒙古源流八卷	清乾隆四十二年武英殿刻本	故宮　遼寧
	3. 蒙古源流八卷	清乾隆四十二年武英殿刻滿文本	故宮　遼寧
	4. 欽定滿洲源流考二十卷	清乾隆四十二年武英殿刻本	故宮　遼寧
	5. 欽定太常寺則例一百十四卷另輯六卷首一卷	清乾隆四十二年武英殿刻本	故宮
	6. 大清乾隆四十三年歲次戊戌時憲書一卷	清乾隆四十二年欽天監刻朱墨套印本	國圖

43 年	1. 盛京輿圖	清乾隆四十三年內府刻本	故宮	
	2. 大清律例四十七卷纂修條例一卷	清乾隆四十三年刻本	上海	
44 年	1. 欽定五軍道里表十八卷	清乾隆四十四年武英殿刻本	遼寧	
	2. 御製擬白居易新樂府不分卷	清乾隆四十四年于敏中寫刻進呈本	故宮	
	3. 御製擬白居易新樂府不分卷	清乾隆四十四年王杰寫刻進呈本	故宮	遼寧
	4. 御製擬白居易新樂府不分卷	清乾隆四十四年姚頤寫刻進呈本	故宮	
	5. 御製擬白居易新樂府不分卷	清乾隆四十四年劉墉寫刻進呈本	故宮	
	6. 御製擬白居易新樂府不分卷	清乾隆四十四年彭元瑞寫刻進呈本	故宮	遼寧
	7. 御製全韻詩五卷	清乾隆四十四年于敏中寫刻進呈本	故宮	遼寧
	8. 御製全韻詩五卷	清乾隆四十四年劉墉寫刻進呈本	故宮	遼寧
	9. 大清乾隆四十五年歲次庚子時憲書一卷	清乾隆四十四年刻本	上海	
45 年	1. 御製滿州蒙古漢字三合切音清文鑒三十一卷	清乾隆四十五年武英殿刻本	故宮	遼寧
	2. 欽定科場條例五十四卷首五卷磨勘條例四卷翻譯科場條例四卷	清乾隆四十五年禮部刻本	南京	國圖
	3. 崇文門商稅則例比例現行比例不分卷	清乾隆四十五年刻本	東洋文庫	
46 年	1. 欽定遼金元三史語解四十六卷	清乾隆四十六年武英殿刻本	故宮	遼寧
	2. 欽定剿捕臨清逆匪紀略十六卷	清乾隆四十六年武英殿刻本	故宮	遼寧
	3. 欽定戶部則例一百二十六卷首一卷	清乾隆四十六年武英殿刻本	故宮	遼寧
	4. 欽定熱河志一百二十卷	清乾隆四十六年武英殿刻本	故宮	遼寧
	5. 大清乾隆四十七年歲次壬寅時憲書一卷	清乾隆四十六年欽天監刻本	歷博	
	6. 平定兩金川方略一百三十六卷	清乾隆四十六年武英殿刻滿文本	遼寧	
47 年	1. 御撰資治通鑒綱目三編四十卷	清乾隆四十七年武英殿刻本	故宮	遼寧
	2. 欽定皇輿西域圖志四十八卷首四卷	清乾隆四十七年武英殿刻本	故宮	遼寧
	3. 黃河源圖	清乾隆四十七年內府刻本	故宮	
	4. 大清律纂修條例一卷	清乾隆四十七年武英殿刻滿文本	故宮	
48 年	1. 御定仿宋相臺岳氏本五經九十六卷附考證	清乾隆四十八年武英殿刻本	故宮 遼寧 南京	
	2. 欽定史部則例六十八卷	清乾隆四十八年武英殿刻本	故宮	
	3. 欽定史部則例六十八卷	清乾隆四十八年武英殿刻滿文本	故宮	
	4. 大清律纂修條例不分卷	清乾隆四十八年武英殿刻本	故宮	
	5. 御製大雲輪請雨經一卷	清乾隆四十八年武英殿刻本	故宮	南京

49 年	1. 恩封宗室王公表不分卷	清乾隆四十九年武英殿刻朱墨套印本	故宮
	2. 三流道里表不分卷	清乾隆四十九年武英殿刻本	遼寧
	3. 軍令軍律二卷	清乾隆四十九年刻滿文本	民院
	4. 〔乾隆〕盛京通志一百三十卷首一卷	清乾隆四十九年武英殿刻本	南京
	5. 御製翻譯春秋六十四卷	清乾隆四十九年武英殿刻本	南京
50 年	1. 欽定戶部軍需則例九卷續增一卷欽定兵部軍需則例五卷欽定工部軍需則例一卷	清乾隆五十年武英殿刻五十三年續刻本	故宮
	2. 欽定八旗則例十六卷	清乾隆五十年武英殿刻本	故宮
	3. 千叟宴詩三十四卷首二卷	清乾隆五十年武英殿刻本	故宮　遼寧南京
	4. 欽定八旗則例十二卷	清乾隆五十年武英殿刻滿文本	故宮
51 年	1. 御製律呂正義後編八卷	清乾隆五十一年武英殿聚珍版套印本	故宮　遼寧
	2. 皇清開國方略三十二卷首一卷	清乾隆五十一年武英殿刻本	故宮　遼寧南京
	3. 欽定古今儲貳金鑒六卷	清乾隆五十一年武英殿刻本	故宮　遼寧
	4. 欽定中樞政考六十二卷	清乾隆五十一年武英殿刻滿漢合璧本	國圖
52 年	1. 論語集解義疏十卷	清乾隆五十二年武英殿刻本	故宮　遼寧
	2. 大清乾隆五十三年歲次戊申時憲書一卷	清乾隆五十二年刻本	臺灣央圖
53 年	1. 欽定平定臺灣紀略六十五卷首五卷	清乾隆五十三年武英殿刻本	故宮　遼寧南京
	2. 大清律纂修條例不分卷	清乾隆五十三年武英殿刻本	國圖
	3. 大清乾隆五十四年歲次乙酉時憲書一卷	清乾隆五十三年欽天監刻朱墨套印本	國圖
54 年	1. 大清乾隆五十五年歲次庚戌時憲書一卷	清乾隆五十四年欽天監刻本	國圖
	2. 皇清開國方略三十二卷	清乾隆五十四年武英殿刻滿漢本	遼寧
55 年	1. 大清律例四十七卷	清乾隆五十五年武英殿刻本	遼寧
	2. 大清律例三十九卷首一卷	清乾隆五十五年武英殿刻嘉慶、道光遞修本	故宮
	3. 大清一統志四百二十四卷目錄二卷	清乾隆五十五年武英殿刻本	故宮　遼寧
	4. 欽定中樞政考三十一卷	清乾隆五十五年刻本	國圖
	5. 大清乾隆五十六年歲次辛亥時憲書一卷	清乾隆五十五年刻本	臺灣央圖
	6. 大藏經八百九卷	清乾隆五十五年武英殿刻朱印滿文本	故宮（存七十六函）臺灣故宮（存三十四函）

56 年	1. 欽定軍器則例不分卷	清乾隆五十六年武英殿刻本	故宮　遼寧
	2. 大清乾隆五十七年歲次壬子時憲書一卷	清乾隆五十六年刻本	臺灣央圖
57 年	1. 高宗御定石經一百六十五卷	清乾隆五十七年刻石拓印本	故宮
	2. 欽定八旗氏族通譜輯要二卷	清乾隆五十七年武英殿刻本	故宮
	3. 八旬萬壽盛典一百二十卷首一卷	清乾隆五十七年武英殿聚珍版印本	故宮　遼寧
	4. 欽定戶部則例一百三十四卷	清乾隆五十七年刻本	東京大學
	5. 大清乾隆五十八年歲次癸丑時憲書一卷	清乾隆五十七年刻本	臺灣央圖
	6. 御製翻譯禮記三十卷	清乾隆五十七年武英殿刻滿漢合璧本	故宮
58 年	1. 欽定學政全書八十二卷	清乾隆五十八年禮部刻本	承德　國圖
	2. 欽定藥鉛火繩做法則例一卷硝磺鉛斤價值則例一卷水路運費則例一卷	清乾隆五十八年刻本	東京大學
59 年	1. 御製翻譯春秋六十四卷綱領一卷	清乾隆五十九年武英殿刻滿漢合璧本	故宮
	2. 增修中樞政考四卷	清乾隆五十九年武英殿刻滿文本	國圖
	3. 大藏經	清乾隆五十九年內府刻滿文本	故宮
60 年	1. 欽定廓爾喀紀略五十四卷首四卷	清乾隆六十年武英殿刻本	故宮　遼寧
	2. 欽定吏部則例六十八卷	清乾隆六十年武英殿聚珍版印本	遼寧　南京
	3. 欽定吏部則例六十八卷	清乾隆六十年武英殿刻滿文本	故宮　遼寧
	4. 物料價值則例二卷——熱河	清乾隆六十年刻本	東洋文庫
	5. 欽定禮部則例一百九十四卷	清乾隆六十年刻本	東京大學
	6. 外藩蒙古四部王公表傳二百二十卷	清乾隆六十年武英殿刻滿漢合璧本	故宮
不詳	1. 欽定文廟樂譜一卷鄉飲酒禮御製補笙詩樂譜二卷	清乾隆武英殿聚珍版套印本	遼寧
	2. 西域同文志二十四卷	清乾隆武英殿刻本	故宮　遼寧
	3. 五譯合璧集要二卷	清乾隆武英殿刻本	故宮　遼寧
	4. 御製四體清文鑒三十二卷補編四卷	清乾隆武英殿刻本	故宮　遼寧
	5. 補後漢書年表十卷	清乾隆武英殿刻本	故宮
	6. 平定兩金川方略一百三十六卷紀略一卷藝文八卷	清乾隆武英殿刻本	故宮　遼寧
	7. 欽定蘭州紀略二十卷首一卷	清乾隆武英殿刻本	故宮　遼寧
	8. 欽定續通典一百五十卷	清乾隆武英殿刻本	故宮　遼寧

9. 欽定續通志六百四十卷	清乾隆武英殿刻本	故宮 南京	遼寧
10. 欽定續文獻通考二百五十卷	清乾隆武英殿刻本	故宮	遼寧
11. 皇朝通典一百卷	清乾隆武英殿刻本	故宮 南京	遼寧
12. 皇朝通志一百二十六卷	清乾隆武英殿刻本	故宮 南京	遼寧
13. 皇朝文獻通考三百卷	清乾隆武英殿刻本	故宮	遼寧
14. 大清通禮五十卷	清乾隆武英殿刻本	遼寧	南京
15. 欽定學政全書八卷續增四卷	清乾隆年武英殿刻本	遼寧	
16. 蒙古律例十二卷	清乾隆年武英殿刻本	故宮	遼寧
17. 工程做法七十四卷	清乾隆武英殿重修本	故宮	遼寧
18. 欽定歷代職官表七十二卷首一卷	清乾隆年武英殿刻本	故宮 南京	遼寧
19. 欽定盛京通志三十二卷	清乾隆武英殿刻本	故宮	遼寧
20. 欽定盛京通志一百三十卷首一卷	清乾隆武英殿刻本	故宮	遼寧
21. 欽定清涼山志二十二卷	清乾隆武英殿刻本	遼寧	
22. 欽定河源紀略三十五卷首一卷	清乾隆武英殿刻本	故宮 南京	遼寧
23. 南河成案五十四卷總目一卷上諭二卷御製詩文二卷	清乾隆年工部刻本	故宮	
24. 欽定日下舊聞考一百六十卷	清乾隆武英殿刻本	故宮 南京	遼寧
25. 琉球國志略十六卷首一卷	清乾隆武英殿刻本	遼寧	
26. 皇清職貢圖九卷	清乾隆年武英殿刻本	遼寧	南京
27. 欽定四庫全書總目二百卷首四卷	清乾隆年武英殿刻本	故宮	遼寧
28. 御纂歷代三元甲子編年一卷御定萬年書一卷	清乾隆武英殿刻本	故宮	遼寧
29. 萬年書十二卷	清乾隆武英殿刻朱墨套印本	故宮	遼寧
30. 御定七政四餘萬年書三卷	清乾隆武英殿刻本	遼寧	
31. 九家集注杜詩三十六卷	清乾隆武英殿刻本	故宮	遼寧
32. 御製擬白居易新樂府四卷	清乾隆間徐立綱寫刻進呈本	遼寧	
33. 御製全韻詩五卷	清乾隆年彭元瑞寫刻進呈本	故宮	遼寧
34. 御製月令七十二候詩四卷	清乾隆年胡高望寫武英殿刻袖珍本	故宮	遼寧
35. 定武敷文一卷	清乾隆年武英殿刻本	故宮	遼寧

36. 御製詠左傳詩二卷	清乾隆年武英殿刻本	故宮	遼寧
37. 御製古稀說一卷	清乾隆年武英殿刻本	故宮	遼寧
38. 勸善金科二十卷首一卷	清乾隆年武英殿刻五色套印本	故宮	遼寧
39. 欽定樂律正俗一卷	清乾隆年武英殿刻朱墨套印本	臺灣故宮	
40. 欽定太常寺則例一百二十九卷另輯六卷	清乾隆年刻本	東洋文庫	
41. 欽定磨勘條例四卷	清乾隆年刻本	上海	
42. 欽定磨勘條例四卷續增一卷	清乾隆年刻嘉慶十一年續刻本	東洋文庫	
43. 欽定臺規八卷	清乾隆年刻本	國圖	
44. 三流道里表不分卷督捕則例二卷洗冤錄四卷	清乾隆年刻本	國圖	
45. 平定兩金川得勝圖	清乾隆年銅版印本	故宮	
46. 平定臺灣戰圖	清乾隆年銅版印本	故宮	
47. 平定安南戰圖	清乾隆年銅版印本	故宮	
48. 平定苗疆戰圖	清乾隆年銅版印本	故宮	
49. 大捷頌言不分卷	清乾隆年武英殿刻本	臺灣故宮	
50. 御製翻譯孝經一卷	清乾隆年武英殿刻滿漢合璧本	臺灣故宮	
51. 實錄內摘抄舊清語十四卷	清乾隆年武英殿刻本	故宮	
52. 蒙古源流八卷	清乾隆年武英殿刻滿文本	遼寧	
53. 行軍紀律	清乾隆年武英殿刻滿漢合璧本	國圖	
54. 蒙古律例十二卷	清乾隆年武英殿刻滿文本	遼寧	
55. 翻譯潘氏總論一卷	清乾隆年武英殿刻滿漢合璧本	臺灣故宮	
56. 御諭附講章二卷	清乾隆年武英殿刻朱墨套印滿文本	國圖	
57. 大清乾隆時憲書	清乾隆年武英殿刻滿文本	故宮	
58. 大清乾隆五星相距時憲書	清乾隆年武英殿刻滿文本	故宮	
59. 大清乾隆恒星黃道經緯度表	清乾隆年武英殿刻滿文本	故宮	
60. 般若波羅密多心經一卷	清乾隆年武英殿刻滿漢合璧本	遼寧	
61. 御譯大雲輪請雨經二卷	清乾隆年武英殿刻滿漢蒙藏合璧本	故宮	
62. 吉祥偈	清乾隆年武英殿刻滿文本	國圖	

後　記

　　我曾長期供職於國內第三大圖書館——南京圖書館，時間長達二十年（1988～2008）。二十年中的絕大部分時間均在從事古籍編目工作，由是接觸到大量的線裝書，埋首於閱讀序跋、考訂版本、編定目錄之中而光陰漸逝。至今我仍認為曾經所在的編目組是國內最好的古籍編目團隊之一，一群年齡相仿的年輕人，淡定地游走於故紙堆中，從二十出頭一直編到四十、五十……大家奇書共賞，疑義相析，在比勘摸識中共同提高，許多場景思之如在昨日。我個人在這個大家庭中得益非淺，在團隊氣氛的薰染下，針對自己感興趣的問題陸陸續續寫了一些論文，其間得到圖書館前輩與同事的諸多鼓勵與幫助，漸漸地也就對版本目錄之學從略有感觸到興趣漸濃。

　　2003～2006 年我入母校南京師範大學攻讀博士學位，在確定研究方向時自然而然地選擇了自己最熟悉的版本目錄學。論文最初的設想是希望能對清代的中央機構刻印書活動作一個通代的研究，在對相關史料的梳理和刻書品種的統計過程中，發現清代的中央機構刻書活動在發展形態上呈現出「兩頭小，中間大」的特點，其主要刻書活動和典型出版物均集中在康、雍、乾盛世時期，盛世而外，可表者了了。為更好地突出論文的主旨，同時也出於時間諸因素的考慮，徵得業師趙生群教授的同意，將論文題目確定為「康雍乾三朝中央機構刻印書研究」。

　　論文的寫作是一個苦樂參半的過程。由於是在職讀書，工作的繁雜與生活的紛擾耗去了我不少時間和精力；版本學研究涉及到大量的實物比勘，無一定成例可循；中央官刻書的許多線索和證據要從浩繁的宮廷檔案中去尋找，要想有所創新，實非易事。所有這些，都令我時常感到困惑和茫然。所

賴業師趙生群教授是我大學時期受教最多的老師，他二十餘年如一日嚴謹樸實的學風，對我是一種強烈的精神感召；師兄王華寶、謝秉洪二君，一治《史記》，一治《漢書》，無一不是堅忍沈著，迎難而上，加上我所就讀的古文獻專業原本就有著樸學紮實、勤勉治學的優良傳統，這些對我來說都是一種激勵和鞭策。身處這樣的氛圍，從事這樣的學業，自當見賢思齊，追附驥尾。於是充分利用供職於圖書館的便利條件，將館藏數百種殿本實物逐一鑒定編目，認眞披閱所有可能與刻書相關的檔案史料，在此基礎上對重要的刻書活動和刻書現象，尋其源，理其脈，正其誤……漸漸地也就體會到讀書學習與探索發現的樂趣。

現在這本書即將付梓，有許多感激之情需要表達。

首先要感謝業師趙生群教授。從本科到博士，耳濡目染，面命手灸，受益良多。趙先生爲人爲學，無不率先垂範，道德文章，皆非弟子所敢望其項背，唯有「高山仰止，景行行止」而已。

感謝南京大學中文系徐有富教授、程章燦教授，南京師範大學陸林教授、方向東教授、江慶柏教授、黃征教授，各位老師對我的論文提出了許多有益的建議，作出了足以鼓勵和鞭策我的評價，這些對我最終完成此書都起到了重要作用。

茲將各位師長對我博士論文的評價摘錄如下，以示不忘。

徐有富：本論文對清代康、雍、乾三朝重要機構以及它們所刻印的代表性圖書作了深入研究，論文採用考證方法，糾正了版本學著作和目錄書中的錯誤記載。如論證揚州詩局只刻過《全唐詩》與「棟亭藏書十八種」，其餘均非揚州詩局本，再如對金埴《不下帶編》「今海內稱康版者，自曹公始」提出的批評，也是很有道理的。論文觸及到了一些新問題，如「臣工刊書進呈內府現象」、「關於《古今圖書集成》的刷印數」等。對一些有爭議的問題，能提出自己的看法，而且均能做到言之有據，言之成理。

程章燦：本篇論文以康雍乾三代爲中心，對清代中央機構刻書活動作系統研究，舉凡機構之沿革、刻書之品種、版刻之風格、刻書之影響等方面，無不勾稽史料、正本清源，作了詳細的考述。圍繞此一中心，論文還對揚州詩局與揚州書局之刻書、臣工刊書進呈內府、中央機構之銅活字與木活字印書等現象，依次進行了深入研究，最後從文化政策、統治方略等角度，總結了清盛世時期中央機構刻書之政治功用及對學術文化的影響。論文綜合運用

了版本學、目錄學和文化史等研究手段，對論題作了多角度多方位的探索，點面結合，不僅有助於深化版本學、目錄學等古文獻學基礎學科的研究，也爲清代盛世時期文化研究提供了一個特殊的觀測角度，學風嚴謹篤實，是一篇優秀的博士學位論文。

陸林：本文選取清代刻書業鼎盛時期的官刻系統作爲審視對象，以康雍乾三朝的中央刻書機構爲典型個案，在描述勾畫了中國古代官刻圖書發展背景的前提下，重點研究了康雍乾時期中央刊刻圖書的不同方式、流通渠道以及重要圖籍等。對武英殿、揚州詩局、揚州書局、臣工承刻進呈圖書等的來源、內容、刊刻方式、實際功用、性質等詳加區分考證辨析，描述了相關版本的風格特徵，釐清了有關的刊刻史實，全面展示並評價了中央刊刻圖書的狀況、意義、價值。尤其是具體考述了揚州詩局、揚州書局等機構在中央刻書活動中的角色意義、實際地位、版本價值，悉心辨證了揚州詩局、揚州書局等的名稱、由來、工作流程等，材料豐贍，說理透徹，足可解長期以來論說不一的諸多困惑。此外，對銅版活字本的《古今圖書集成》的眞正編輯者、印刷過程、前後期版本風貌等的考論亦令人信服；對木版活字本的《武英殿聚珍本》之殿本和翻刻本（也就是內聚珍和外聚珍）之間的區別、目錄狀況等的辨析也入情入理，合乎邏輯。在此基礎上，論文評價了作爲一種文化現象的中央機關刊刻活動，在清代統治方略中的地位、作用、影響以及對統治政策的體現及建構作用，力求從古籍版本學和出版印刷史的角度分析概括中央機構的出版活動對圖書事業的影響和文化政策的建構作用，進而激活對當時政治、經濟、文化乃至軍事的嶄新認知，昭示了封建時代政治文化的盛世特徵。

論文視野開闊，識見獨特，顯示出作者善於駕馭版本學、目錄學、文化史等理論和知識，表達作爲一種文化政策的物質載體的中央機構刻書在一個高峰時代的高端作用的學術努力。論文整體結構合理，方法得當，充分運用了前人和當代學人的科學的考證成果，並以清宮檔案材料以及個人具體的學術實踐作爲依據，形成歷史描述和文獻成果相印證、文獻考辨與理論評析相結合、個案研究與總體論述相參照的研究風貌，對具體的諸如統計、分析、歸納等邏輯方法的運用也恰到好處。辨析準確，言之有據，行文流暢。是一篇優秀的博士論文。

不足之處：論文集中研究作爲官刻系統的中央機構刻書活動，並力求深

入其對清朝統治方略的體現以及深刻影響，論述深入，辨析有力，但缺乏其與當時另外兩個更爲寵大的出版系統即私刻、坊刻系統的比較研究，難以諦見中央刻書活動對另外兩個系統的影響，而這種影響應當是存在的，並可能是深遠的；這一論述的缺乏削弱了成果本身的出版文化史的背景意義，可以適當加以補充。另外，康雍朝時期的中央刻書活動顯然體現了政治第一、學術目的次之的意義，正因爲如此，對乾嘉時期學術的影響應該說相當直接而且深遠，論文對此沒有涉及，似乎有些遺憾。

方向東：曹紅軍同志的論文選取中國古代刻書鼎盛的清中期康、雍、乾三朝作爲研究對象，重點分析歸納總結了中央機構的刻書活動，並對銅活字與木活字的印書進行了詳盡的研究，對其出版活動的成就與影響進行了分析總結，這一選題，填補了中國出版史上關於清中期刻書研究的空白，對中國出版史的研究進展起到了推動作用，無疑具有重大的學術意義和價值，也爲讀者瞭解清中期刻、印書的狀況提供了重要的應用價值

對於刻印書非常豐富的清中期，涉及的內容相關政治、經濟、文化諸方面，材料紛繁複雜，面廣量大，作者卻能抓住其中最具代表性的機構和書局活動進行分析，體現了作者敏銳的學術眼光和駕馭材料的能力，有綜合性的概述，又有重點的個案剖析，脈絡清晰，有條不紊，要言不煩，同時表現出作者優秀的論文寫作能力。

論文的體裁雖屬專論性質，讀者卻能從其中豐富的資料呈述中瞭解到刻書諸方面的知識，也能詳細地查閱到刻書印書的具體書目，文後的附錄更是提供了極大的方便。

江慶柏：綜觀全文，有如下一些優點。

論述全面。論文分爲七章，從康雍乾三朝中央機構刻印書的範圍、清代中央刻書機構、曹寅與揚州詩局、揚州書局的刻書活動、中央機構刻書與清代文化政策、統治方略等幾個方面，全面論述了康雍乾三朝中央機構刻書的基本情況及其歷史意義、文化意義。這些問題不僅涵蓋了康雍乾三朝中央機構刻書的基本內容，而且也反映了中國圖書出版史所應涉及的各個方面的內容。

立論精審。在論文中，對許多學術界有爭議的問題都進行了仔細的考辨，提出了自己的觀點。這些新觀點大都精審而無瑕可擊。例如關於揚州詩局與揚州書局的關係問題，作者認爲這是兩次組局；關於《古今圖書集成》的印

刷過程中，陳夢雷與蔣廷錫的相互關係問題等，都有自己獨到的見解。

論據充分，論證嚴密。論文通過大量的檔案、文集、實物等資料，對自己的觀點進行了充分的論證。論文作者對本論題目前國內的研究情況有相當的瞭解，在論文中能根據國內學術界的不同論點，列舉相應的證據，並充分展開討論，所以論文有很強的針對性。

書證與實物驗證相結合。論文作者為南京圖書館古籍部工作人員，有機會接觸到該館收藏的大量康雍乾三朝中央刻書機構所刻印的圖書。作者以文獻記載與實物相驗證，解決了許多前人懸而未決的問題。如關於「外聚珍」的特徵、種類及鑒定，關於《古今圖書集成》的挖改情況等，都充分利用了南圖所藏的圖書資料，因而所得結論精審可靠。

論文中個別地方的文字表述尚可進一步推敲，部分表述內容尚可進一步精簡，以免重複。

黃征：本論文以清代康、雍、乾三朝的版刻事業為考察、評述的中心，從一個斷面揭示了中國古代圖書出版發行的繁榮特徵。作者選題得當，具有突出的中國文化史研究價值；考察具有相當的廣度和深度，概括準確，評價公允，為構擬中國文化史體系作出了重要貢獻。作者所作的附錄，也是精心製作，具有很高的工具參考價值。

以上諸位師長對我的論文褒獎有加，而批評甚少，但我自知自身的不足還很多，老師們的寬容與鼓勵令我非常感動，從答辯至今已經六年過去了，當時情景仍歷歷在目，厚愛之情，銘記於心。敬祝各位師長生活幸福，體筆雙健！

感謝南京圖書館古籍編目組諸位同道多年來的幫助與指教，你們所給予我的一切始終是我最可珍視的人生財富。

感謝花木蘭文化出版社給這部舊稿提供了出版機會，感謝楊嘉樂老師的鼎力協助與支持。

限於學識，書中疏漏之處在所難免，眞誠地希望專家和讀者提出意見。

曹紅軍
2012 年 12 月